구산선문의 원류를 찾아서 2
중국 해역의 우리 불적 답사기

구산선문의 원류를 찾아서

②

중국 해역의
우리 불적 답사기

조영록 지음

동국대학교출판부

贈
東湖曺永祿教授

近來儒輩中不廢研鑽者。惟東湖一人。於韓中佛敎文化之交流關係。繼有名稿。余用十月白塔詩社韻。爲頌二絶。

優遊學界孰知情　獨力打開新地平
僧史千年探往蹟　震邦華土任縱橫

學垣誰與話衷情　木曜朋莚瀉不平
笑道北溟鯤且化　南天將見大鵬橫

辛卯十一月六日 碧史老兄 李佑成 稿

優遊學界孰知情　獨力打開新地平
僧史千年探往蹟　震邦華土任縱橫

學垣誰與話衷情　木曜朋莚瀉不平
笑道北溟鯤且化　南天將見大鵬橫

동호 조영록 교수에게 주다

근래 친구들 중 연찬을 폐하지 않는 이 오직 동호 한 사람이라. 한중 불교문화교류사 분야에 계속 좋은 글을 발표하니, 내가 시월 백탑사 시의 운으로서 칭송하는 글 2절을 짓는다.

학계에 노닐었지만 그 실정 누가 알리
독력으로 새 지평을 타개했다네
천 년의 불교 사적을 찾아나서서
우리나라·중국 땅을 종횡으로 누볐도다

학회에서 뉘 더불어 속마음 얘기하리
목요회 친구들이 불평을 쏟아내네
웃으며 말해주네 "북명의 곤어가 변하여
남쪽 하늘에 장차 대붕을 보리라"

       신묘 2011년 10월 6일
       벽사 노제 이우성 초함

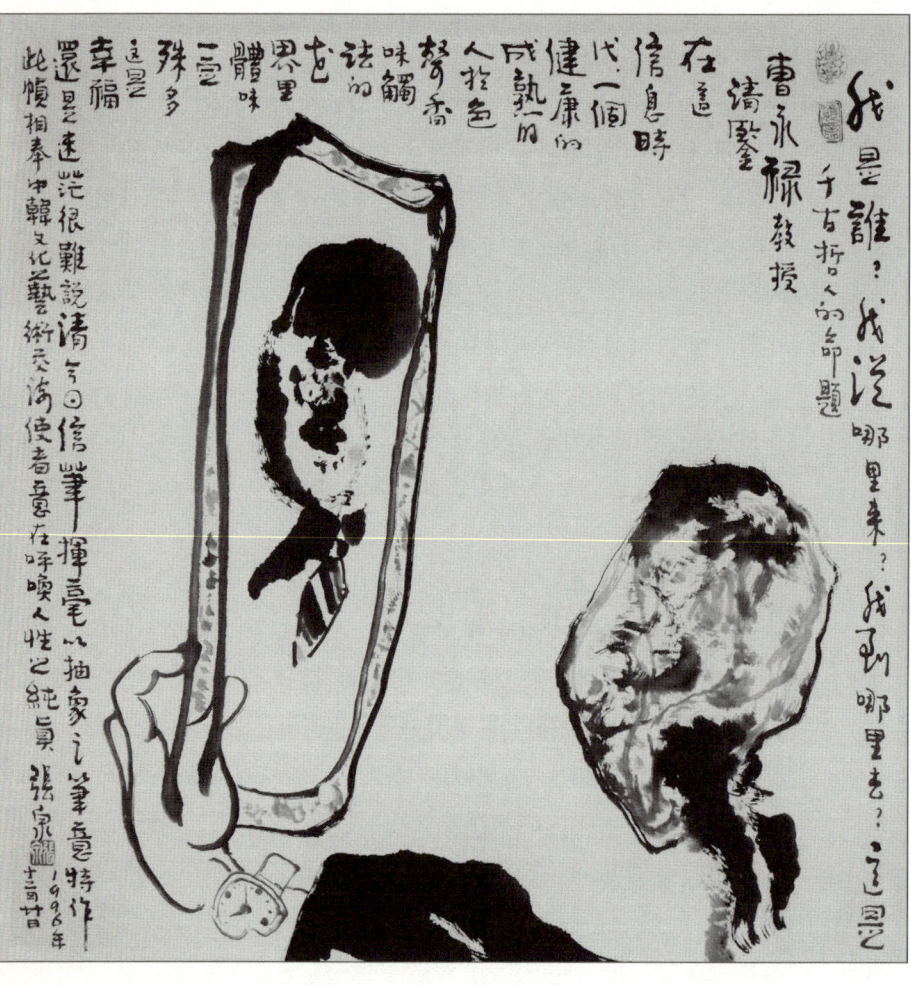

나는 누구인가?
나는 어디서 왔다가 어디로 가는가?
이는 천고의 철학적 명제입니다.

조영록 교수께서는 어떻게 생각하십니까?
오늘 같은 정보화시대에 건강하고 성숙한 사람들은
색色과 소리와 향기와 맛味과 촉觸과 법法의
현상세계에서 느끼는 바가 매우 다양하겠지요. 하지만
이것이 행복한 일일까요, 아니면 미혹한 일일까요?

오늘 붓 가는 대로 추상적인 뜻을 담아 특별히 이 한 폭의
그림을 그려 올립니다. 우리 중·한 문화예술교류의 심부름꾼은
모름지기 인간성의 순진함을 회복하는 데 뜻이 있다고 믿어
의심치 않습니다.

장천張泉 (안휘성 고급畵師)
1996년 12월 20일

서문

　동아시아 불교사에 있어 인도의 달마 대사가 중국에 전한 선종이 6조 혜능에 의하여 남종선(돈오선법)으로 토착화하였다. 불교가 처음에는 경전을 중심으로 가르치는 교학 시대에서 점차 마음에서 마음으로 전하는 선종 시대로의 변화 과정이었다. 당 말 오대에는 선종 5가가 성립되고, 조사들의 마음의 등불을 전하는 전등록이 간행되었다. 10세기 중엽에 남당 치하에서 『조당집』이 최초의 완정한 전등사서로 저술된 것은 특필할 일이다.
　『조당집』에는 신라 도의 선사를 비롯한 구산선문의 초기 조사 7인의 구법활동이 비중 있게 기술되어 있다. 이를 『전등록』과 비교하면 구법승의 수는 적지만 내용상 특색이 있는데도 불구하고 『조당집』은 정작 중국 현지에서는 책의 제목만 남기고 해인사 고려대장경판에 수장되어 오랜 세월을 전해 왔다. 바다를 건너 고려에 건너온 이유는 무엇일까? 게다가 초기 선종사에서 신라 구법승의 역할에 대한 자료적 가치가 이같이 높은데도 불구하고 이 책은 일제시대에 편찬된 대정신수대장경에 등재되지 못하는 수모를 당하기도 하였다.
　필자가 구산선문에 대하여 처음으로 알게 된 것은 『조당집』과의 오랜 인연 때문이다. 1965년 동국대학교 도서관에서 『조당집』 영인본을 간행할 당시 조교로 있던 필자가 그 잡무를 도운 일에서 비롯하여 그 10년 후 대만 문화대학에 1년간 체재할 동안 오경웅 교수의 명저, 『선의 황금시대』를 접하고 중국 선종 5가의 특징적 선풍을 체계적으로 이해하는 계기가 되었다. 그리고 다시 15년의 세월이 흘러 한중 국교가 트이게 되면서 중국 내지 여행의 문이 활짝 열리게 되었다. 『조당집』의 길을 찾는 일에서부터 구산문의 조사들을 비롯한 입당 구법승들의 행적을 답사해 보려는 막연한 기대를 실현에 옮길 수 있게 된 것이다.

필자가 처음 『조당집』의 산실인 천주 청원산을 찾아 답사 길에 오른 것은 몇몇 제자들과 함께 1998년 겨울방학을 이용해서였다. 이를 시작으로 6조 혜능 이래 남악-마조계와 청원-석두계의 행화도량을 찾아 이른바 남종선의 본고장인 강서와 호남 지역으로 답사 영역을 확대하였다. 1999년 여름방학에는 강서성 남창, 백장산, 동산 등을 거쳐 남부 도시 감주 공공산과 북서부 운거산, 동부 소산 일대를 돌았다. 그해 겨울방학에는 다시 광동성 광주에서 출발하여 호남성 약산·석상산·남악 형산 등을 경유하여 다시 광동성 소주 등지를 밟은 뒤 광주에서 새천년 제야의 밤을 보냈다.

이들 초기의 남종 선찰들을 따라 우리나라 구산선파 조사들의 족적을 찾는 가운데 특히 소주 남화사 육조도량과 함께 『법보단경』의 산실인 대범사지를 확인하는 작업은 매우 감동적인 일이었다. 대범사 본래 자리가 일반에 오래도록 가려져 온데다 이 사찰이 신라 가지산문의 제1대 도의 조사의 수계도량이라는 현장 확인도 매우 소중한 성과이기 때문이다. 또한 강서 서당 지장의 공공산 보화사를 순행하면서 가지산을 비롯한 실상과 동리 등 3산이 배출된 현장에서 강·호 지역이야말로 신라 구산의 조정이라는 사실을 실감할 수 있었다.

6조 혜능에서 발원한 남종선이 남악-마조계의 홍주종에 이르러 크게 번창하면서 급기야는 화북으로 전파됨에 따라 신라 구법승들의 발길 역시 확대되었다. 성주산 무염은 불광 여만과 마곡 보철에게 법을 얻었으며, 봉림산 현욱은 장경 회해계의 법을 얻어 각 일파를 열었다. 강소 절강 및 안휘 등 동남 강·해 지역에도 홍주 마조계 선사들이 선등을 높이 달아 신라 제자들이 모여들었다. 염관 해창원 제안 문하에는 굴산 범일이 참문하고, 명주 대매산 법상 문하에 신라 학생들이, 그리고 지주 남전산 보원 문하에는 쌍봉 도윤 등이 찾아들었다. 이들 강해 지역은 구법승들의 도해 상륙지면서 내륙으로 드나드는 경유지였다.

한편 청원-석두계는 강서에서 발원한 조동종에 이어 오대 시기로 내려오면서 운거 도응과 호남의 석상 경제의 선풍이 드날리고, 민閩 왕실의 후원으로 설봉산문이 크게 떨쳤다. 특히 설봉계에서 운문종이 나오고, 뒤이어 법안종이 나와 남당과 오월 지역에 크게 떨쳐 고려의 구求·전傳법승의 발걸음이 잦아졌다. 말하자면 청원-석두계의 선종이 현저한 우위 현상을 보이면서 고려 구법승의 수가 대폭 증가한 것이다. 그러나 본래 선교일치의 색채가 농후한 법안종은 제3조 영명 연수에 이르러 선교일치, 선정일치라는 해양성의 혼합적 정토 성향이 짙어지면서 선종 본래의 간명성을 잃어 고려 선종의 새 선파 성립에 영향을 미치지 못하였다. 송대에 일본의 남종선의 새로운 도입이 진행되는 가운데 여·송 간의 불교교류는 단절된 상태가 지속되었다.

당·오대 시기에 화북과 강절의 선종 사찰들이 강서 호남에 촘촘하게 분포되어 있던 양상과는 사뭇 다르다. 고도인 서안과 낙양, 남경과 항주 등은 중국의 개혁개방 이래 중국 연구자들에게는 학술회의와 같은 모임들이 있어 그때마다 주위의 한국 관련 유적지 관광을 잊지 않았다. 이들 지역에는 강서 호남 지역 답사를 끝낸 뒤부터 (참가 인원을) 관심 있는 스님이나 일반인으로 확대하여 불적답사회를 만들어 현지를 찾는 방법을 병행하였다. 이같이 개인과 단체조직을 통하여 답사한 결과를 정리하여 관련 잡지에 기행문이나 답사기를 쓰고 틈틈이 논문을 써서 학계에 발표하였다. 이리하여 2011년에는 이들 논문들을 묶어 『동아시아 불교교류사 연구』(동국대학교출판부)를 간행하였다.

이제 그동안 중국 현지를 답사하면서 쓴 여러 형태의 기록들을 수습 정리하여 '구산선문의 원류를 찾아서'라는 제목으로 마무리할까 한다. 답사기를 두 책으로 간행함에 있어 1권은 '강서·호남·화북·사천'의 네 지역으로 나누어 부제목으로 '중국 내륙의 우리 불적 답사기'라 하였으며, 2권은 '강절·안휘·복건·산동' 등으로 하여 '중국 해역의 우리 불적 답사기'라 하였다. 그런데 제목과 내용에 맞지 않는 것들, 예컨대 산동 지역에는 이렇다 할 선종 사찰이 없어 나말 여초의 선종과는 별 관계가 없는데도 1장을 할애했으며, 또한 천태종이 선종과 다른데도 법안종과의 관계 등으로 인해 비교적 상세하게 취급한 감이 없지 않다. 이런 점들은 전체적 균형 관계나 논조의 흐름에서 불가피한 결과라고 변명할 수밖에 없다. 사실 선종의 초조 달마에서 5조 홍인까지의 초기 선종사나 여·원 말 임제선 교류사 부분은 당초에는 이 책에 포함시킬 계획이 없었다. 그러나 답사기를 정리하는 과정에서 이들 수미首尾 부분을 배제하기가 어려워 함께 묶고 보니 다소 느슨한 감이 없지 않지만, 다른 한편으로는 한·중 선종 교류사의 내용을 두루 갖추었다는 뿌듯한 느낌을 갖게 되는 것도 사실이다.

그 밖에 기행문이나 답사기로서 본문에 넣기 어려운 것은 부록으로 돌렸다. 동아시아 불교문화에 특색이 있거나 한국과 관계 깊은 유적에 관한 답사기 유의 문장들은 '내륙'과 '해역'이라는 지역적 구분에 따라 각 3편씩 배분하였다.

이 책이 나오기까지 처음 답사에서부터 함께한 친애하는 제자들을 비롯하여 점차 각계각층의 수많은 분들이 동참하였다. 그리고 절강대학 한국연구소의 여러분들을 비롯하여 중국 각지에서 직간접적으로 많은 분들의 도움이 있었다. 20년 가까운 세월을 돌이켜보면 국내외 선배 동지 심지어 제자에 이르기까지 적지 않은 분들이 유명을 달리하였다. 머리 숙여 영령에 감사할 따름이다. 또한 책의 서장을 장식한 시와 그림으로 용기와 격려를 주신 이우성 선생님과 중국 안휘성 고급화사 장천 선생에게 특별히 감사드린다. 이 책을 상재하기까지 순탄치 않은 과정들 속에서도 끝까지 관심을 기울여 주신 출판부 편집인 여러분께도 고마운 뜻을 전한다.

2014년 추분절에

조 영 록

차 례

송시 | 4
축화 | 6

서문 ··· 9

제1장 강절·안휘의 선종과 신라·고려 구법승 ············ 017

1. 강절 연해의 선종과 한·일 교류 ································ 019
1) 신라 범일의 염관 해창원 구법 ····························· 019
2) 일본 혜악과 당 의공 선사 ··································· 026
3) 신라 가지 등의 대매산 구법 ································ 032
4) 설봉 문도의 절강 진출과 고려 영조 ····················· 039

2. 안휘 지역의 신라·고려 구법승 ································ 052
1) 신라 도윤의 남전산 구법 ····································· 052
2) 고려 찬유의 투자산 구법 ····································· 061

* 중국 강·해 유역의 나·려 구법 선찰 지도 ············· 071

제2장 복건 해역의 설봉산문과 고려불교 ······················ 073

1. 민남의 설봉선과 고려 구법승 ····························· 075
1) 복건으로 통하던 수륙 두 길 ····························· 075
2) 장주의 설봉선원과 남보타사 ····························· 077
3) 천주 개원사와 승천사 ····································· 083
4) 진강 복청사의 개산조 고려 현눌 ······················· 091
5) 『조당집』의 산실 청원산 초경사지 ······················ 097

2. 민북의 설봉산문과 고려 불적 ···························· 104
1) 운문·법안종의 조정 설봉산 ······························ 104
2) 복주 서선사와 고산 용천사 ····························· 111
3) 신라 원표의 지제산 화장사 창건설 ···················· 114
4) 민·오월과 고려 불교의 교류 ···························· 121

* 복건성 연해 답사 지도 ····································· 125

제3장 동남 해역의 법안종과 고려 구법승 ················ 127

1. 남당 법안종의 대두와 고려불교 ························ 129
2. 오월 법안종의 유행과 고려불교 ························ 137
1) 법안종의 유행과 설봉선의 퇴조 ························ 137
2) 법안·천태종의 교섭과 고려 구법승 ··················· 145

3. 원대 강·절의 임제종과 여말의 구법승 ··············· 155
　1) 휴휴암 몽산 덕이와 덕이본 단경 ··············· 155
　2) 태고·나옹 등의 강·절 순력 ··············· 160

제4장 천태·법안종과 신라·고려의 교류 ··············· 165

1. 태주 영강 변의 신라인 족적 ··············· 167
　1) 천태산에 이르는 영강과 시풍계 ··············· 167
　2) 황암의 신라방과 신교진의 신라서 ··············· 172
　3) 임해 천녕사와 신라산 ··············· 177

2. 천태산의 신라·고려 불교 유적 ··············· 182
　1) 화정·만년사의 신라·고려 구법승 ··············· 182
　2) 국청사와 신라원 옛터 ··············· 189
　3) 의천의 지자탑원 참배 발원 ··············· 198
　4) 석량 방광사 ··············· 204

3. 천태 전교원과 고려불교의 참여 ··············· 209
　1) 나계 전교원과 고려 구·전법승 ··············· 209
　2) 명주 전교원과 의통 보운 ··············· 215

차례 ● 15

제5장 산동성 한국 관련 불적 기행 ······················· 223

1. 산동반도 한국 관련 불적 기행 ······················· 225
1) 구법승들의 등·이륙지, 산동반도 ······················· 225
2) 의천 대사 상륙지, 교주 고려정관비 ······················· 229
3) 장보고 대사와 적산법화원의 오늘 ······················· 236
4) 의상 대사와 선묘설화의 무대, 등주 ······················· 243

2. 태산과 곡부 ······················· 251
1) 태산의 등정 ······················· 251
2) 조선 만공 선사의 태산 불교 중흥 ······················· 255
3) 유교 문화의 발원지 곡부 ······················· 259

부록 ······················· 265

1. 구화산 김지장 성도 1200주기 참가기 ······················· 267
2. 중국의 보타산과 한국의 낙산 ······················· 285
3. 한퇴지와 태전 선사가 해후한 광동성 조주 기행 ······················· 303

* 한국 구법 관련 선종 계맥표 ······················· 311
* 한국 입중구법 선승 일람표 ······················· 315
* 신라·고려 선승의 중국 구법 관련 전도 ······················· 319

제1장

강절・안휘의 선종과 신라・고려 구법승

강절(강소성과 절강성)은 동해에 연해 있고, 안휘(안경과 휘주)와의 사이로 장강이 흐르며, 기후는 따뜻하여 일찍부터 농업과 무역으로 물산이 풍부하였다. 특히 강절 해역은 한반도와의 사이에 구산의 선승들이 내륙으로 드나드는 경유지로서뿐만 아니라 당대 염관 제안이나 대매 법상과 같은 홍주종 1세대로부터 법을 얻었으며, 오월 시기에는 구법과 전법에 종사하는 고승들이 속출하였다. 따라서 이들 지역에는 한국 관련 불교유적이 처처에 산재해 있다.

필자는 한중 수교를 전후한 시기부터 이 지역을 드나들기 시작하여 1996년부터 절강대학 한국연구소와의 학술회의와 뗏목 황해탐사 등의 행사에 간여하였으며, 1998년부터는 1년간 연구교수로 있으면서 문헌연구와 함께 독자적으로 불적 답사를 진행하였다. 인근의 구화산과 보타산은 물론 범일의 구법처 염관 해창원 유지와 천태산 나계 전교원 유지 등 한국 관련 불적들을 처음으로 찾아 답사하는 즐거움을 맛볼 수 있었다.

따라서 강절 지역에 산재한 한국 불적의 답사는 필자의 형편에 따라 문헌조사와 병행하여 그때그때 시행하였으므로 특별한 답사기 형식을 취할 필요가 없었다. 그러다 보니 어떤 곳은 겹치고 또 어떤 곳은 문헌적 확인에 그치고 현장 답사는 종래 하지 못한 곳도 있다.

1.
강절 연해의 선종과
한·일 교류

1) 신라 범일의 염관 해창원 구법

굴산 조사 범일梵日이 법을 얻은 곳은 전당강錢塘江 북안의 염관鹽官 해창원海昌院으로 현재 행정구역상으로는 해녕시海寧市 염관진 북사北寺이다. 항주에서 전당강을 따라 수십 리 내려가 항주만 입구에 위치하고 있다.

범일은 계림의 관족冠族 김씨로 조부 술원述元은 명주 도독을 지냈는데, 청렴 공평하고 관용과 용맹으로 이름난 명문가 자손이다. 『조당집』에 의하면 범일은 헌덕왕 2년(810) 정월에 태어났으며, 나이 15세에 부모 허락하에 출가하여 산으로 들어가 도를 닦았다. 나이 20세에 계림으로 가서 구족계를 받고, 부지런히 수행하여 출가한 승려들의 귀감이 되었다.

그는 중국에 들어가 구법하기를 서원하다가 홍덕왕 11년(836) 정월에 사신으로 가는 왕자 김의종金義琮에게 부탁하여 그의 선편에 편승, 중국으로 들어갔다. 『삼국유사』 '낙산 이대성二大聖' 조에 의하면, 그가 처음 중국에 상륙하여 명주明州(현 영파寧波) 개국사開國寺에서 양양 낙산사 근처가 고향이라는 승려를 만났는데, 스님이 뒤에 고향으로 돌아가면 자기를 위하여 절을 지어달라고 하여 그러기로 약속하였다고 한다. 그러나 명주에는 원래 개국사가 존재하지 않았으므로 아마 개원사開元寺나 그와 비슷한 이름을 가진 사찰이 잘못 전해진 것임에 틀림없다.

도해 전에 범일은 어떤 종파에 소속한 것 같지 않지만, 그의 입당 결심 배경에는 아마도 새로 흥기하는 남종 돈오선법을 배워 보려는 관심 때문이었을 것으로 추측되기도 한다. 입당 후에 그는 큰 사찰의 여러 노장들을 순방하였다. 당시 절강 지역에는 마조의 직전 제자로서 절강浙江(즉 전당강錢塘江) 북안의 염관 제안 선사와 영파 지역의 대매 법상大梅法常 같은 고승이 교화에 임하고 있었다. 어떤 연고에서인지 모르지만 그는 강 건너 항주杭州 염관鹽官으로 올라가 해창원海昌院 제안 선사의 문하로 들어갔다.

    선사가 물었다.
    "어디서 왔는가?"
    "동국에서 왔습니다."
    "수로로 왔는가? 육로로 왔는가?"
    "두 길을 다 거치지 않고 왔습니다."
    "두 길을 거치지 않았다면 어떻게 여기에 이르렀는가?"
    "해와 달에 동과 서가 무슨 장애가 되겠습니까?"

이에 대사께서 "그대는 실로 동방의 보살이로다." 하고 칭찬을 아끼지 않았다.

제안齊安 선사(750?~842)는 당 황성皇姓인 이씨로 어려서 출가하여 후에 마조 도일의 초기 문도가 되어 홍주선법을 얻고 월주越州 소산蕭山 법락사法

염관진은 전당강에서 항주만으로 흘러드는 하구 북단으로 중국 제1의 관조처. 해창원은 해변에 위치하여 한일 구법승들의 출입이 용이하였다.

樂寺에 주석하였다. 원화元和 말(820) 70세의 고령으로 전당강 입구에 위치한 이곳 해창원으로 초빙되어 종신토록 교화에 임하였다. 문하에 여러 고제를 배출하니, 신라 굴산 조사 범일도 그 가운데 한 사람이다. 범일 선사가 묻기를 "어떻게 해야 성불할 수 있습니까?" 하니, 대사가 이렇게 대답하였다. "도는 닦을 필요가 없으니, 그저 더럽히지 말라. 부처라는 견해, 보살이라는 견해를 짓지 마라. 평상심이 바로 도이니라." 이 말에 범일은 활짝 깨닫고 홍주종의 종지를 잇게 되었다.

항주만 입구에 위치한 염관은 고래로 중국 제일의 관조처觀潮處로 이름이 높다. 특히 8월 18일이면 밀려오는 조수가 절정에 달하여 '해녕조海寧潮'라 하여 널리 알려졌는데, 이는 일찍이 소동파蘇東波가 "팔월 십팔일의 조수는, 천하에 다시없는 장관일세(八月十八潮 壯觀天下無)."라 한 시익 덕분도 크다고 한다. 염관에서 발생한 해녕조는 여덟 시간 뒤에 항주에 도달하는데, 제방이 없던 당시에는 이로 인해 수해가 발생하였다. 오월국吳越國 전왕가錢王家에서 육화탑六和塔을 조성하여 그 원력으로 무사하기를 빌었으나 지금은 관광객의 발걸음이 끊이지 않는 명소가 되었다. 스승 제안이 학생 범일을 맞아 짐짓 수륙로水陸路로서 질문을 던졌으나 학생은 태연하게 도道의 문제로 받아넘긴 것이었다.

범일은 스승 제안이 842년 12월 입적하기까지 6년 동안 해창원에서 머물렀으며, 아마도 스승의 상을 치른 다음 해 봄에 해창원을 떠나 강서·호남 지역으로 구법 행각에 나선 것으로 보인다.『조당집』에 의하면, 범일 선사가 다음에 찾아간 곳은 호남성 약산藥山이었다.

약산이 물었다.
"최근에 어디서 떠나왔는가?"
"최근에 강서江西에서 떠나왔습니다."
"무엇하러 왔는가?"
"화상을 뵈러 왔습니다."
"이곳에는 길이 없는데, 그대는 무엇을 찾으러 왔는가?"
"스님께서 이 이상 진보하시면 저는 스님을 볼 수 없습니다."

이에 약산이 기뻐하면서 "매우 신기하고도 신기하구나! 밖에서 불어온 맑은 바람이 사람을 얼어 죽게 하는구나!" 하였다.

이 대화에서의 상대인 약산을 일반적으로 석두 희천의 제자 약산 유엄惟儼(751~834)이라고 해석하고 있으나 유엄은 범일이 입당하기 2년 전에 이미 작고하였다. 따라서 여기 약산은 유엄의 제자 가운데 어느 사람이어야 한다.

위의 대화에서 범일이 '최근에 강서에서 떠났다'고 한 점으로 보아 그는 염관을 출발하여 강서로 가서 적어도 남창南昌 개원사와 백장산百丈山, 그리고 구강九江 귀종사歸宗寺 등 홍주종 계열의 주요한 사찰을 둘러보고 호남 지역으로 간 듯하다. 따라서 그가 약산에 도착하기 전에 이미 약산 유엄이 고인이 되었다는 사실을 알고 있었을 것이다. 약산 유엄도 석두의 제자이면서 마조를 참문한 바 있듯이 범일도 마조의 제자인 제안에게 배웠으면서 석두 계열의 약산사를 순례한 사실을 전기의 편찬자가 특기하였을 것으로 추측된다.

범일은 예주에서 장강을 건너 호북성을 거쳐 수도 장안으로 들어갔으나 무종武宗 회창會昌 4년(844) 무렵, 혹심한 법난을 만난 것으로 보인다. 그동안 파불의 사태가 서서히 진행되다가 그해 7월과 9월에 칙령으로 외국 승려들에게까지 극심한 탄압이 가해져 추방되거나 환속당하는 일이 비일비재하

해창원은 제풍사라고 고쳤다가 송대에 안국사, 청대에 북사라 하였다. 현재 경당이 서 있는 이 거리를 북사항이라 표시하고 있다.

였다. 이러한 가운데 범일은 아마도 장안까지 진출했다가 상현商縣 상산商山으로 숨어들어가 산과일이나 풀뿌리 등으로 연명하며 갖은 고생을 하면서도 선정禪定 닦기를 소홀히 하지 않았다. 회창 6년(846) 3월 무종이 죽고 호불의 황제 선종宣宗이 등극함으로써 드디어 자유의 몸이 되었다.

새 황제 선종의 속명은 이침李忱으로 무종의 배다른 숙부이다. 『송고승전』 「제안전」에 선종 이침의 '부전附傳'을 세웠는데, 이에 따르면 그는 일찍부터 조카 무종의 미움을 사서 승려 행장으로 유랑하였는데 제안 문하에도 머물렀던 적이 있었다. 무종이 죽고 삼촌인 그가 즉위한 뒤 제안의 입적 소식을 듣고 오공悟空이라는 시호를 내리면서 동시에 애도한 어시御詩가 전하고 있다. 시기적으로 보면 이침이 승복을 입고 해창원에 머물 때 범일도 머물렀기 때문에 서로 상면했을 가능성이 없지 않지만 확인할 길은 없다.

선종의 등극으로 그동안 얼어붙었던 불교계는 새로운 환경을 맞게 되었다. 그렇다고 하여 불교계에 대한 조정의 정서가 금방 예전처럼 회복될 일은 아니었다. 불교에 대한 조정과 관료들의 불신과 이로 인한 탄압은 그전에도 없지 않았다. 현종 개원開元 2년(714)에 상서령 요숭姚崇이 요역을 피하려고 승려가 된 자가 많다고 상서하여 위법 승려 2만 명을 환속시킨 사례가 있었다. 회창파불 역시 개성開成 5년(840) 9월에 재상 이덕유李德裕의 주청으로 위법 승려들을 축출하고, 사찰에 동자나 사미를 두는 것을 금지하는 조치를 취하는 데서 시작하였다. 이와 같이 사찰이나 승려로서 법을 어기는 사태에 대하여 이덕유를 중심으로 하는 관료들의 불만이 있는데다 무종이 도교를 신봉하여 회창파불 사태가 발생한 것이다. 따라서 무종이 죽었다고 하여 불교에 대한 지방 관료들의 태도가 금방 해소될 일이 아니며, 이러한 상황에서 외국 승려들의 구법 행각이 즉시 재개되기는 어려웠다. 그동안 사찰이 파괴되고 인걸은 사방으로 흩어져 정상적인 구법 활동이 사실상 어려웠던 점도 있었을 것이다. 그럼에도 불구하고 범일은 조계 보림사 6조의 영탑만은 기필코 참배하리라 새로운 의지를 가다듬었던 것 같다. 이리하여 멀리 소주 대범사와 육조탑六祖塔을 참배하는 것으로 구법의 마지막을 장식하려 했던 것이다. 그리고 절강 지역으로 다시 돌아와 귀국 준비에 들어갔다.

그러나 입당 이후 6년 동안 구법한 염관 해창원도 파불 사태로 파괴당하여 그가 돌아왔을 때에는 이미 폐허로 변해 있었다. 국청사를 비롯한 도회 각지의 대찰들은 크게 파손되었는데 절강 지역 사찰들은 다른 지방에 비하여 피해가 비교적 가벼웠다고 한다. 명주 연해 지역은 일찍부터 불교가 성행하였을 뿐 아니라 9세기 이래 신라와 일본 등 외국 상인과 승려들이 출입하면서 해항으로 번영하는 추세에 있었다. 범일은 대중大中 1년(847) 8월, 약 11년 6개월 동안의 재당 순례 행각을 마무리하고 고국으로 돌아갔다.

염관 해창원지에 서 있는 당대 경당은 신라 범일 선사의 구법 당시 유물로 이 밖에 2기가 더 있다. 담장에 옛 비편들도 보인다.

범일이 귀국하여 대중 5년(851) 정월에 백달산白達山에 머물고 있는데, 명주溟州 도독 김공金公이 청하여 굴산사로 옮겼다고 한다. 『삼국유사』에는 그 뒤 대중 12년(858) 2월 15일 밤에 중국 명주 '개국사開國寺(원문에는 개국사라고 하였으나 현지에는 고래로 그런 절이 없고 대신 한·일 스님들이 출입하던 개원사開元寺가 있었다. 오기인 듯함)'에서 만난 그 스님이 현몽하여 약속대로 자기를 위한 집을 지어달라고 재촉하므로 낙산사를 중창하고 여기에 정취보살正趣菩薩을 모셨다고 한다. 이로 미루어 보면 그 스님은 정취보살의 화현化現이었으며, 범일도 일찍이 정토 신앙에 대한 일정한 관심을 가지고 의도적으로 정토 관음신앙이 성행하던 중국 절동을 구법 지역으로 선택하였을 가능성도 엿볼 수 있다.

옛 진국 해창원은 845년 파불 사태 때 훼철되었다가 범일의 귀국 직후인 대중 4년(850)에 중건되고 이름도 제풍사로 바뀌었다. 북송 대에 안국사安國寺로 되었다가 청 말에 이르러 속칭 북사北寺라고 불렸다. 현재 안국사지 경내 일각에는 범일이 유학했을 당시에 세운 고색창연한 당대唐代 경당經幢들과 비편들이 흩어져 있어 당송 시대의 고찰이었음을 짐작하게 해 준다.

2) 일본 혜악과 당 의공 선사

신라 범일이 해창원 제안 선사 문하에서 수행한 것은 836년에서 842년 말 스승이 입적하기까지 6년 동안이었다. 이 무렵 동아시아 해상무역을 주도하던 장보고張保皐 선단의 활동은 실로 눈부셨다. 적산법화원赤山法華院을 중심으로 한 장보고 선단의 교·상일체教·商一體적 해양 활동에 대해서는 거기에 직접 참여한 일본승 원인圓仁의 여행기 『입당구법순례행기入唐求法巡禮行記』에 생생하게 기록되어 있다. 원인은 일본 천태종 승려로서 당 개성開

成 3년(838)에 입당하여 구법 활동하면서 뒤에 온 혜악慧萼의 입당 구법 활동에 관심을 갖고 세 차례에 걸쳐 기록을 남겼다. 순례기의 '회창 원년(841) 9월 7일 조'를 비롯한 몇몇 기사가 그에 관한 최초의 기록이다. 이들을 종합해 보면 혜악은 제자 두 사람과 함께 초주楚州에 도착하여 841년에 오대산五臺山을 순례한 후 그해 가을에 초주의 재당 신라인 통역사 유신언劉慎言에게 돈과 물품 등을 맡기고 다시 천태산天台山으로 옮겨 갔다. 그리고 그 이듬해 회창 2년(842)에 역시 명주의 재당 신라인으로 보이는 이인덕李隣德의 배로 명주로부터 본국으로 돌아갔다.

혜악이 바다를 건너 당에 와서 구법 활동을 한 데에는 본국 귤태후橘太后의 청탁과 후원이 있었다. 일본 천태종의 역사서『원형석서元亨釋書』에 의하면 그는 귤태후로부터 중국의 선종 승려 한 사람을 찾아 대동하고 돌아오라는 부탁을 받고 당으로 갔다. 먼저 오대산을 참배하고, 다음으로 명주와 천태산을 드나들었다. 아마도 이 무렵 염관 해창원으로 제안 선사를 찾아가 요청했을 것이다. "우리나라 사람들의 신앙심(信根)이 깊어 교법敎法이 성행하고 있습니다. 그러나 최상의 선종禪宗은 아직 전해지지 못했습니다. 원하옵건대 스님의 제자 한 분이 우리나라 종문宗門의 기초를 놓아 주시면 좋은 일이 아니겠습니까?" 하여 그의 제자 의공義空을 소개받았다. 혜악이 842년에 귀국하였으므로, 이러한 정황을 보면 범일이 시봉하던 스승 제안이 그해 말 입적하기 전 어느 때, 그들은 서로 상면했을 개연성이 충분하다.

하지만 무슨 이유에서인지 그해 혜악이 귀국할 때 의공을 대동하지는 않았고, 의공을 대동하여 함께 귀국한 것은 그 뒤 다시 입당하였다가 돌아갈 때였다. 그가 두 번째 입당한 것은 회창 4년(844) 3월 이전으로 회창파불의 바람이 점차 드세게 몰아칠 무렵이었다. 일인 학자 전중사생田中史生 씨가『백씨문집白氏文集』제기題記 등의 자료를 인용하여 정리한 바에 의하면, 혜악이 회창 4년 3월 13일경에 소주蘇州 남선원南禪院에서 백거이의 문집을 서사書寫하고 있으면서 호구虎口 오왕검지吳王劍池로 행보하였다고 한다. 그러나 그는 이때 스스로를 '일본국日本國 이두승裏頭僧' 혹은 '거사居士'라고 하여 자신이 승려라는 사실을 숨겼다. 이는 폐불이 진행되는 상황에서 자기가 재가신자임을 고의로 드러내려 한 행위임이 분명하다.

이와 같이 혜악은 두 번째 입당 이후 회창파불로 구법 활동을 중단하고 신분을 감춘 채 소주에 머물면서 도서를 베껴 쓰는 일로 간난의 세월을 보내지 않으면 안 되었다. 그러다가 846년 3월 무종이 죽고 선종이 등극하여 얼어붙었던 법난이 점차 해빙기를 맞았다. 이때 그는 오대산으로 가려던 당초 계획을 포기한 채 제안의 제자 의공을 대동하고 신라 상인들의 도움을 받아 귀국 준비를 서둘렀다. 그 밖의 외국 승려들도 대부분 강절 지역으로 모여들

소주시 외곽으로 흐르는 대운하에서 작은 운하들이 소주 시가지로 연결되어 작은 배가 왕복할 수 있도록 고대 교통망을 형성하고 있다.

어 847년 한 해 동안에 차례로 귀국길에 올랐다. 지주池州 남전산南泉山에서 법을 얻은 신라 도윤은 4월에, 혜악은 7월에 각각 귀국선을 탔다. 그리고 화북 상산商山에 숨어 지내던 범일 역시 항주와 명주 지역에서 8월에 출발하여 본국으로 돌아갔다. 일본승 원인도 장안에서 환속되어 그 해 9월 이미 훼철된 적산법화원의 사장寺莊을 거쳐 귀국길에 올랐다.

당시 혜악은 소주에 있으면서 그 지역에 연고가 있는 당상唐商에게 도움을 청했다. 『속일본후기續日本後記』'승화承和 14년(847) 7월 신미 조'에 "천태 유학승 원재圓載와 종자 인호仁好 및 승려 혜악 등이 당으로부터 돌아와 원재의 표장表狀을 올렸다. '당 장우신張友信 등 47인이 동승하여 도착'"이라고 되어 있는데, 이 47명 가운데는 의공도 물론 포함되어 있었다. 일본 학자들은 이 배에 소주의 당상 서공유徐公裕가 승선하고 있었을 것이라고 추측하고 있다. 그러한 추측을 가능하게 하는 근거 자료는 무주婺州 아전산장衙前散將과 소주蘇州 아전산장 직함을 가진 서공직이 대중 3년(849)에서 6년 사이에 당승 의공 선사에게 보낸 두 통의 서간문이다. 아전산장이란 직함은 절도사의 의향意向을 받은 상인에게 주어지는 '아직牙職(비공식적 직책)'으로서 그는 명주를 모항으로 하면서 당과 일본 사이를 왕래하던 아우 서공유徐公裕와 함께 양절兩浙 지역을 거점으로 화북과 남해까지 연결되는 유통망을 가진 당나라 무역상이었다. 그런데 그 서간문에 '대중 2년(848)에 아우 공유가 일본으로부터 귀국하여 의공의 편지와 토산물이 무사히 공직에게 전달되었다'는 내용이 포함되어 있다. 의공은 그 뒤 10년 정도 일본에 머물다 귀국하였을 것으로 추측된다.

혜악이 의공 선사를 대동하고 일본으로 돌아가니, 태후는 그를 위하여 선림사禪林寺를 세워줌으로써 일본에 선종이 처음으로 전해지게 되었다. 그 이전에도 중국의 선종이 일본에 전해지기는 했으나 유전될 단계까지 이르지는

소주 운암사 탑. 일본승 혜악은 중국 선종 승을 대동하기 위하여 수차례 도해하였으며, 회창법난을 만나서는 소주에 은거하여 『백씨문집』을 필사하였다.

못했다. 나라 시대 일본승의 요청에 따라 천평天平 7년(735)에 당승 도선道璇이 일본으로 가서 율을 전하고, 대안사大安寺 행표行表에게 수계와 함께 선법禪法을 전하였다. 그러나 도선은 신수를 이은 보적普寂의 제자였기 때문에 어디까지나 북종선北宗禪이었지 순수 남종 돈오선법이 아니었다.

행표가 일본 천태종의 창시자 최징最澄의 스승임은 잘 알려진 사실이다. 그런 점에서 의공이 분명히 남종을 일본에 처음으로 전한 것은 사실이지만 이때 전한 선법 역시 후세에 널리 유행하지 못한 것은 마찬가지다. 일본에 남종선이 널리 유행한 것은 영서榮西(1141~1215)와 도원道元(1200~1253)에 의하여 송대宋代 임제종臨濟宗과 조동종이 각각 전해진 이후임은 잘 알려진 일이다.

그러나 혜악을 비롯한 일본 불교계 일각에서는 선종의 초전初傳을 기념하기 위하여 비석을 세우려는 움직임이 있었다. 『원형석서』「의공전」에 의하면, 그 책임을 맡은 혜악은 다시 입당하여 소주 개원사開元寺 사문 계원契元에게 부탁하여 '일본국수전선종기日本國首傳禪宗記'라는 제목의 비석을 제작하여 배로 운송하였다. 여기 비문의 찬자인 계원은 『송고승전』「남전보원전」에 보이는 초기 제자의 이름과 같아 동일인일 가능성이 없지 않으며, 또한 『불조통재佛祖通載』 권22, '태화 3년 기유(829) 조'에 보이는 소주 중원사 승려로서 비각 글씨에 이름을 내고 있었던 계원과도 같은 인물일 것이다. 혜악은 비석과 함께 다른 석조물을 운송해 갔다. 한편 일본에 선종을 전한 의공은 역으로 당으로 귀국하였을 것으로 짐작된다. 『안상사가람연기자재장安祥寺伽藍緣起資財帳』에는 혜악이 세웠다는 당제唐製 '석경당石經幢' 1기가 있었다고 하는데, 이는 범일과 혜악이 방문하였을 당시 염관 해창원 옛터에 세워져 오늘날까지 건재한 2기의 석경당을 모방한 것임이 틀림없다.

그런데 비석의 제작을 위한 입당 시기에 문제가 있다. 앞의 일본 학자 전중田中 씨는 그 비석을 운반한 시기는 혜악의 마지막 입당 때인 함통咸通 3, 4년(862, 863)이거나 혜악이 보타산 불긍거관음전을 연 대중 12, 13년(858, 859)일 것이라고 애매한 추측을 한다. 이에 대하여 중국 현지에서 간행한 왕련승王連勝 주편 『보타락가산지普陀洛迦山誌』(1999)에서는 혜악이 불긍거관음전을 개산한 것이 858년경이 아니라 863년경이라고 주장하는데, 이는 혜악이 862년 장우신張友信의 배로 고구친왕高丘親王을 따라 명주로 상륙했다는 기록에 의한 것이다.

한편 범일은 혜악과 같은 해(847) 귀국하여 851년 굴산사를 창건한 뒤 일찍이 명주에서 만난 정취보살과의 언약에 따라 낙산사를 중창하였다. 『삼국유사』에서는 낙산사 중창 시기를 대중 12년(858)이라고 하는데, 이는 공교롭게도 혜악과 신라 상인의 협력에 의하여 보타산이 개창된 시기와 일치한다. 그들이 귀국한 지 10년 세월이 흐른 뒤 혜악은 재입당하여 보타산 불긍거관음전을 개창하고, 신라 범일은 같은 해에 낙산사 중건을 수행한 것이 단지 우연의 일치일까? 비록 우연이라 하더라도 그 시기나 동기에 있어서는 어딘가 필연성을 느끼게 하는 인연들이 얽혀 있을 것 같다.

3) 신라 가지 등의 대매산 구법

절강을 중심으로 하여 그 서쪽(또는 북쪽)에 있는 항주杭州나 호주湖州, 가흥嘉興 등 여러 지역을 절서浙西라 하고, 동쪽(또는 남쪽) 소흥紹興(혹은 월주越州), 명주明州(또는 영파寧波), 온주 등 여러 지역을 절동浙東이라고 부른다.

신라 선사宣師는 아마도 절강의 어느 지역으로 입당한 최초의 구법 선승이었던 것 같다. 그는 온주溫州 용흥사龍興寺 영가 현각永嘉玄覺(675~713)을 배알하고 남종 선법을 배운 인물이다.

현각은 온주 출신으로 본래 천태天台 지관법문止觀法門에 정통하였으며, 특히 선관禪觀을 중시하였다. 일찍이 조계 6조 혜능을 배알하고 하룻밤을 같이 지내면서 법의 요지(法要)를 터득하였으므로 세간에는 일숙각一宿覺이라는 이름으로 알려졌으며, 그의 저서로는 『증도가證道歌』와 『영가집永嘉集』이 전한다. 신라 선사가 오흥吳興의 흥사興師와 함께 그의 수문 제자라는 사실이 알려진 것 이외에 따로 전하는 사적은 없다.

6조 혜능에서 발원한 남종 돈오선법의 주류는 남악-마조와 청원-석두의 두 계열로 나뉘어 강서와 호남 지역을 중심으로 하여 천하 각지로 전파되었다. 그 밖에 절강 지방으로도 전등의 횃불을 올린 고승으로 염관 제안과 이름을 나란히 드러낸 명주 대매산大梅山 법상法常이 있다. 그 문하에도 신라인 제자들이 찾아들어 법을 익혔다.

대매 법상(752~839)은 호북 출신으로 어려서 형주 옥천사에서 경서를 공부하였으나 뒤에 마조 문하에 들어 돈오선법을 익혔다. 마조 도일로부터 '마음이 곧 부처(卽心是佛)'라는 선지禪旨를 전수받은 뒤 천태산으로 들어갔다. 당 정원貞元 12년(796)에 이르러 여요余姚의 남쪽 70리에 있는 매산梅山으로 옮겨 나무를 얽어 거소를 정한 뒤에는 40년간 한곳에 머물렀다. 이곳은 한나라 매자진梅子眞이 은거하여 도를 이룬 곳으로 법상이 여기에 주석하자 세상에서는 그를 대매 법상이라 부르게 된 것이다.

이때 염관 제안의 한 제자가 이 산속에서 주장자拄杖子(지팡이) 감을 구하다가 길을 잃고 헤맨 끝에 초막으로 찾아 들어가 선사를 뵙고 인사를 드렸다. 그리고 이 사실을 제안에게 고하니, 제안이 혹시 강서 마조 문하에서 만난 법상 선사일까 하고 사람을 보내어 나오도록 하였으나 오히려 퉁명스러운 대답만 듣고 왔다. 마조가 이 일을 전해 듣고 사람을 시켜 "스님께서 마 대사에게 무엇을 배우셨습니까?" 묻게 했더니, "마조께서 마음이 곧 부처라고 했지." 하였다. 이에 "요즘은 마음도 아니고 부처도 아니라 하십니다." 하니, 법상은 "그 늙은이가 사람 속이기를 그칠 날이 없구나. 나는 역시 마음이 부처라고 하리라." 하였다. 이 말을 마조(혹은 제안이라는 설도 있음)가 전해 듣고, "매실이 익었구나!" 하였다. 이 이야기가 전해지자 배우려는 자들이 법상 문하로 몰려들었다고 한다.

당 개성開成 초(836)에 매령梅嶺에서 넓은 곳으로 내려와 처음으로 원院을 세워 상선정사上禪定寺라 하니 사방에서 모여드는 승려가 6, 7백 명이 되었다. 그가 상당하여 다음과 같이 설법하였다.

"그대들은 각자가 마음을 돌이켜 근본에 통달하도록 하고 그 말을 좇지 말라. 근본을 얻으면 지엽적인 것은 스스로 따르게 된다. 근본을 인식하려면 오직 자기 마음을 투철하게 해야 한다. 이 마음은 일체 세간世間과 출세간出世間 법의 근본이 된다. 마음이 일어나면 갖가지 법이 일어나고 마음이 멸滅하면 모든 법이 없어진다. 근본 마음은 일체의 선악이 없으므로 만법을 나타내지만 근본 자체에는 변함이 없다."

3년 후 개성 4년(839)에 입적하니, 향년 88세에 법랍 69세였다. 『보경사명지寶慶四明志』 '사원寺院' 조에 의하면, 상선정사는 회창파불로 폐사가 되었으나 대중 연간(847~859)에 복원되어 관음선원觀音禪院이라 하였으며, 송대에 와서 호성사護聖寺로 바뀌었다.

대매 법상은 염관 제안과 함께 마조의 사법제자로서 절강을 사이에 두고 동서로 법등을 밝혀 각각 제자들을 배출하였다. 두 사람은 90세 전후로 장수하면서 동남 해역이라는 지역적 특수성으로 인하여 신라인 제자들을 배출하였다. 제안 문하에는 저명한 신라 범일과 함께 일본승 혜악慧蕚과 당승唐僧 의공義空이 있었고, 법상 문하에는 신라 가지 등이 있었다. 염관은 연해 도시이며, 매산은 깊은 산속이라는 서로 다른 환경이었다. 그래서 교통이 편리한 염관은 신라만이 아니라 일본과의 불교 교류도 활발했다.

『경덕전등록』 '대매 법상의 사법제자' 조에는 신라 가지伽智 선사의 사적을 싣고 있다. 가지 선사는 법을 받은 뒤 귀국하여 가지산으로 들어가 대중을 맞아 법문에 임하였으므로 가지라는 법명을 갖게 된 것이라 한다.

어느 스님이 물었다.
"달마가 서쪽에서 오신 까닭이 무엇입니까?"
"그대가 안으로 들어오면 말해 주겠네."
"대매의 선지禪旨는 무엇입니까?"

영파시 진명령에 있던 고려사신관 유지. 지금은 새 건물로 바뀌었으나 옛날 가지 선사 등은 이리로 상륙하여 대매산으로 입산하였을 것이다.

"우유(酪)는 일시에 뱉어버리는 것이다."

이 밖에 가지 선사의 사적은 알려지지 않는다. 가지 선사 외에 신라 충언 선사忠彦禪師가 있으나, 충언은 법명만 기록되어 있을 뿐 기연어구가 없다.

앞에서 밝혔듯이 가지 선사는 귀국하여 가지산에 주석하였는데, 혹시 그가 장흥 가지산迦智山 보림사寶林寺를 창건한 체징體澄(804~880)과 어떤 관계가 있지 않을까? 체징의 중국 구법은 그 기간이 짧은 데다 구법 지역 역시 불분명하지만 시기적으로 보아 그러한 추측이 가능할 것 같다.

'보림사보조선사탑비寶林寺普照禪師塔碑'에 의하면, 체징은 중국 구법 기간이 짧은 데다 구법 지역 역시 불분명하다. 그는 대대로 명망 있는 김씨 집안에서 태어났으나 어려서 출가하여 827년 구족계를 받고 후에 설악산 억성사億聖寺 염거廉居 문하에 들어가 그 법인을 전수받았다. 그 뒤 희강왕 2년 (837)에 동문인 정육貞育, 허회虛懷 등과 함께 당나라로 들어가 여러 곳으로 선지식을 찾아 참문하였다. 그리고는 "우리 도의道義 조사께서 말씀하신 것에 더할 것이 없으니, 애써 멀리 방랑할 필요가 있겠는가!" 하였다. 그 뒤 3년 만인 문성왕 2년(840, 개성開成 5) 봄 2월에 평로사를 따라 귀국하였다. 그리고 헌안왕 3년(859) 장흥 가지산 보림사를 개창하니, 그는 특별히 당나라 선사로부터 법을 잇지 않고 도의에서 염거로 이어지는 선의 등불을 밝혔다.

이러한 체징의 생애를 보면 그의 입당 구법 행각이 불과 3년에 걸치는 짧은 기간이기는 하지만 여러 총림을 참문하였음에도 불구하고 단 한 사람의 스승의 이름도 드러나고 있지 않다. 굳이 그 까닭을 찾자면 그가 중국에 구법한 기간이 남종선의 회양-마조계와 청원-석두계의 직전 제자들이 이미 세상을 떠났거나 남아 있더라도 노쇠하여 스승으로 모시기 어려웠던 시기였기 때문이라 할 수 있다. 가까운 예로 범일이 염관 해창원을 찾았을 당시(836) 스승 제안은 87세 노령이었으며, 도윤이 남전의 문하에 들었을 때(825) 스승 남전 보원은 79세였던 사실을 상기할 필요가 있다. 이 밖에도 구산문九山門 가운데 신라 출신의 여러 조사들을 살펴보면 모두가 범일과 체징의 입당 이전 인물이었다. 북악 도의와 남악 홍척과 동리산 혜철 등 삼산三山은 모두 서당 지장(735~814)의 법을 잇고, 혜목산 현욱玄昱은 장경 회휘章敬懷暉(787~818)에게 법을 얻었다. 다음 성주산 무염은 821년에 입당하여 마곡 보철麻谷寶徹에게서 강서의 법인을 얻고 오래지 않아 독자 수행하였다고 하니, 스승 문하에서의 수행은 길어야 830년대 중반을 넘기지 않았을 것이다.

이러한 사실 등을 미루어 보면 범일은 마조의 직제자에게 득법得法한 마지막 구법승이라 할 수 있다. 그보다 1년 늦게 입당한 체징이 법을 이어받을 스승을 찾지 못했던 것은 시기적으로 마조 직전 제자들의 시대가 이미 지나갔음을 의미하는 것으로 이해해도 좋을 것이다. 그가 굳이 법을 중국에서 구하려 했다면 염관 제안이나 대매 법상과 같은 노경의 스승을 참방할 기회를 얻을 수도 있었을 것이다. 당시 법상 문하에는 전술한 바와 같이 두 사람의 신라 사법제자가 등장하고, 그 가운데 가지 선사는 명칭뿐만 아니라 시기적으로 가지산 선문을 개창한 보림 체징의 활동 시기와도 어긋나지 않는다. 이러한 점에서 보아 그들 두 사람은 혹시 동일인이 아닐까 추측해 볼 수도 있다.

이상과 같이 절강 지역의 선종은 염관 제안과 대매 법상의 전법 활동으로 홍주종이 유행하였으며, 그 문하에서 육성된 사법제자들이 계맥系脈을 이어갔다. 『경덕전등록』에는 제안의 사법제자 8명 가운데 처음 세 명에 대해서는 기연어구가 실려 있으며, 선종宣宗 황제와 신라 품일品日(즉 범일) 선사의 이름만 올라와 있다.

그들 가운데 현지 항주 경산徑山에 남아 가장 활발하게 전법한 감종鑑宗 선사가 있다. 감종은 호주湖州 장성長城 사람으로 성은 전錢씨이며, 개원사 고한高閑 선사에게 이끌려 출가하였다. 『정명경淨名經』과 『사익경思益經』에 정통하였으며, 뒤에 염관으로 가서 스스로 품었던 의심을 풀었다. 함통咸通 3년(862)에 경산에 주석하여 선교를 드날려 도속道俗 간에 귀의하는 자가 많았는데, 한번은 홍연洪諲이 논강論講할 수 있는 일을 자랑하기에 대사가 이렇게 말했다.

"불조의 바른 안목은 바로 끊어 언어를 떠났는데, 그대는 바다의 모래나 세어서 무슨 도움이 있겠느냐. 다만 알음알이를 두지 않고 겉으로의 온갖 반연을 여의면 그것이 곧 그대의 불성이니라."

홍연이 이 말을 듣고 어리둥절하더니, 이윽고 그곳을 떠나 위산으로 가서야 그 현묘한 이치를 깨달았다고 한다. 그 문하의 걸출한 제자로는 홍찰洪察, 홍연洪諲, 홍지洪脂, 홍적洪寂 등이 있었다. 함통 7년(866)에 입적하여 무상無

영파시 아육왕사는
불사리 소장 사찰로 유명하다.
사진은 주지스님의 도움으로
절강대학 모소석 교수와 함께
사리를 친견하는 모습

上 대사라는 시호가 내려졌으니, 그가 곧 경산의 제2세 주지이다.

『경덕전등록』'법상의 사법제자' 조에 가지 선사와 함께 법을 받은 제자로서 항주 천룡天龍 선사에 대한 기록이 있다. 그가 상당하여 말하기를 "대중은 나의 말을 기다리지 말고, 올라오려면 오고 내려가려면 가라. 제각기 화장세계華藏世界(석가모니불의 진신인 비로자나불의 정토)의 성품 바다가 있고, 공덕의 걸림 없는 광명을 갖추었으니 잘 참고해 보라. 진중珍重(안녕히 계시라는 뜻)."이라 하였다. 항주 천룡 선사의 제자에 신라 언충彦忠 선사가 있었으나 역시 기연어가 없다. 법상 선사의 신라인 제자에 가지와 충언忠彦(최치원의 '지증대사비문'에 '新興彦'이라고 한 구법승을 동일인으로 보는 선학들의 견해가 있음), 그리고 손제자에 신라 언충 선사 3인이 배출되었다.

이상과 같이 양절兩浙(절동과 절서) 지방에는 제안과 법상 문하에서 육성되어 홍주선법이 그들을 통하여 전해졌으나 특별히 내세울 만한 것이 없다. 이러한 가운데 10세기 오월국의 치세를 맞이하여 복주 설봉산에서 발흥한 설봉선의 새 바람이 도도한 기세로 북상해 온 것이다.

4) 설봉 문도의 절강 진출과 고려 영조

중국 민閩 왕조는 지역 문화 애호 정책을 적극적으로 펼쳐 불교가 크게 흥성하였으며 한반도와 해상을 통한 불교 교류도 활발하게 이루어졌다. 민 왕조는 당이 망하고 송이 서는 중간의 약 10세기 무렵 오대십국이 분열하던 가운데 복건 지역(閩越)에 수립된 지방 정권이다. 신라 말의 보요 선사普耀禪師는 남월南越과 오월吳越(절강 지역)로부터 대장경을 두 차례나 구해 와서 해룡왕사海龍王寺를 지었으며, 그 제자 홍경弘慶(또는 洪慶)은 928년 민부閩府로 가서 복주로부터 대장경 일부를 배로 운반하여 예성강으로 들어왔다.

『송사』와 『고려사』 '세가世家' 등에 보이는 복건 지역 출신의 정치인과 무역 상인의 이름들 역시 그러한 친밀한 관계를 말해 준다. 9세기 말 왕조王潮 일가의 분쟁으로 그 일족인 왕언영王彦英이 신라로 망명하여 벼슬길에 올랐으며, 10세기 전반기 민국 왕 왕창王昶 집정기에는 신라 사신이 바친 보검의 처리 문제로 고심하는 일도 있었다. 두 나라 사이에 교섭이 잦아짐에 따라 고려에 와서 눌러앉아 사는 중국인들이 적지 않았다. 고려 수도 개경開京에 사는 중국인들이 수백 명이나 되었으며, 그 가운데 대부분이 복건 사람(閩人)으로 장사하러 온 사람이었다. 고려 태조 왕건이 해상 세력으로 성장하여 왕위에 올랐다는 사실 역시 나말·여초의 해양 교류가 활발하였던 역사적 배경을 말해 주는 것이다. 이러한 가운데 의존義存 선사가 설봉산雪峰山(또는 상골산象骨山)에 선의 등불을 높이 달자 이를 배우기 위하여 적지 않은 고려 젊은 승려들이 도해 구법에 나섰다.

6조 혜능에서 비롯한 남종선 가운데 강서 마조-백장 계열에서 위앙종潙仰宗과 임제종의 두 종파가 나오고, 호남 석두계에서 조동종曹洞宗이 나와 천하에 선풍을 크게 펼쳤다. 선종 승려들은 교종 승려들과 달리 주로 도시에서 떨어진 산사에서 살았으므로 자급자족을 권장하는 '백장청규'의 정신에 따라 생활하였다. 따라서 그들 선승들은 회창파불 기의 탄압이나 당 말의 혼란기에도 남에 기대지 않고 독자적으로 농사일을 하면서 무난히 견딜 수 있었다. 그런 점에서 도시의 교종 중심 사찰과는 많은 차이가 있었다. 더구나 오대십국 시기의 민월 연해 지역에서는 해상무역의 발달로 말미암아 경제가 번영하고, 왕실의 장려에 힘입어 불교문화가 크게 진작되었다. 이러한 정치·경제적 호황을 타고 설봉계 선종의 새 기치 아래 운문종雲門宗과 법안종法眼宗의 두 종파가 출현하였다. 이렇게 중국 선종의 5가 가운데 세 종파를 석두계가 차지함으로써 이전까지 강서 마조계의 우세함을 오히려 앞지르는 형세로 전환되었다.

일찍이 마조 도일이 복건성 건양建陽 불적령佛迹嶺에 머문 적이 있으나 일시적이었으며, 그의 제자 백장 회해와 황벽 희운, 그리고 위앙종 창시자인 위산 영우潙山靈祐나 조동종 창시자인 조산 본적曹山本寂 등이 복건 출신이지만 정작 그들의 활동 무대는 강서와 호남 지역이었다. 이처럼 천주와 복주는 10세기에 이르기까지 남종선이 발을 붙이지 못했으므로 동국의 승려들이 여기를 목적지로 하여 도해할 이유가 없었다. 간혹 이 지역으로 상륙하는 경우는 태풍이나 다른 사유 때문이었다. 그러다가 당 말 오대에 이르러 설봉산이 크게 번창함에 따라 동국의 적지 않은 젊은 선승들이 몰려들었다. '남

설봉南雪峰 북조주北趙州'라는 유행어가 나돌 정도로 설봉산이 남방의 선풍을 대표하게 되었기 때문이다.

설봉 문도 가운데 저명한 선승으로 현사 사비玄沙師備, 장경 혜릉長慶慧稜, 고산 신안鼓山神晏, 운문 문언雲門文偃이 있고, 동국 출신으로서 현눌玄訥과 영조靈照가 있었는데 이 수문 제자들이 각각 일방을 담당하여 전법 활동에 임하였다. 복주와 함께 천주 역시 복건 지역의 불교를 대표하는 지역이었다. 천주 태수太守 왕연빈王延彬도 독실한 불교 신자로서 여기저기에 사원을 건립하고 많은 고승들을 초빙하여 가까이 모셨다. 그 가운데 청원산淸源山 매암梅岩 초경사招慶寺 정수淨修 선사 문하에 있던 제자 정靜과 균筠이 952년 최초의 완전한 선종사서『조당집』20권을 찬술하였으나 중국에서는 이름만 남긴 채 없어지고 고려대장경 속에 유일본으로 전해졌다. 이 책은 당 지거智炬가『보림전寶林傳』10권(현재 일부만 전해짐)을 찬술한(801) 지 실로 150여 년이 흐른 뒤에 발간되었으며, 이를 계승하여 송나라 법안종 승려 도원道原이 찬술한『경덕전등록』30권이 간행(1006)되었다.『조당집』의 편찬자 정과 균, 그리고『경덕전등록』의 찬자 도원이 모두 설봉계 선승이며 간행된 곳도 모두 강절 연해 지역이다. 이러한 사실은 영명 연수永明延壽의『종경록宗鏡錄』이나 찬녕贊寧의『송고승전』이 이를 전후한 시기에 같은 지역에서 간행되었다는 점과 함께 크게 주목되어 마땅한 일이다.

『조당집』에는 도의를 비롯하여 홍주종 계열에 속하는 신라 구산선문 구법승들을 주축으로 하고, 석두 계열로는 설봉 의존의 저명한 문도 현눌과 영조를 합하여 모두 10명 정도의 전기가 실려 있다.『조당집』에는 설봉의 문도를 '동국승'이라 하여『경덕전등록』에서 '고려승'이라고 한 것과 차이를 보이고 있는 것은 그들이 입당할 때에는 한반도가 신라였으나 활동한 시기는 고려 건국 이후였기 때문이다. '동국승' 현눌은 천주 태수 왕연빈이 남안南安(천주

천주 개원사의 서탑. 고려 영조와 현눌은 설봉의 문도로서 처음에 천주 지역으로 평유하였다.

泉州) 진강晉江 변에 복청사福淸寺를 지어 가까이 모시면서 종지를 선양할 수 있도록 받들던 고승이었다. 선사가 주석하기 30년 동안 많은 신도들이 몰려와 귀의하였던 그 절은 규모가 크게 축소되었지만 천년 세월을 넘겨 지금까지 존속하고 있다.

설봉 문도 영조 역시 동국의 고승 중 한 사람이다. 그는 현눌과 달리 여러 중국인 동문들과 함께 복건을 떠나 이웃 절강 연해 지역으로 진출하여 전등 활동에 종사했다. 복건은 이미 설봉의 문도들로 포화상태를 이루고 있었다. 당 말 절강 지역의 불교는 회창법난을 거치면서 큰 피해를 입었으나 선종의 즉위 이후 다시 되살아나 점차 정상화되어 갔다. 다만 국청사를 비롯한 천태 불교는 건물의 훼철과 교전敎典의 일실로 말미암아 회복이 늦어져 10세기 오월 왕실의 불교 애호 정책으로 국내·외의 교적을 수집 정비한 뒤에야 비로소 그 부흥을 기할 수 있었다. 다만 강절 연해의 해양 경제 발달에 힘입어 신라 상인과 일본 불교계의 노력으로 보타산 개산이 이루어짐으로써 관음정토 신앙의 발전기를 맞은 것은 이 지역 불교 발전에 특기할 일이 아닐 수 없다.

중국 불교사에서 절강(吳越) 지역은 복건(閩越)에 비하여 비교도 되지 않을 만큼 선진적이었으나 오대십국의 초기, 즉 10세기 초에 설봉산이 크게 번성함으로써 선종의 형세에서 보면 상황이 한동안 역전되었던 것이다. 그러다가 설봉산에서 배출된 많은 제자들이 절강 지역으로 진출하여 새로운 선지禪旨를 전파함으로써 다시 선풍이 일어난 것이다. 그 가운데서도 온주溫州 출신의 경청 도부鏡淸道怤(864~937)와 동국 출신의 영조靈照(870~947)가 항상 선두에 서서 점차 전씨 왕가의 협조에 힘입어 오월의 선불교를 이끌었다.

영조가 당으로 구법의 길을 떠난 시기에 대해서는 자세히 알려진 바 없다. 다만 『송고승전』에 "통역을 여러 번 거쳐 와서 새 선법禪法을 배우기 위하여 민월로 들어가 설봉에게서 심득心得하였으며, 각고의 노력과 절약 및 근검한 생활에다 사찰의 자질구레한 일에까지 힘써 조포납照布衲(포납은 스님이란 뜻)이라는 별명을 얻었다."고 한다. 처음 주석한 곳은 절동의 오지인 무주婺州 제운산齊雲山에 있는 고찰이었다.

한번은 선사가 상당上堂하여 벌떡 일어나며 손을 펴서 말했다.
"조금만 갖자. 조금만 취하자."
또 말했다.
"한 사람이 거짓을 전했는데, 만 사람이 진실이라 전한다."
누군가 물었다.
"영산회상에서는 법과 법으로 전하셨는데, 제운께서는 무엇을 뒷사람에게 전해 주시겠습니까?"

"그대 한 사람을 위해서 제운산을 황폐하게 만들 수는 없느니라."
"그것이 직접 전하시는 것 아닙니까?"
"대중을 웃게 하지 말라."

『조당집』에서는 영조의 법호를 제운사의 이름을 따서 제운 화상이라 불렀다.

영조의 두 번째 주석처는 수도首都 항주 다음가는 동부 월주越州(소흥紹興)의 경청사鏡淸寺였다. 경청사에 주석하던 절동 출신의 동문 도부道怤 선사가 오월국 창건자 전유錢鏐의 측근 피광업皮光業의 추천으로 항주 천룡사天龍寺로 이석하면서 그 후임으로 부임한 것이다. 경청사는 소흥시紹興市 경호鏡湖 부근에 있던 사찰로 지금은 위치만 확인될 뿐이지만 당시에는 상당히 비중 있던 선종 사찰이었다. 영조와 비슷한 시기에 입당하여 호남 석상사石霜寺 경

유상곡수로 유명한 회계(소흥)의 난정 아지(鵞池, 왕희지 필)를 배경으로 이우성·안병직 교수 등과 함께 (1999년 가을)

제경諸 선사(807~888)의 법을 이었던 신라 청원淸院 선사도 아마 이 경청원(경청사의 별칭)에 주석하여 그러한 이름을 얻은 것으로 짐작된다. 소흥의 경호는 송대에 와서 태조의 조부 휘諱를 피하기 위하여 감호鑑湖라고 불렀다.

영조가 경청사에 있던 어느 날 대중에게 이렇게 물었다.
"법령法令을 다하면 있는 듯하지만 없으나 사사롭고 곱게 하면 장애를 이룬다. 이렇게 말하면 나를 비웃을 수 있겠는가?"
이때 어떤 이가 말했다.
"스님께서 법령을 다해 주십시오."
선사는 "멍멍" 하고 짖었다.

또 어느 스님이 물었다.
"무엇이 학인의 본분사本分事입니까?"
"경청은 입을 아끼지 않는다."
"스님께서 가르쳐(彫琢) 주십시오."
"팔성八成(팔푼 즉 미완성)이니라."
"왜 십성十成이 아닙니까."
"경청이 수리가 되는 줄 아느냐."

또, 한 스님이 와서 인사하자 선사가 물었다.
"어디서 오는가?"
"오봉에서 옵니다."
"와서 무엇을 하려는가?"
"스님께 예배드리려 왔습니다."

"왜 스스로 예배드리지 않는가?"

"스스로 예배했습니다."

"경호의 물이 얕구나!"

이와 같이 영조의 입에서는 선어가 거침없이 분출되어 상대방을 스스로 깨닫게 하는 길로 인도하였다.

영조는 매사에 겸손하고 부지런하여 뭇 사람들이 마음으로 존경하였으나 한편으로 성격이 고고하고 자존심이 강한 데다 사투리까지 심하여 정부 고관 같은 인물들의 호감을 사지 못하였다. 일찍이 도부 선사는 경청사에 주석하였을 때나 항주 지역으로 진출하는 데 고관 피광업의 도움을 받았으나 영조는 그에 의하여 한동안 용흥사로 좌천되기도 하였다. 피광업과의 대화 도중 의견이 맞지 않아 그에게 밉보였기 때문이다. 더구나 도부는 영조에 비하여 6년 연장인 데다가 온주 출신으로서 언어가 유창하고 지인이 많아 언제나 한발 앞서고 있었다.

영조가 지방 유력자 피광업에 의하여 일시 좌천되었으나 얼마 후 호주湖州 태수로 있던 왕족 전공錢公의 초빙으로 항주의 서관문西關門 보자원報慈院으로 옮겨가게 되었다. 이때부터 그도 왕실의 후원으로 선회禪會를 자주 열었으며, 이로써 이름이 알려지자 청중이 수없이 모여들었다. 『조당집』에서는 보자원의 개당 설법을 다음과 같이 특필하고 있다.

왕자와 왕손들과 사부대중이 구름같이 모였으나 금지金枝와 옥엽玉葉들이 왕궁을 떠나기 전과 여러 높은 자리의 귀하신 분들이 아직 댁에서 떠나기 전과 여러 절의 대덕大德과 대사大師들이 각자 자기 본분의 일(本分事)에서 떠나기 전에 내가 벌써 다 만났습니다. 이 가운데 그 사실을 느낀 분이 있습니

영조는 왕실의 초빙으로 항주 보자원을 거쳐 용화사에 주석하였다. 보자원의 위치는 근년에 복원한 이 뇌봉탑 아래였다.

까? 여러분! 이미 문턱을 넘어서려 할 때 벌써 만 리 밖의 고향을 바라보았거늘 하필 보자원에만 관한 말이겠습니까? 어디에 다시 이런 이야기가 있겠습니까? 여러분의 비위를 가볍게 건드린 일이 아닐까요? 놓아버리면 만 가지 일에 말이 끊어지고, 놓아버리지 않는다면 한바탕의 위험한 덩어리입니다. 비록 그렇지만 '지금(今時)'은 끊어버릴 수 없는 것입니다.

영조가 왕족의 도움으로 수도 항주로 진출하여 개당開堂 설법한 사실은 그가 전법傳法 활동한 역사에 있어서 획기적인 일이 아닐 수 없다. 설법의 대상에만 국한하여 보더라도 절동 지역에서 일반 신도를 상대하였을 때와 달리 왕공귀족들이 중심을 이루고 있으며, 내용에서도 왕실과의 인연의 끈을 끊어버릴 수 없다고 말하고 있다. 이와 같이 영조가 도부에 이어 수도 항주로 진출하여 전씨 왕실과 직간접적으로 관계를 갖게 되었으며, 이후 설봉 문하의 여러 동문들도 대부분 그들의 뒤를 따랐다. 보자사(혹은 보자원, 일반적으로 원에서 사로 발전함)는 서호西湖 가의 정자사淨慈寺 앞 서관문 뇌봉탑雷峰塔 자리에 있었는데, 최근에 현대식으로 복원된 탑만이 우뚝 솟아 관광 명소가 되고 있다.

영조보다 한 걸음 먼저 항주로 진입한 것은 동문 도부였다. 『송고승전』「도부전」에 의하면, "오월의 창건자 전류錢鏐가 항주에 천룡사天龍寺를 지어 그를 초빙하여 순덕 대사順德大師라 사서私署하였으며, 다음으로 2대 문목왕文穆王이 용책사龍冊寺를 창건하여 주석하게 하니 오월의 선학禪學이 이로부터 일어났다."고 한다. 이와 같이 영조와 도부가 전후하여 월주와 항주에서

사진은 남쪽 운하의 종점 항주. 고대 운하는 남북운송로로서 항주 이남은 강물이 많아 별다른 시설이 없이 내왕하였다.

활동하고 있을 때 그들의 사형제師兄弟들 역시 여기 저기 분산하여 활동하고 있었다.

영삼令參이 명주 취암翠岩에 머물 때 진장鎭將으로 있던 영명 연수永明延壽가 감화를 받아 처자를 버리고 계戒를 받았다. 당시 화도 오진化度悟眞 선사가 항주와 월주越州(즉 소흥)를 왕래하면서 문답한 내용이 기록으로 남았는데 그 중에 더러 '경호의 물(鏡湖水)'이 언급되어 있다. 장이 행수長耳行修 화상은 설봉 선사 만년의 제자로서 먼저 천태산 국청사로 유력하였으며, 다시 명주의 여러 곳을 순력하다가 마지막으로 항주에 살았다. 이 밖에도 많은 설봉의 제자들과 함께 2세대 법손法孫들이 도처에 흩어져 설봉선의 새바람을 일으키고 있었다.

한 가지 흥미 있는 사실은 왕실과 선승들의 관계이다. 잘 아는 바와 같이 6조 혜능으로부터 발원한 남종선의 특징 중 하나는 제도帝都(즉 수도)와 가까이하지 않았다는 점이다. 신수계의 북종선과는 이 점에서 확연히 구분되었다. 물론 후대에 와서 마조의 제자들 가운데서 흥선 유관興善惟寬, 아호 대의 鵝湖大義, 장경 회휘章敬懷暉 등 일부 선승들이 제도로 진출하여 궁전으로 초빙되어 설법(入內說法)하는 경우가 없지 않았다. 남종선의 발전에 따라 황실과의 관계가 돈독해지면서 6조 혜능이나 마조 도일과 같은 초기 조사祖師들에 대한 시호도 내려지게 되었던 것이다.

오대십국 시기의 민과 오월 및 후대의 남당南唐과 여러 왕조에 와서는 더욱 양자의 친밀한 관계가 형성되었다. 비록 선후의 차이는 있으나 결과는 마찬가지로 소규모의 수많은 사원이 왕실의 도움을 받아 흥성하여 이른바 동남불국東南佛國을 이루게 된 것이다. 그렇다고 하여 모두가 동일한 양태로 발전된 것은 아니다. 민월의 설봉산은 처음부터 왕씨王氏 왕실의 후원과 지지로 출발하여 선종이 단연 선두였던 데 비하여 오월 왕조에서는 역으로 설봉의 문도들이 먼저 진출하여 왕실의 후원을 받았다. 더구나 당시 오월, 특히 항주의 불교는 교·선·율의 3대 종파로 구성되어 있었으며, 그 가운데 선종은 전통 선이 주류를 이루는 상황에서 저들 설봉 선사들에 의한 새바람이 밀려들어 온 것이다.

영조의 마지막 주석처인 용화사龍華寺에서의 생활은 그의 생애에 있어서 대미를 장식하였다. 용화사는 3대 충헌왕 전홍좌錢弘佐가 945년 자기 소유인 서악원瑞萼園을 희사하여 절을 짓고 금화金華 출신인 양梁 부 대사傅大士의 탑을 세워 여기에 영조 선사를 주지로 영입하였다. 영조 선사는 부임하기 7년 전에 도부가 이미 서세하여 최고 원로로서 승속 간의 존경을 한 몸에 받고 있었다. 이제 다시 『조당집』에 유일하게 전하는 영조 선사의 용화사 개당 법문을 옮겨 보기로 하자.

종문宗門의 묘한 이치는 다음날 따로 말하기로 하겠거니와 만일 대도大道의 현현한 그물이라면 삼계三界를 포용하여 한 문으로 삼고, 시방十方을 다하여 바른 안목을 삼았습니다. 세존世尊(석가)께서 영산靈山에서 설법하신 뒤에 마하가섭摩訶迦葉에게 전하시니 조사와 조사가 서로 이었고 법과 법이 서로 전하였습니다. 남천축국의 태자가 영화를 버리고 출가하시니 달마 대사라고 불렀는데, 부처님의 마음자리를 전하기 위하여 10만 8천 리를 달려와 "내가 본래 이 땅에 온 것은 법을 전하여 미혹한 중생을 구하기 위함이다." 하셨습니다.……지금 우리 전하께서도 삼보三寶를 존중하여 대성大聖의 법을 펴시며……대사를 청해 모시고 조정으로 돌아와 내도량에서 공양을 올리고 겸하여 절을 지으라는 조칙을 내리시니, 이 절은 곧 미륵의 내원內苑이요 보탑에는 대사大士(즉 부 대사傅大士)의 진신사리를 봉안하였습니다. 또한 영공令公께서 일으키니 천지와 같이 영원한 일로서 고금에 듣기 드문 일이며……지난

날의 성은으로 이 절의 주지가 되라는 분부를 받들었고, 훌륭한 납자衲子들을 모으라는 말씀을 내리셨습니다. 그 어찌 모두 분수分數에 힘써 일심을 닦음으로써 성상께서 우리들에게 자유로움을 주신 은혜에 보답해야 하지 않겠습니까!

부 대사(497~569)는 절동 지역 출신으로 특별히 배우지 않고 스스로 된, 말하자면 생래적 선자禪者로서 존경받는 고승이다. 그의 영골靈骨을 봉안한 탑전塔殿을 용화사에 건립하고 영조 대사에게 자의紫衣와 함께 진각 대사眞覺大師라는 법호를 내리면서 주지 소임을 맡겨 초빙한 것이다. 대사는 그 2년 뒤인 947년에 서세하니 78세요, 전당강 변의 대자산大慈山에 그의 묘탑을 세웠으나 지금은 그 흔적을 찾아볼 수 없다.

2.
안휘 지역의 신라 · 고려 구법승

1) 신라 도윤의 남전산 구법

현재 안휘성安徽省이라는 지방 행정구역상의 명칭은 장강 북방을 대표하는 안경安慶과 장강 남쪽을 대표하는 휘주徽州의 머리글자를 딴 것이다. 휘주에는 중국 제일의 명산인 황산黃山이 자리 잡고 있고, 강으로는 신안강新安江이 흐르고 있어 지역 이름만으로도 일반에 잘 알려져 있다. 그에 이웃한 지주池州에도 중국 불교의 4대 명산 중 하나인 구화산九華山이 있어 그곳도 일찍부터 대내외에 널리 알려졌다.

필자는 한중문화교류협회에 관계하면서 1990년대 중반부터 한중 불교 교류에 관한 일로 구화산을 여러 차례 드나들었다. 그동안 기회가 닿으면 지주 지역의 남전산南泉山은 물론 강북의 선종 초기 주요 사찰들, 즉 잠산潛山 삼조사三祖寺와 황매黃梅 사 · 오조산四 · 五祖山을 답사하겠다고 마음먹은 지 오래였다. 그러던 차에 교류협회 서순일 회장과 안휘성 정부 외사처의 도움을 얻어 2001년 4월 말 이들 초기 선종 사찰에 대한 답사 계획을 구체화하게 되었다.

　우리 일행은 4월 25일 안휘성 정협政協 전 부주석 서락의徐樂儀 선생의 인도로 구화산을 출발하여 장강 건너 잠산 삼조사를 둘러 26일에 황매 사조사와 오조사를 답사할 기회를 얻을 수 있었다. 황매 오조사 답사 후에는 갔던 길을 뒤돌아 오는 도중에 용평저수지龍坪貯水池와 중국공산당 초기 지도자 진독수陳獨秀의 묘소를 참관하고, 6시 30분경 안경安慶에 도착하였다. 여기서 1박 한 다음 서 주석 일행은 곧장 합비合肥로 올라가고, 필자 일행은 오전에 신라 도윤 선사의 구법처인 남전산 답사를 마치고 오후에 합비로 올라가서 다음 날 비행기로 상해를 경유 귀국하기로 되어 있다.

　4월 27일, 그동안 쾌청하던 날씨는 아침부터 비가 내린다. 안경대주점에서 아침 식사 후 8시 30분에 출발, 장강 나루에서 자동차를 큰 나룻배에 싣고 그저께 건너온 강을 건너 다시 지주 땅으로 들어갔다. 남전산 보원사지는 현재 행정구역상으로는 귀지시貴池市 은삼비진 남전촌이다. 남전산은 신라 쌍봉 도윤雙峰道允(798~868)이 남전 보원 문하에서 법을 이어받은 도량이다. 우리 차를 모는 기사는 이 지역 출신인데 사찰 유적지에는 한 번도 가본 적이 없지만 물어서 갈 수 있다고 하여 믿고 떠났다. 하지만 비가 내리는 농촌의 진흙길은 차가 달리기 어려운 데다 들판에는 물어볼 사람조차 없어 이리저리 헤매다가 결국 아쉽지만 중도에 포기하고 돌아서는 수밖에 없었다.

　남전 보원은 중국 남종선의 역사에 뚜렷한 족적을 남긴 선사이다. 그는 서당 지장이나 백장 회해와 같이 마조 도일의 수많은 제자들 가운데서 뛰어난 고승이다. 보원의 속성은 왕王씨로 정주鄭州 신정新鄭 출신이며 어려서 출가하여 밀현密縣 대외산大隈山 대혜大慧 선사에게 배웠다. 그 뒤 대력大曆 12년(777) 30세의 나이로 숭산嵩山 회선사會善寺 고 율사暠律師에게 가서 구족계를 받고, 다시 여러 강석講席을 찾아다니면서 『능가경』과 『화엄경』을 듣다가 더 나아가 『중론中論』, 『백론百論』, 『십이문론十二門論』의 현묘한 이치를 연마하였다. 이같이 교학을 섭렵한 뒤 강서 마조 대사의 문하로 들어가 강론을 듣고 홍주洪州 돈오선법을 익히는 데 특히 두각을 드러냈다.

『송고승전』 등의 「보원전」을 참고하면, 그는 정원貞元 11년(795) 지양池陽 남전산에 손수 선우禪宇(즉 선실禪室)를 얽어 소 먹이고 농사일 하며 30년 동안 수행하면서 산을 내려가지 않았다. 태화太和(827~835) 초에 선흡宣歙 관찰사 육긍陸亘과 전 지주池州 태수 등이 모두 그의 도풍道風을 흠모하여 호군護軍인 팽성彭城의 유공劉公 등과 함께 제자의 예를 갖추어 산에서 내려오도록 청하였다. 이 무렵 선사의 나이는 이미 80의 고령이었지만 그 요청에 응하여 산을 내려와 현묘한 진리를 떨치니 학도들이 항상 수백 명이 넘었으며, 그 소문이 여러 지역으로 퍼져 영장郢匠(큰 목수木手)이라는 평이 자자하였다.

여기서 한 가지 생각해 볼 것은 선흡 관찰사 육긍 등의 청에 의하여 '보원 선사가 태화 초에 남전산 선실에서 하산하여 현묘한 이치를 떨침으로써 수백의 학도가 모여든 곳'이 어디였을까 하는 점이다. 선성宣城이나 가까운 지주池州 성내에 사찰을 지어 주석하도록 하였을까? 아니면 처음 산중에 있던 선우를 산 아래 낮은 골짜기 넓은 장소에 선찰로 확대 개건하여 이사하였을까?

남전 보원의 스승 마조는 일찍이 건주虔州 공공산 보화사寶華寺에 주석하다가 홍주 자사 노사공의 청에 의하여 성도省都인 남창 개원사로 옮겨 주석하였다. 그러나 남전이 이석한 장소에 대해서는 어떤 자료에서도 그 이상의 언급이 없다. 남전 이외의 다른 이름이 보이지 않는 점 등으로 보아서 남전 보원 선사의 하산은 도성으로 보기보다는 단순히 산 아래로 내려와 산기슭에 터를 잡아 도량을 마련한 것으로 보아야 할 것 같다.

『조당집』 「신라 도윤전道允傳」에 의하면, 그가 중국 유학의 꿈을 실현하기 위하여 입당 사신에게 부탁, 그 배에 편승하여 바다를 건너간 것이 헌강왕 17년(825) 28세 때이다. 이 무렵 남전 보원 선사는 남전산 선우에서 30년 세월을 보낸 뒤 선흡 관찰사 육긍 등의 요청에 응하여 하산하려 하고 있었다.

도윤의 속성은 박씨요, 쌍봉雙峰은 호이다. 신라 한주漢州 휴암鵂岩(시흥始興)에서 여러 대에 걸쳐 호족으로 살았는데, 특히 조부와 부친이 벼슬을 지냈다.

남전 보원 선사상

그는 18세가 되었을 때 부모의 허락을 얻어 승려가 되어 귀신사鬼神寺로 들어가 화엄의 가르침을 청강하였으며, 천태와 선에 관심을 두어 각지로 운수 행각에 나서기도 했다. 당나라 땅에 상륙하자 곧장 지주池州, 즉 오늘날 안휘성 귀지시貴池市 남전산 남전 보원의 처소로 나아가 제자의 예를 올리니, 태화 초(826~827)의 일이었다. 두 사람은 한번 만나자 서로 묵묵히 계합契合하니, 남전 보원 선사가 "우리 종문宗門의 법인法印이 동국으로 돌아가는구나!" 하였다고 한다.

시기적으로 보아 처음 도윤이 남전 보원을 시봉하게 된 곳은 남전산 선우禪宇였으나 절을 옮길 때 함께 내려와 시봉하던 중 스승은 태화 8년(834) 87세로 입적하였다. 이때 계원契元과 문창文暢 등 무려 900명이 베옷에 검은 두건을 쓰고 산문에서 곡읍하였으며, 장례에 참석하려는 이들이 도로에 줄을 이어 곡성이 골짜기를 진동하였다. 그 1년 뒤에 육신을 영탑靈塔에 모셨다고 하니, 어쩌면 여기에 도윤 선사도 일석을 치지하여 곡읍하며 스승을 떠나보냈을 것이다. 도윤이 남전 문하에서 10년 동안 시봉하였으니, 그의 재당在唐 22년여 가운데 절반 가까운 세월이기 때문이다.

그 뒤 도윤은 회창 7년 4월 초여름에 본국으로 돌아왔다고 한다. 그렇다면 남전 입적과 치상을 끝낸 후 약 10년 동안 어디서 보냈을까? 중국 지도를 펼쳐 보면 안휘성 선성과 지주를 포함하는 휘주 지역은 중국 강남 지역의 서부에 위치하여 장강長江을 따라 올라가면 동릉銅陵-무호蕪湖-남경-양주로 이어지며, 동쪽으로는 신안강新安江을 따라 절강 지역으로 내려가게 된다. 이 지역은 신라 후대의 여러 고명 인사들이 거쳐 갔거나 묻혀 있는 곳이다. 지주 구화산 지장 도량을 이룩한 김지장金地藏(『구화산지九華山志』에는 이름이 명대明代에 교각喬覺이라 했으며, 지장은 법명이라 함)은 신라 왕족으로 8세기 후반까지 지역민의 추앙을 받은 고승이었으며 지금까지 그의 육신탑이 존속하여 일반인의 존숭의 대상이 되고 있다. 9세기 전반기에는 신라 도윤이 인근의 남전산 보원 선사 문하에서 10년 동안 수행에 열중했으며, 9세기 후반에는 선주 율수현溧水縣 현위로 복무한 적이 있는 청년 문장가 최치원이 황소黃巢의 난에 대한 토벌討伐 소문疏文을 지어 천하에 문명을 떨쳤다. 도윤이나 최치원은 이웃에 있는 구화산 김지장에 대한 소식을 알고 있었을 테지만 한 자 기록도 남기지 않아 확인할 수 없으니 안타까운 일이 아닐 수 없다.

지주 농촌의 봄은 한국과 흡사하다. 우리 일행이 4월 25일 아침에 구화산을 출발하여 지주 행화촌杏花村을 지날 때 밭에는 유채꽃이 만발하고 물소로 논을 가는 시골 풍경이더니, 이틀 뒤에 다시 와서 남전촌을 찾아 헤맬 때는 비가 와서 또한 한가롭다. 남전 선사는 물론 그와 관계되는 어록들에 물소 이야기가 자주 등장하는 것도 현지답사를 해 보면 쉽게 이해할 수 있다.

지주에서 추포秋浦를 지나 서남방으로 내려가 대도구大渡口에 당도하여 큰 나룻배로 장강을 건너면 안경시에 이른다. 귀지시에서 남전촌까지는 35

지주 남전산 부근 농촌에서 물소로 논갈이하는 광경. 남전 보원 선사의 어록에 물소가 자주 등장한다.

킬로미터나 되며, 가는 길의 3분의 1이 비포장도로라고 한다. 신라 도윤의 재당 마지막 시기에 해당하는 회창 4~5년(844~845) 사이에는 최악의 파불 사태로 외국 승려들이 속속 귀국하거나 환속하지 않으면 안 되는 상황이었다. 이 무렵 그는 아마도 지주 깊은 산촌에 은거해 있다가 846년 3월 선종이 등극하자 그 다음 해 강절江浙 연해로 나와 귀국길에 올랐을 가능성이 높다. 그가 오래도록 머문 지주 남전산은 높은 산과 장강이 둘러싸고 있어서 법난을 피하기가 비교적 용이하였을 것이며, 난이 진정된 이후에는 사형제들이 사방에 주석하고 있어서 여유를 가지고 귀국길에 올랐던 것으로 보인다. 그는 범일보다는 11년 먼저 입당하였는데 홍주 마조 도일의 직제자에게 법을 받은 마지막 시기의 인물이며, 범일보다 4개월 앞서 아마도 명주 해역을 통하여 귀국하였을 것으로 추측된다.

남전 보원이 서당 지장과 백장 회해보다 늦게 마조의 제자가 되었는데도 세 사람이 동일한 수문 제자로 알려진 것은 그 자신의 뛰어난 자질도 있었겠지만 문하에 한 시대를 대표하는 조주 종심 선사를 배출하였던 것도 상당한 영향을 주었을 것이다.

한번은 조주가 남전에게 '무엇이 도이냐'고 물어서 남전이 대답하였다.
"평상의 마음이 도이니라."
"어떤 방법으로 거기에 도달할 수 있습니까?"
"네가 일단 거기에 도달하겠다고 생각하면 잘못된 것이다."
"하겠다는 생각을 버린다면 어떻게 도를 볼 수가 있습니까?"
"도라는 것은 알고 모르는 데 달린 것이 아니다. 안다는 것은 잘못 깨달은 것이요, 모른다는 것은 혼미한 것이다. 만일 네가 약간의 의혹도 없이 도에 대한 진정한 이해에 도달한다면 너의 시야는 허공과 같이 일체의 제한과 장애에서 벗어날 것이다. 옳고 그르다는 것은 외재적 관념으로 성립되는 것이 아니다."

이 말을 듣고 조주는 크게 깨달았다. 그리고 정식으로 계를 받고 승려가 되었다.

또 한번은 동·서 당堂에 거처하는 승려들 사이에 고양이 한 마리를 놓고 쟁탈전이 벌어졌다. 이때 남전이 그 고양이를 붙잡고 말하기를 "그대들 가운데 누구라도 바른 말을 하면 이 놈을 살려 주고 그렇지 않으면 죽여 버리겠다." 하였으나 아무도 말을 하지 않자 무자비하게 베어 두 동강이를 내고 말았다. 그날 밤 출타했던 조주가 돌아와서 그 날의 일을 듣더니 아무 말도 하지 않고 신발을 벗어서 머리에 이고 밖으로 나갔다. 이를 본 남전은 "네가 그

조주 종심은 신라 도윤과 같은 남전의 제자로 조주에 무문관을 열어 남방의 설봉과 함께 천하의 선장으로 이름을 떨쳤다. 사진은 주지 정혜 선사의 인도로 백림사 무문관을 찾아 예배하고 있는 모습

자리에 있었다면 고양이의 생명을 구할 수 있었을 텐데." 하였다.

이 남전참묘의 공안(斬猫公案)은 선가에서 자주 논의되는 것 가운데 하나다. 도대체 무엇 때문에 남전은 무고한 고양이를 죽였으며, 또 조주는 왜 대중이 지켜보는 가운데 신발을 머리에 이고 밖으로 나갔을까? 이 물음에 대한 가장 간단한 대답은 선이란 의식을 초월하여 언어로 표현할 수 없다는 것이다. 이에 대한 중국 학자 오경웅(吳敬熊) 교수의 해설을 빌리자면 남전의 행위는 동·서 당의 승려들이 고양이에 대한 집착(소유욕)을 버리도록 경고한 것이며, 조주의 행위는 그의 사형제들로 하여금 진리의 세계에서는 현세적 가치가 전도될 수 있다는 사실을 일깨워준 것이었다.

『경덕전등록』 제10권에는 남전의 법손 10여 명의 전기가 실려 있는데, 조주 종심과 장사 경잠을 비롯하여 쟁쟁한 선장禪杖들이 전국 각 지역으로 분산하여 종지를 전파하는 모습들을 보여준다. 다만 『조당집』에서 남전의 신라인 제자로 도윤 선사를 싣고 있는 반면 『경덕전등록』에서는 도균道均이 있었다고 하면서도 기연어가 없어 법명만을 등재하고 있을 뿐이다. 이들 신라인 제자 도윤과 도균은 20년 이상 스승을 시봉하였다는 조주 선사와도 상면했을 가능성이 충분하다.

또 한 가지 흥미를 끄는 사실은 남전 보원의 남전산 초기 제자인 계원契元과 당시 일본승 혜악의 방문을 받았던 소주蘇州 개원사 사문 계원契元이 동일인일 가능성이 없지 않다는 점이다. 혜악은 850년을 전후한 시기에 여러 차례 강절 연해 지역을 드나들며 보타산 불긍거관음전 개산開山에 중심인물로 참여하였으며, 또한 귤태후의 부탁을 받고 항주 염관 해창원海昌院 제안의 제자 의공義空 선사를 일본으로 초빙하여 남종선의 초전初傳에 공을 세웠다. 그 뒤 그는 남종선의 첫 도입을 기념하는 비문을 소주蘇州 계원契元에게 부탁하여 일본으로 이송하여 기념비를 세우는 등 중일 선불교 교류에 중요한 역할을 담당하였다. 여기에 한 가지 주목을 요하는 사실은 그 무렵 신라 범일 선사가 항주 염관 해창원 제안 선사로부터 법을 얻어 도윤道允과 전후하여 귀국한 것이다. 당시 소주, 항주杭州, 명주明州를 중심으로 한 강절江浙 동남 연해 지역은 회창법난의 회오리가 한바탕 불고 지나간 다음 한·중·일 삼국의 해상 교류와 이에 편승한 불교 교류가 새로운 시대를 맞고 있었다.

도윤이 귀국하자 그의 법을 듣고자 하는 이들로 문전성시를 이루니, 경문왕이 그 소문을 듣고 받들어 모시며 보시를 베풀었다. 경문왕 8년(868) 4월 18일 도윤은 문인들과 결별하고 입적하니, 나이 71세요, 승랍 44세였다. 시호는 철감徹鑑선사요, 탑호를 징소의 탑(澄昭之塔)이라 하였다. 그는 법을 징효澄曉 대사 절중折中에게 전함으로써 구산선문 가운데 사자산파가 되었다. 최언위가 지은 '신라국사자산흥령사징효대사탑비新羅國獅子山興寧寺澄曉大師塔碑'에 따르면, 절중 징효 대사(826~900)가 어렸을 적에 화엄을 배워 묘한 이치를 터득한 다음 19세에 구족계를 받았는데, 마침 도윤 선사가 오랫동안 중국에 머물며 남전의 법을 얻어 귀국하였다는 소식을 듣고 찾아가 알현하고 그 문하에 입실하였다. 이후 스승을 모시며 남전의 선법을 통하여 홍주의 선지를 참구하여 그 법을 얻었으며, 그 뒤 사자산에 주석하여 사자산파를 형성하여 구산선문의 일문으로 자리 잡게 되었다고 한다.

한편 중국에서는 남전 문하에 조주 종심이 나와 이른바 '북에는 조주가 있고(北趙州), 남에는 설봉이 있다(南雪峰)' 하여 천하에 이름을 얻기는 하였으나 정작 일개 선파禪派를 형성하지는 못하였는데, 오히려 신라에서 사자산문을 이루었다는 사실은 동아시아 선종사에서 특기할 일이 아닐 수 없다. 남전 보원의 또 다른 신라 제자에 도균道均이 있으나 기연어機緣語가 없으며, 그에 대한 별다른 기록도 전하지 않는다.

2) 고려 찬유의 투자산 구법

우리 일행은 남전산으로 가려던 계획을 포기하고 봄비가 내리는 길을 따라 다시 귀지시로 돌아 나와 11시 30분경 추포秋浦 서로西路 행화촌빈관杏花村賓館에서 점심 식사를 하였다. 추포는 시인 이태백이 놀며 시를 지은 곳으로 알려져 있으며, 지나온 행화촌은 문자 그대로 꽃들이 활짝 피어 봄을 만끽하고 있었다. 우리는 추포교를 건너 대도구大渡口로 내려가 아침에 건너온 장강을 다시 건너 안경시에 들렀다가 거기에서 동성桐城과 서성舒城으로 북행하여 저녁 식사는 안휘성 수도 합비合肥에서 할 계획이다. 안경에서 서쪽으로 향하여 동성桐城 잠산현潛山縣으로 가면 나말·여초의 찬유璨幽가 대동大同 선사 문하에서 구법하였던 투자산이 있다. 투자산은 당송唐宋 때에는 서주舒州 동성桐城 잠산현에 소속되어 있었는데 환공산皖公山, 천주산天柱山과 함께 이 지역에서 선종의 명산으로 이름이 나 있었다. 그러나 산길이 험악하여 차로 오르기 어려운 곳이어서 이번 답사 계획에는 아예 제외되어 있었다.

투자 대동(819~914)의 속성은 유劉씨로 서주 회령懷寧 사람이다. 어려서 낙하洛下 보당保唐의 만滿 선사 문하로 출가하여 선관禪觀의 첫째 문인 안반관安般觀(또는 수식관數息觀이라고도 함. 내쉬는 숨을 세어 마음의 산란함을 방지하는 관법)을 익히다가 드디어 화엄의 성품 바다를 깨달았다. 다시 취미산 무학無學 대사(?~839)를 알현하고 법회에서 격발激發되어 선종의 종지를 몽땅 깨달았다. 이같이 대동이 무학에게 법을 잇고, 무학은 단하 천연에게 법을 받았으며, 천연은 다시 석두 희천으로부터 법을 받았으니, 찬유는 청원-석두 계의 사법嗣法제자인 것이다.

천연과 무학은 이름부터 특이하다. 천연은 젊어서 유학을 공부하고 과거 보러 가는 도중에 한 스님을 만나 선에 관한 이야기를 듣고부터 선을 공부하기로 결심하였다. 먼저 마조를 찾아가 참례하였으며 뒤에 석두 문하로 입실하였으니, 당시 강서의 마조와 호남의 석두 두 대사를 만나 보지 않으면 무지하다는 말이 유행하던 시절이었다. 처음 마조를 참알하기도 전에 큰 방으로 들어가 불상의 목을 타고 앉으니 대중이 모두 놀랐으나 마조는 "내 자식아, 천연스럽구나!" 하였다. 이것이 천연이 법호가 된 유래다.

혜림사慧林寺에서는 어느 추운 날씨에 목불木佛을 쪼개 군불을 땠다. 이에

투자 선사의 동제 향로

원주院主(또는 감사監事, 선사禪寺에서 주지 대신 절의 살림을 감독하는 소임)가 보고 놀라 꾸짖으니, 그는 천연스럽게 재를 뒤적이며 대꾸하였다.

"사리를 취하려고 합니다."

이에 원주가 말하였다.

"목불에서 무슨 사리가 나오는가?"

"목불에 사리가 없다면 두 부처님(兩尊)을 태우겠습니다."

천연은 그렇게 말하고 그 거룩한 불상을 태워버렸다고 한다.

종남산 취미 무학이 단하 천연 선사에게 물었다.

"어떤 것이 부처님들의 스승입니까?"

단하가 꾸짖으면서 말했다.

"이 딱한 사람아, 수건과 비를 들고서 무엇 하려 하는가?"

무학이 세 걸음 물러서자, 선사가 말했다.

"얻기는 얻었으나 부처님들을 저버렸구나."

이로 인하여 무학이 현묘한 이치를 깨닫고 취미산에 살았다.

투자 대동은 무학의 제자로서 스승을 시봉하였는데, 한 번은 스승에게 이렇게 물었다.

"2조 혜가慧可가 처음으로 달마를 보았을 때 무엇을 얻었습니까?"

무학이 대답하기를 "그대가 지금 나를 보고는 무엇을 얻었는가?" 하였다.

어느 날 무학이 법당 안에서 거니는데, 대동이 앞으로 나서서 절을 하고 물었다.

"서쪽에서 온 비밀한 뜻을 스님께서는 어떻게 남에게 보이십니까?"

"더러운 물을 한 바가지 더해서 무엇 하려는가?"

대동이 절을 하고 물러가려 하자 대사가 말했다.

"파묻히지 말라."

이에 투자가 "때가 되면 뿌리와 싹이 자연히 나겠지요." 하였다.

대동 선사는 취미산 무학 대사로부터 선종의 종지를 깨달은 뒤 모든 것을 놓아버리고 각처로 운수 행각에 나섰다. 그런 다음 고향으로 돌아와 투자산에 초막을 짓고 살았다. 어느 날 조주 선사(778~897)가 투자산으로 온다는 소식을 접하고 투자가 기름을 구하러 산을 내려가던 도중에 조주를 만났다. 조주가 먼저 "투자산의 주인이 아니십니까?" 하니, 투자가 "용돈이나 한 푼 주시오." 하였다.

조주가 먼저 와서 앉아 있다가 투자가 기름 한 병을 사서 들고 오는 것을 보고 말했다.

"투자의 소문을 들은 지 오래인데, 와서 보니 기름장수 늙은이만 있구려."
"그대는 기름장수 늙은이만 보았지 투자는 모르는구려."
"어떤 것이 투자요?"
"기름이오, 기름이오."
"죽음 속에서 살 길을 얻은 때가 어떠합니까?"
"밤에 다니지 못하니, 밝거든 가시오."
"내가 후백候白이라 여겼더니, 다시 후흑候黑이 있구나."

후백과 후흑 이야기는 중국 고사에 나오는 것으로 모두 약삭빠른 도둑의 무리를 이른다.

조주와의 이러한 대화가 알려짐으로부터 투자 대동의 이름이 천하에 널리 퍼졌으며, 이후 운수납자들이 그의 문하로 많이 모여들었다. 선사가 그들을 상대하여 다음과 같이 말했다.

"여러분, 그대들이 여기 와서 참신한 어구를 찾기 위해 사륙변려체(四六騈麗体, 중국 고대에 유행하였던 한문 문체)를 다듬고, 입으로는 할 말을 찾으려 고심하지만 늙은 나는 기력이 부치고 입술과 혀가 둔한지라 그대들에게 현묘한 대답을 해줄 수 없습니다. 또한 그대들로 하여금 뿌리를 박으라 하지도 않고, 향상向上과 향하向下, 부처(佛)와 법法, 범인(凡)과 성인(聖)이 있다고 하지도 않고, 얽매임이 있다고도 하지 않습니다. 그대들 모두 천 가지 신통神通을 부린다고 하여도 그대들 스스로 알음알이를 내어 스스로의 봇짐을 지고 와서 스스로가 짓고 스스로가 받는 것입니다. 내가 아무것도 그대들에게 줄 것이 없고, 감히 속일 수도 없고, 안팎도 말할 수 없습니다. 그대들은 알아듣겠습니까?"

투자산으로 모여드는 납자들 가운데는 바다 건너 동국으로부터 온 이도 있었으니, 나말·여초의 구법승 찬유 선사가 그 사람이다. 김정언金廷彦이 찬술한 '혜목산고달선원원종대사비慧目山高達禪院元宗大師碑'에 따르면, 원종 대사 찬유는 속성은 김씨, 계림 하남河南 사람으로 대대로 명문 호족이었다. 할아버지 청규淸規와 아버지 용容은 모두 벼슬을 살아 뭇 사람의 추앙을 받았으며, 어머니 이씨도 부덕을 두루 갖추었다. 어머니 이씨가 좋은 태몽으로 임신하여 부지런히 태교하여 869년 4월에 대사가 탄생하였다. 어려서부터 조숙하더니 13세 때 부모의 허락을 얻어 출가하여, 상주尙州 삼랑사三郎寺 융제融諦 선사 문하로 입실하였다. 융제는 진경 대사 심희의 제자로서 찬유의 법기法器를 알아보고 그를 다시 혜목산 심희의 처소로 올려 보내니, 찬유는 묘한 이치를 궁구하여 현묘한 깨달음을 얻었다. 나이 22세에 양주 삼각산 장의사莊義寺에서 구족계를 받았다.

진경 대사가 광주光州 송계선원松溪禪院으로 옮겨 가자 찬유도 따라가 뵈오니, 대사가 "백운白雲이 천리만리나 덮여 있어도 모두가 같은 구름이요, 명월明月이 앞뒤 개울에 비쳐도 달은 오직 하나뿐이리." 하였다. 이 말을 듣고 찬유는 '무릇 도에 뜻을 둔 자에게 어찌 한 곳에만 스승이 있겠는가' 하는 생각으로 중국 유학을 결행하였다.

이리하여 찬유는 진성여왕 6년(892) 봄 당으로 들어가는 상선에 편승하여 바다를 건넜다. 운수 행각으로 절경을 찾아 여러 명산에 대덕을 참방하다가 드디어 서주舒州 동성 투자산投子山(또는 적주산寂住山)에 올라 대동 화상을 알현하였다. 대동 선사는 찬유를 대하자 바로 감탄해 말하기를 "인도로부터 동쪽으로 와서 설법하는 자와 동국에서 중국으로 와서 구법하는 자가 매우 많

지주에서 동성 투자산으로 가려면 장강을 건너 안경을 거쳐야 한다. 우리 일행이 먼저 추포를 건너 대도구大渡口에서 대형 선박으로 장강을 건너는 광경

앉으나 가히 더불어 도에 대한 담론談論을 나눌 만한 이는 오직 그대뿐이로다." 하며 기뻐하였다.

당시 찬유는 24세 청년으로서 73세의 스승을 시봉하면서 각고의 수련을 통하여 청원–석두 계 남종南宗의 선지를 유감없이 깨달았다.

이윽고 찬유가 투자 대사에게 하직 인사를 드리니, 스승이 일렀다.

"너무 먼 곳으로 가지 말고 또한 너무 가까운 곳에 있지도 마라."

"비록 스님의 말씀처럼 원근의 두 곳(遠近兩處)이 아닌 곳에도 머물지 않을 것입니다."

"그대가 이미 마음으로 전하는 이치를 체험했으니, 어찌 상대하여 서로 말할 필요가 있겠는가!"

이로부터 찬유는 여러 산의 이름난 사찰을 참방하되, 때로는 천태산에 들어가 은거할 만한 곳을 찾기도 하고 강좌江左(즉 강소江蘇) 지방에서 현지玄旨를 탐구하여 진여眞如의 성해性海에 들어가서 마니보주(깨달음)를 얻기도 하였다. 그가 투자산에 머무는 동안에는 장강 건너 천주산 삼조사三祖寺는 물론 황매黃梅 사조산四祖山과 오조산五祖山을 비롯하여 가까운 지역의 초기 선종 사찰을 찾기는 별로 힘든 일이 아니었을 것이다. 그런 뒤 때마침 본국으로 돌아오는 배를 만나 타고 경명왕 5년(921, 즉 고려 태조 4년) 7월, 경상도 강주康州(즉 진주晉州) 덕안포德安浦에 도달하였다.

돌이켜 보면 대사가 892년 24세의 나이로 입당하여 투자 대동의 문하에 입실하여 시봉하면서 법을 인가받고, 스승의 허락을 얻어 투자산을 떠나 여러 지역을 순력하다가 921년 나이 53세 때 귀국했으니 실로 29년 만의 일이다. 그런데 그가 투자산을 떠난 시기는 언제이며, 귀국하기 전까지 상당 기간 동안 어느 지역을 순력하였는가 하는 점이 불명하다. 다만 위의 기록을 통하여 보면 스승 대동의 입적이 914년이므로 찬유의 하산은 그 이전의 적어도 7, 8년 이상이 되어야 하며, 귀국 전까지의 재당 순력 범위는 천태산을 비롯한 강소·절강 연해의 여러 지역이었을 것으로 추측할 수 있다.

대사는 귀국하자 바로 창원昌原 봉림사鳳林寺로 가서 진경 대사 심희를 배알하고, 그의 뜻을 받들어 삼랑사에 머물렀다. 거기서 3년을 지내고 수도 개경으로 올라가 고려 태조를 배알하고 그 청을 받들어 광주廣州 천왕사天王寺에 머물다가 다시 혜목산의 고요하고 아늑함을 좋아하여 그곳으로 이석하였다. 다음 혜종이 즉위해서도 불교를 존숭하여 대사에게 차와 향 또는 비단 법의를 보냈으며, 광종 대에서도 역시 그러하였다. 대사는 설법함에 이미 큰 법력法力을 성취하여 찾는 이들이 날로 많아졌고 산사는 크게 융성함을 보게 되었다. 이에 광종은 그의 법호를 증진證眞 대사라 하고, 왕성王城의 사나원

舍那院에 모셔 대사를 왕성으로 초청하거나 산사로 방문하기도 했다. 동시에 법연法筵(불법을 연설하는 좌석)을 베풀고 그를 높여 국사國師에 책봉하고, 은병 향로나 수정 염주 등을 하사하였다. 광종 9년(958) 8월 20일, 대사는 여주 혜목산 고달원 선당에서 임종이 가까워 옴을 알고 대중을 모으게 한 뒤, "여래의 정계淨戒(부처님이 제정하신 청정한 계행)를 힘써 보호하라." 하고 가부좌하여 입적하였다. 나이 90세이고, 법랍 69하夏였다. 시호를 원종元宗 대사라 하고, 탑호를 혜진慧眞이라 추증하였다.

원종 대사가 신라승으로 입당하였으나 귀국할 때는 고려 태조 초기였으며, 이후 혜종, 정종을 거쳐 광종 9년에 입적할 때까지 고승으로 존대되어 국사의 자리에까지 올랐다. 따라서 대사 생존 시에는 중국과의 불교 교류에도 상당한 영향을 미쳤으며, 장래가 유망한 젊은 승려들에 대한 지도와 유학 등 진로 문제에도 적지 않은 영향을 끼쳤을 것으로 보인다. 예컨대, 원공 국사圓空國師 지종智宗이 처음 오월국으로 유학 갈 때(959)나 유학하여 법안종과 천태 교학天台敎學을 겸습兼習하여 학문이 원숙하였을 때 원종 국사가 현몽하여 귀국(970)을 종용해 주었다는 비문의 기록이 그러한 사실을 말해 준다. 지종이 유학 가기 1년 전에 찬유가 입적하였으므로 두 사람이 친숙한 관계였을 것으로 보인다.

원종 국사의 고달원에 이어 광종은 긍양兢讓(878~956)의 희양원曦陽院과 혜거慧炬(또는 惠居, ?~975)의 도봉원道峰院을 나란히 세워 세 개의 부동산문不動山門으로 지정하였다. 이 같은 부동산문 지정은 선·교 일치를 주장하는 법안종이 대립의 극복과 융화를 지향하는 당시 조정의 정치 이념에 상응한다는 점에서 광종의 후원이었음을 알 수 있다.

원종 국사 찬유가 의통이나 지종 같은 고려의 젊은 승려들을 오월국으로 파견하는 데 천태 덕소天台德昭(890~971)를 카운터파트너로 하였을 가능성을 고려해 볼 수 있다. 그 근거로서 그가 구법 기간 동안에 천태 덕소와 상면하였을 가능성을 엿볼 수 있기 때문이다. 덕소는 찬유보다 21년 후배이기는 하지만 일찍이 법안 문익法眼文益의 법을 얻기 전에 투자 대동의 문을 거친 적이 있으며, 문익의 법을 얻은 뒤에 바로 천태산으로 들어가 평생 머물렀다. 따라서 찬유가 투자산에 머물 때나 그곳을 떠나 귀국하기 전 천태산으로 유력할 때 그와 일정한 인연을 가졌을 개연성이 없지 않다. 뿐만 아니라 두 사람이 각각 고려와 오월국吳越國의 국사로 있을 때 고려 천태天台 전적典籍과 천태 교리에 밝은 법사(天台敎師)의 오월 파송을 둘러싸고 두 나라 국왕 사이에 교섭이 진행되었으므로 당시 상호 자문 역으로 간여하였을 가능성을 동시에 살펴볼 수 있다.

제2장

복건 해역의 설봉산문과 고려 불교

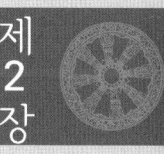

10세기 당 말 오대唐末五代 민월閩越 연해 지역을 중심으로 설봉雪峯계 선종이 크게 번영하였으며, 나말 여초의 선승禪僧들이 설봉산을 찾아 구법한 후 더러는 천주나 절강 지역으로 이동하여 전법활동에 종사하기도 하였다. 특히 『조당집』 찬자가 고려 출신이라는 학계 일각의 설은 주목할 만한 일이 아닐 수 없다.

이 답사는 1998년 12월 24일부터 30일까지 7일 동안 복건성福建省 연해 지역의 한국 관련 불교 유적지를 대상으로 필자를 비롯하여 동국대학교 사학과의 젊은 교강사 정병준·김영신·신태광 박사와 박사과정에 재학 중이던 송요후·윤상환 및 고 전중배 교사 등 7명이 참가하였으며, 복건성의 하문廈門·천주·복주福州·영덕寧德 등 여러 지역을 대상으로 진행하였다.

본고는 원래 필자가 동국대학교 신라문화연구소와 절강대학浙江大學 한국연구소의 물심 양면의 협조를 얻어 실시한 뒤 기행문 형식으로 써서 즉시 『신라문화』 15집(1998)에 게재한 것이다. 15년 세월이 흐른 지금 본서를 간행함에 있어 편목을 약간 고치기는 하였으나 내용은 거의 그대로 옮겨 싣는다.

1.
민남의 설봉선과 고려 구법승

1) 복건으로 통하던 수륙 두 길

　1998년 12월 24일 13시 10분에 우리 일행 7명은 항주杭州발 하문厦門행 595열차의 침대 두 칸에 나누어 탔다. 도착 시간이 다음 날 16시 1분이니 무려 27시간 가까이 달려야 한다. 제기諸暨, 의오義烏, 금화金華, 구주衢州 등 큰 도시들을 지나면서 점차 날이 저물고, 강산역江山驛을 마지막으로 절강성浙江省 영역을 벗어나 강서성江西省 지역으로 접어들었다.
　저녁 8시 20분, 상요上饒역에서 비어 있던 상단 침대에 묘령의 아가씨가 자리를 메운다. 과양동戈陽東과 귀계貴溪역을 지나 10시경에 응담鷹潭역에서 열차는 30분가량 지체하더니 조금 후진한 뒤에 다시 달리기 시작한다. 여기서 남창南昌으로 가는 노선과 갈라져 동남의 복건 지역으로 내려가기 때문이다. 엊그제가 동지였으니 밖은 칠흑같이 어둡다. 모두들 식당 칸으로 가 술잔을 기울이면서 답사 지역 지도를 보고, 미리 준비해 간 자료들을 검토하면서 답사에 관한 여러 가지 의견들을 나누었다. 내일 일을 생각하여 일찌감치 잠자리에 들기로 하여 모두들 자기 자리로 돌아갔다.

이번 복건 지역 불적 답사는 당 말 오대唐末五代 시기 민월閩越 지역에서 크게 성행하였던 설봉雪峯 계통의 선종과 이 지역을 중심으로 활동한 우리나라 구법 선승들의 활동 상황을 주로 알아보기 위한 것이다. 주지하는 바와 같이 당대의 남종선이 강서성의 마조 도일馬祖道一과 호남성湖南省의 석두 희천을 중심으로 크게 번창하였으며, 한국 구산선문의 초기 선승들도 대부분 그 두 계통의 선을 배웠다. 강서와 호남에 비하면 복건과 절강 지역에는 남종선이 상대적으로 늦게 진출하였다. 홍주종洪州宗이 강서에 뿌리를 내리기 전에 마조가 복건의 건양建陽 지역에 주석한 적이 있기는 하나, 이 지역의 남종선은 역시 석두 계통의 설봉 의존雪峰義存 선사가 설봉산雪峰山(또는 상골산象骨山)에 주석하면서 교세를 크게 떨치게 되었다. 설봉산이 크게 번영한 가장 주요한 원인은 마침 오대십국五代十國 가운데 왕王씨가 민국閩國을 세워 불교 진흥책을 쓰면서 설봉 선사를 적극적으로 후원한 것이었다. 당시 복주福州와 천주가 해상 교류의 중심지로 부상하면서 경제적 풍요를 기반으로 교세를 떨치게 된 것이었다.

복건은 동쪽으로 바다에 노출되고, 3면이 산으로 둘러싸여 있다. 무이산맥武夷山脈이 강서성과 경계를 이루고, 안쪽으로는 북에서 남으로 태모산太姥山, 경봉산鷲峰山, 재운산載雲山, 대모산玳瑁山이 이어 달리듯 차례로 뻗어내려 내륙 여러 지역과의 교통을 무척 어렵게 하고 있다. 당 말 오대에는 복건에서 절강과 강서로 통하는 길이 대체로 세 갈래 있었다고 한다. 하나는 복주에서 민강閩江을 거슬러 올라와 건주建州에서 무이산 동쪽 끝으로 이어지는 절강계의 선하령仙霞嶺을 넘어 구주衢州로 나가서 소흥紹興으로 빠지는 길이며, 다른 하나는 마찬가지로 구주까지 나와 강서성 신주信州, 요주饒州로 가는 길이다. 천주가 고향인 절강대학의 양위생楊渭生 교수는 지금부터 47년 전에 자동차로 복건에서 험하기 짝이 없는 저 선하령을 넘어 항주로 유학하였노라고 옛일을 회상하였다. 나머지 세 번째 길은 건주의 남쪽에서 정주汀州를 거쳐 강서성을 지나 호남성으로 나가는 길이다. 철로가 놓이기 전까지는 모두 이 길들을 이용하였으니, 우리나라의 구법승들도 이 길들을 이용하였음에 틀림없다. 지금 우리가 기차로 응담에서 복건계로 진입하여 달려온 길은 무이산 중간 낮은 지역을 가로질러 놓인 철로로서 지나는 터널이 무려 400개나 된다고 하니, 산악 지역 복건의 교통 사정을 가히 짐작할 만하다.

내륙을 통하지 않고 절강으로 가는 바닷길을 이용하려면 복주에서 온주溫州를 거쳐 주산舟山으로 나가면 된다. 이번 우리 답사팀도 처음에는 온주까지 가서 거기서 해상으로 복주로 내려갈 생각이었다. 그러나 요즘은 육로가 발달하여 느린 해상 교통을 이용하는 승객이 줄어 배편이 아예 없어졌다고 한다. 그리하여 부득이 열차를 이용하여 복건 답사에 나선 것이다.

2) 장주의 설봉선원과 남보타사

25일(금) 새벽 6시 20분에 눈을 떴을 때 열차는 내주來舟역에 머물고 있었다. 이 깊은 산골에 '배가 왔다'는 지명이 어떻게 생겼을까 하고 지도를 살펴보니 민강 상류의 한 지류인 부둔계富屯溪가 이리로 흐르고 있다. 내주와 사현沙縣의 중간 어느 지점에서 복주 방향과 나뉘어 하문 방향으로 내려간다. 사현 상방산上房山, 영안永安, 타호항打虎抗, 다굴多堀 등 목재가 가득 쌓인 산촌의 높고 낮은 역을 지그재그로 내려오면서 10시 반, 장평漳平역을 지나 화안華安역에서 3위안에 싱싱한 바나나 한 다발 사서 나누어 먹었다. 산이 많으니 개울과 강이 도처에 흐른다. 유달리도 눈에 띄는 파초 같은 아열대 지방의 무성한 식물들이 이국 풍정을 느끼게 한다. 상요上饒에서 탄 한 아가씨는 가수 지망생이라며 장주漳州에서 열리는 노래경연대회에 참가하기 위하여 가는 길이라고 한다. 갖고 있는 한국산 화장품도 하나 보여주면서 혹시 한국에 일자리를 얻을 수 없겠는가고 묻는다. 오후에 곽갱郭坑을 지나 노선을 바꾸어 2시 반경에 장주로 들어가 대략 30분쯤을 기다렸다.

여기 장주는 보복 종전保福從展과 나한 계침이 스승 설봉 선사로부터 전해 받은 선의 등불을 밝히던 지역이다. 보복保福(?~928)은 설봉의 수제자로서 당시 장주 자사 왕공王公이 보복선원保福禪院을 세워 그를 주지로 모셨다. 그는 보복선원에서 약 10년간 주석하면서 700여 명의 제자를 배출하였는데, 그 가운데 우뚝한 이로 천주泉州 초경사招慶寺 문등文僜 선사를 꼽을 수 있다. 문등은 『조당집』의 편찬자 정貞과 균筠 선사의 스승이므로 정과 균은 보복 선사의 재전再傳 제자(손제자)이니, 3대에 걸친 스승과 제자들이 장주와 천주에 이웃하여 주석하면서 설봉선雪峰禪을 천양하는 데 선봉장 역할을 하였음을 알 수 있다. 그리고 나한원羅漢院은 법안 문익의 스승 나한 계침이 주석한 곳이다. 나한 선사는 처음에는 운거 도응雲居道膺에게 배우고, 다음에는 설봉 의존을 배알하였으며, 마지막으로 설봉의 제자 현사 사비를 참알하고 그 고족高足이 되었다. 법안 문익은 여항余抗 사람으로서 먼저 복주福州의 장경 혜릉長慶慧稜 선사를 배알하고, 다음으로 장주 나한원의 계침을 찾아가 법을 전해 받고 법안종을 창시하였다. 고려 광종이 항주 정자사淨慈寺의 영명 연수 선사에게 제자의 예를 올리면서 많은 학생들을 보내 배워 오게 한 법안선도 그 연원을 따지면 장주의 나한원으로까지 소급된다. 이렇게 볼 때, 절강 지역과 복건의 복주, 천주, 장주 등 여러 지역은 특히 설봉 계통의 선이 한 권역을 이루고 있었던 것이다.

장주에서 다시 해안선을 따라 내려가면 당唐 태전太顚 선사가 전등 활동을 하던 조주潮州가 있다. 조주 지역은 「불골표佛骨表」 상소 사건으로 한유가 좌천된 곳이다. 한유와 이고李翶는 스승과 제자 사이로 모두 송대 성리학의 선구자로서 선승들과도 흥미 있는 일화들을 남기고 있다. 스승 한유도 태전과의 사이에 유교와 불교의 대립과 화해에 얽힌 매우 흥미 있는 이야기가 전한다. 불골이란 '부처의 뼈', 즉 부처의 사리를 일컫는데 유가에서 불교에 대한 불만스런 마음에서 낮추어 표현한 말이다. 유교의 대가 한유는 조정에서 불교를 지나치게 신봉한다고 비판하다가 조주로 좌천되었으나 그곳에 머물던 남종선의 대가 태전 선사와 이야기를 나누어 본 뒤에 불교에 대한 생각이 바뀌었다는 것이다.

『조당집』에 처음 나오는 이 이야기는 국내의 문화 정보가 동남 연해의 조주, 장주, 천주를 잇는 복건의 항구 도시들을 통하여 빈번하게 교류되었다는

영인본 『조당집』 서문

하나의 증거이기도 하다. 장주는 주희朱熹의 출생지이기도 하며, 그가 지은 유명한 「무이구곡가武夷九曲歌」의 동아시아 세계의 전파도 이러한 해양 교섭로를 통하여 더욱 빨리 이루어졌을 것이다. 원래 우리 답사 계획에는 광동성廣東省에 속하는 조주는 포함되지 않았으나 장주 월항月港 같은 항구는 16세기 전반기에 포르투갈 등 서양의 상선들이 자주 찾아 밀무역이 성행하던 해항으로서 답사 코스에 포함시키자는 주장도 없었던 것은 아니다. 그러나 12월 31일까지는 상해를 경유하여 귀국해야 하는 빡빡한 일정 때문에 이 지역이 끝내 제외된 것은 서운한 일이다.

우리가 탄 차는 2시 반이 되어서야 다시 후진하여 하문廈門으로 향했다. 복건 지역에 들어서면서부터 열차가 유달리 꾸물대더니 결국 예정대로 4시가 조금 넘어서야 하문에 도착하였다. 역에는 가이드가 마중 나와 있었다. 먼저 호텔로 가서 여장을 풀고, 7시 저녁 식사 시간까지 고랑서鼓浪嶼를 보기로 하였다. 하문은 경제특구로 지정된 현대적 도시로서 홍콩을 연상케 할 만큼 깨끗했다. 고랑서는 하문에서 배로 5분 거리에 있는 조그만 섬이다. 이곳은 제국주의 열강의 중국 침략기에 조계지租界地였는데 지금도 그들 영사관 터가 남아 있다. 이 아름다운 곳에 중국 피아노 교습자들이 전국에서 몰려들어 노랫소리가 그치지 않았다고 하여 한때 '피아노 섬'으로 알려졌으며 지금도 관광객들이 줄을 이어 찾는 명소다. 우리는 하루 반 동안의 지루한 기차 여행을 마치고 자동차도 자전거도 없는 마치 잘 가꾸어 놓은 정원을 산책하는 기분으로 거닐면서 즐비한 관광 상품을 구경하는가 하면 기념 촬영도 하였다. 높은 곳에 올라가면 대만령臺灣領에 속하는 금문도金門島가 보일 만큼 가깝다. 조그마한 산등성이에는 정성공기념관鄭成功紀念館도 있고, 청말에 밀려오는 서구 열강의 침탈에 대비하여 설치한 호리산胡里山 포대砲臺도 있으나 다 돌아볼 겨를이 없다. 많은 배들이 오가는 항만은 오늘날 중국

대륙 가운데서도 동남 연해 지역이 얼마나 선진적으로 경제 발전을 이루고 있는지 말해 주고 있었다.

26일, 아침 식사 후 곧장 남보타사南普陀寺를 찾았다. 사지寺志에 의하면, 당 말 오대에 창건할 때는 사주원泗洲院이라고 하였으나, 북송조에 이르러 문취文翠 스님이 무진암無盡岩이라고 개명하였고 명대에 다시 보조사普照寺라 하였다고 한다. 그 후 청 강희康熙 22년(1684)에 정해후靖海候 시랑施琅이 대만을 수복하고 사찰을 확장하여 관음보살을 봉안한 뒤 이를 절강성 주산 보타산의 관음도량觀音道場에 다음가는 남보타사라고 불렀다고 한다. 보타산의 관음도량은 당나라 때 한·중·일 3국의 승려와 상인 그리고 지역민들이 항해를 위한 바람을 기원하는 기도처로 출발하였으나 점차 해상의 안전과 재산 증식을 비는 성소聖所를 겸하게 되었다. 이러한 해수관음海水觀音 신

하문 남보타사 전경

앙에 근거하여 이곳 동남 연해의 중요한 항구도시 하문에 남보타사가 자리를 잡은 것은 매우 자연스러운 발상이라 하겠다.

사찰 앞마당에 큰 규모의 방생지가 있고 새로 조성한 쌍탑이 좌우로 우뚝하다. 천왕전에는 중국 사찰이 거의 예외 없이 그렇듯이 중앙에 미륵 좌상이 안치되어 있고, 양쪽으로 라마교식의 사천왕상四天王像이 배치되었는데 미륵상 위에 용화삼회龍華三會라고 씌어 있다. 대웅보전에는 삼세존불三世尊佛을 모시고 뒤편에 서방삼성西方三聖을 모셨으며, 좌우 양측에 18나한상羅漢像이 배치되어 있다. 뒷마당에 돌계단이 있고 그 위로 천수관음보살상千手觀音菩薩像을 모신 8각형의 대비전大悲殿이 있다. 일제강점기에 상반대정常盤大定 교수가 조사할 때는 이 팔각당八角堂은 소실되고 없었다고 보고한 것을 보면 이 전각은 그 뒤에 새로 조성한 것으로, 설명판에는 못 하나 사용하지 않고 지은 건축물이라고 특기하고 있다. 대비전 뒤로 법당과 장경각의 2층 건물이 서 있다. 대웅보전을 중심으로 좌우에 지장전地藏殿과 가람전伽藍殿, 그리고 종루鐘樓와 고루鼓樓가 있으며 그 밖의 여러 건물들이 적절히 배치되어 있다. 장경각 뒤 경관이 좋은 경사진 바위산에는 대형 '불佛' 자를 각자한 불자암佛字岩을 중심으로 몇 기의 부도탑이 있고, 그 오른쪽으로 신축된 선당禪堂과 다시 그 뒤로 고찰인 보조사普照寺가 자리하고 있다. 보조사까지 오른 뒤 선당 쪽으로 내려와 방장루方丈樓, 태허도서관太虛圖書館, 민남불학원閩南佛學院을 차례로 거쳐 하산하였다. 불교학원 오른쪽에 위치한 청 건륭황제의 어제비御制碑에는 시간 관계로 들르지 못하고 천왕전 앞에서 기념 촬영을 하였다.

하문대학廈門大學은 남보타사 바로 앞에 위치하므로 차를 학교 앞에서 대기하도록 먼저 보내고 우리는 후문으로 걸어 들어갔다. 이 대학은 지방 출신으로 홍콩에서 사업에 성공하여 고국 교육에 이바지한 근대 중국 실업가 진가경陳嘉庚 씨가 설립하였다. 대학의 규모나 건물의 배치는 어느 대학에도 손색이 없을 정도로 잘 정돈되어 있다. 교정을 한 바퀴 돌아 서점에 들러 책을 몇 권씩 산 뒤 서둘러 승차하였다. 우리의 중요한 목적지 중 하나인 천주로 빨리 가야 하기 때문이다. 10시경에 출발하여 가이드의 요청으로 잠시 관광 상품점에 들러 시간을 보낸 뒤, 하문대교를 건너 고속도로로 천주를 향하여 달린다. 일찍이 진가경 씨가 세웠다는 동안시同安市의 집미중학集美中學을 지날 때 이 중학교가 기초가 되어 이제는 대학으로까지 발전한 것이라고 가이드는 설명해 준다. 하문에서 천주까지는 50분이면 간다. 필자는 1996년 1월 동양사학회 회원 20여 명과 함께 복주공항에 내려 천주와 하문을 거쳐 광주까지 답사한 적이 있는데 이번은 그 역 코스로 올라가 복주공항에서 상해로 돌아갈 계획이다.

3) 천주 개원사와 승천사

11시경 천주에 도착하였다. 당 말 오대 초의 분열기에 안휘安徽 수주壽州 사람 왕서王緒의 부하 왕조王潮는 당 소종昭宗의 위임을 받아 889년 복건관찰사福建觀察使가 되었다. 당이 망하고 후량이 서자 왕조의 동생 왕심지王審知가 자리를 물려받아 국호를 민閩이라 하고 수도를 복주福州로 정하여 907년 하나의 지방 정권을 형성하였다. 왕심지는 그의 형 심규審邽를 천주 자사泉州刺史에 봉하였으며, 심규는 다시 아들 연빈延彬에게 양위하여 왕씨의 통치가 계속되었다. 그러나 화북 지방을 중심으로 한 오대五代의 불안한 정세의 영향을 받아 천주에서도 944년부터 유종효留從效를 비롯한 유씨 집단의 통치기를 맞게 되었으며, 송 건국 직후인 962년에는 정권이 다시 진씨陳氏

집단으로 넘어가는 등 통치 집단의 변동이 잦았다.

정치적으로는 이와 같은 변동이 있었음에도 불구하고 이 시기에 천주는 그 입지적 조건 때문에 국제적 무역항으로서 급속히 발전하여 공전의 번영을 이루었다. 당시 천주를 자동성刺桐城이라 불렀는데, 이는 아랍을 비롯한 남방 아열대 지방에서 생산되는 자동刺桐 나무가 당대부터 천주 지역에 이식되어 무성하였기 때문이다. 특히 유종효가 천주성을 중수할 때 그 주위에 자동 나무를 많이 심어 자동항刺桐港이라 부르게 되었다.

그 이후 외국인들에게도 천주는 중국어로 '자동'으로 소개되었다. 마르코 폴로의『동방견문록』에서도 "제5일째 늦게 매우 수려한 자이툰에 도착하였다.……자이툰은 세계 최대의 항구 가운데 하나로서 무역상들이 이리로 몰려들어 물화가 산처럼 쌓인다."라고 하고 있다. 마르코 폴로보다 조금 늦게 이곳을 여행한 모로코의 여행가 이븐 바투타도 "우리가 바다를 건너 첫 번째로 도착한 도시가 자이툰이다. 여기에서 직조한 무명과 비단도 자이툰이라고 부른다."고 하였다. 아랍어의 '자이툰'은 중국의 자동으로 천주를 일컫는 대명사가 되었던 것이다.

천주에 도착하여 금천金泉호텔로 가서 여장을 푼 다음 천주시박물관에 오래 근무하다 정년퇴직한 지인 황천주黃天柱 씨에게 전화를 하였으나 부재중이었다. 우리가 천주에서 가장 관심을 기울이고 있는 것 중 하나는『조당집』이 찬술된 초경사招慶寺의 유지遺址를 비롯하여 한국 관련 불적을 답사하고 그에 관계된 자료를 구하는 일이었다. 이 문제는 황 선생을 만나 협조를 구하기로 하고 가이드의 권유에 따라 곧장 청원산淸源山 노군암老君岩을 관람하기로 하였다.

해발 수백 미터에 불과한 청원산은 천주의 관광 명소 제1번지라고 한다. 천주泉州라는 이름도 청원산에서 솟아 흐르는 맑은 샘물들에서 연유한다

진강이 서쪽 내지에서 천주 시가지를 감싸고 동으로 흘러 바다에 합류한다.

고 하며, 바위 또한 산 전체에 산재하여 크고 작은 석각들이 빽빽하게 들어서 있다. 노군암은 송대宋代에 노자를 조각한 좌상으로서 높이 5.2미터가 넘는 우수한 작품이다. 석상 앞 동서 양쪽에는 원대元代 서예가 조맹부趙孟頫가 187개의 돌을 깎아 그의 유명한 송설체로 『도덕경道德經』을 새겨 병풍처럼 둘러놓아 도교적 분위기를 한껏 자아내고 있다.

오후에는 시내에 있는 개원사開元寺를 관람하기로 하여 절 앞 음식점에서 점심을 먹었다. 개원사는 당 수공垂拱 2년(686)에 창건되었는데, 처음에는 연화사蓮花寺라 하였다가 뒤에 흥교사興敎寺로 개칭되었으며, 개원 연간에 지금 이름으로 바뀌어 오늘에 이르고 있다.

절 창건 설화에 의하면 이 절터는 원래 뽕나무밭이었는데 어느 날 밤 주인 황 씨의 꿈에 한 스님이 나타나서 "여기에 절을 짓고자 하니 땅을 시주하라."고 하였다. 이에 궁여지책으로 "만일 3일 안에 뽕나무에서 연꽃이 피면 시주하겠노라."는 답을 하고 꿈을 깨었다. 그런데 3일 만에 과연 뽕나무에서 연꽃이 피는 것이 아닌가! 이 절 대웅전 현판에 '상련법계桑蓮法界'라 한 것은 이러한 연기담에 따른 것이라고 한다.

'자운紫雲'문을 들어서면 '칙대개원만수선사勅大開元萬壽禪寺'라는 편액이 걸린 천왕전이 있고, 그것을 지나면 대웅보전 앞뜰이 나온다. 뜰에는 송대에 세운 두 기의 탑과 더불어 몇 그루의 고목 용수榕樹들이 섰는데, 그 중 한 그루는 800년이 되었다고 한다. 복건, 광동 등 동남 해안 지대에는 뿌리의 가지들이 밖으로 뻗어 나오는 용수들을 어디서나 흔히 볼 수 있다.

대웅전에는 동·서·남·북·중의 금신오위불金身五位佛을 모셨는데, 좌측부터 나무서방미타불南無西方彌陀佛, 나무북방성취불南無西方成就佛, 나무중앙비로불南無中央毘盧佛, 나무동방아촉불南無東方阿閦佛, 나무남방보생불南無南方寶生佛이 배열되어 있으며, 좌우 회랑에는 18나한상이 시립하고 있다. 천장에는 24구의 목각으로 된 비천상飛天像이 남국의 정취를 풍기고 있으며, 전각 후면 돌기둥에 조각된 문양이나 전각 기단에 새겨진 72구의 조각들은 힌두교의 영향이라 하였다. 이같이 특이한 양식의 대웅전은 100개의 기둥을 썼기 때문에 백주전百柱殿이라고도 한다. 그 뒤편의 감로계단甘露戒壇도 5층 계단을 만들어 맨 위층에는 목조의 노사나불을 비롯하여 아미타불, 석가모니불, 천수관음 등을 모시고 양 옆 회랑에는 팔대금강역사八大金剛力士를 배치하였는데, 모두 힌두교의 영향을 받아 윗몸을 드러낸 채 팔찌를 끼고 발톱에는 매니큐어를 바르고 머리에는 뿔이 났으며 각기 악기를 든 모습들이 이채롭다. 맨 뒤편에 장경각藏經閣이 있으며, 양 옆 넓은 대지에 당우堂宇들이 적절히 배치되어 있다. 그리고 대웅전 서쪽 한 귀퉁이에는 개원사 창건 설화에 나오는 오래된 뽕나무가 '당대 천년 묵은 뽕나무唐朝千年古桑'

천주 개원사 대웅전(별칭 상련법계)

라는 팻말을 달고 서 있다. 1925년 벼락에 맞아 손상을 입은 채 비스듬히 서 있는데, 꽃은 피지만 오디는 열리지 않는다고 한다.

개원사의 명물 가운데 하나는 무엇보다 경내 동서로 나뉘어 선 쌍탑雙塔이다. 동쪽 탑은 진국탑鎭國塔, 서쪽 탑은 인수탑仁壽塔이라고도 한다. 안내판에 의하면, 동쪽 탑은 당 함통咸通 연간(860-873)에 축조되고, 서쪽 탑은 오대 후량後梁 정명貞明 2년(916)에 세워졌는데 모두 처음에는 목탑이었으나 뒤에 다시 전탑塼塔으로 개축되었으며, 남송 시대에 이르러 두 탑 모두 석탑으로 고쳐져 오늘에 이른 것이라고 한다.

동쪽 탑은 높이 48.24미터에 직경 18.5미터인 5층탑인데 탑신 벽면에는 뛰어난 솜씨로 불교 조각을 새겨 놓고 있다. 1층에는 천왕天王과 금강역사상을 조각하고, 2층에는 나한상, 3층에는 고승, 4층에는 보살, 5층에는 불계佛

界를 다양하게 그려 넣었다. 이들 중 특히 우리의 관심을 끄는 것은 동쪽 탑 3층에 조각된 구화산의 신라 출신 김지장 보살상金地藏菩薩像이다. 서쪽 탑 3층에는 민공閩公과 도명 존자道明尊者가 조각되어 있다.

서쪽 탑은 1604년의 큰 지진으로 조금 손상을 입었을 뿐 여러 가지 면에서 동쪽 탑과 비슷하며, 조각품도 일설에는 서유기 설화를 그린 것이라는 주장도 있는 모양이다. 독일의 아이크는 그의 저서에서 이 두 탑을 '자동쌍탑刺桐雙塔'이라 부르고 있다고 한다. 우리 일행은 위엄이 있는 동쪽 탑과 무성한 아름드리 자동 나무들을 배경으로 기념사진을 찍고 사찰 문을 나섰다.

마침 황천주 씨와 연락이 닿았고 그의 안내로 외국에까지 많이 알려진 천주해외교통사박물관泉州海外交通史博物館을 참관하였다. 여기에는 천주고대해외교통진열관을 비롯하여 천주종교석각진열관泉州宗敎石刻陳列館과 천주외소자泉州外銷瓷 등의 진열관이 있어 찾는 이로 하여금 국제성을 강하게 표출하고 있는 다양한 천주 문화의 특징적 분위기를 잘 느낄 수 있게 해 준다. 고대해외교통진열관에는 천주의 대외 관계 유물과 자료 및 사진 등을 비롯하여 천주만에서 발굴된 송대 선박 모형과 시박사市舶司(해외 무역 사무를 관장하던 관청) 사진 및 정화鄭和의 원정대가 탄 배의 모형 등이 다채롭게 전시되어 있었다.

개원사 내에도 해교사박물관海交史博物館 분관이 있어 천주만에서 발굴된 남송 시대의 선박을 전시하는데, 이 배는 우리나라 신안 앞바다에서 발굴·인양된 것과 같이 밑바닥이 뾰족하여 깊은 물을 항해하기 편리하게 되어 있다. 다음으로 종교석각진열관에는 이슬람교도들의 사후에 쓰이는 석곽을 비롯하여 종교 관계 석물들과 기타 힌두교의 영향이 강한 불교 관계 석각 유물도 다수 전시되어 있다.

박물관 외에도 천주에는 이슬람 사원이나 성묘聖墓와 같은 유적이 더러

천주해외교통사박물관 선박 모양의 조형물

있다. 사원은 원래 7개소에 달하였으나 15세기 이래 천주 항의 쇠퇴로 점차 감소하고, 지금은 북송 시대에 건립된 청정사淸淨寺 한 곳만 시내에 덩그러니 남아 있다. 시 외곽에 이슬람교 성묘도 있다. 당 무덕武德 연간(618~626) 천주에 전교하러 온 2명의 선교사가 여기에 묻혀 있어 교도들에게는 순례지이지만 지금은 관광지로도 유명하다. 명 영락永樂 연간에 신도인 환관 정화가 원정할 때 이곳에 와서 참배하고 떠난 행향비行香碑도 눈길을 끈다. 명 말의 양명학 좌파 사상가 이탁오李卓吾 같은 특이한 학자가 여기서 배출되었다는 것도 이러한 천주 지역의 역사적 배경과 무관하지 않다는 설명이 있기도 하다.

천주의 3대 사찰로는 개원사를 비롯하여 오대五代에 창건된 승천사承天寺와 숭복사崇福寺를 들 수 있는데, 오늘 마지막 답사 코스로 시내에 있는 승천사를 찾기로 하였다.

산문을 들어서면 미륵상을 가운데로 하고 양측에 천왕상이 배치되고 미륵상 배면에 금강역사상이 서 있다. 뜰에는 소규모 방생지가 양측에 있고 양쪽 회랑에 24제 천왕상이 배치되어 있다. 대웅보전에는 중앙의 삼존상을 비롯하여 그 옆에 18나한이 배열되었으며, 삼존상 후면에 '승천사 삼대사 향안承天寺三大士香案'이 놓여 있다. 법당 한가운데 안치된 당대唐代의 동불상은 일제강점기에 폭격으로 오른손이 떨어져 나갔는데 복원하였다고 하며, 법당 앞 양쪽 회랑에는 각각 여섯 폭의 불화가 그려져 있다.

절 동쪽으로 원상원圓常院, 광효사光孝寺, 비로전毘盧殿 등이 배치되고, 서쪽으로 공덕사功德祀, 유공사留公祀 등이 자리하고 있다. 절 입구는 옆에서 복도를 따라 들어가도록 되어 있는데, 복도 옆으로 부도 몇 기와 '전왕錢王이 동전을 만들었던 곳(鑄錢處)'을 표시한 유적지가 있다. 이들 가운데 '전왕이 동전을 만들었던 곳'이나 유공사는 이름에서도 알 수 있듯이 모두 오대와 관계된 것으로 특히 승천사는 이 지역 절도사 유씨留氏의 절이었다.

『남안현지南安縣志』 권2, '사원寺院' 조에 의하면, "승천사는 일명 월태사月台寺라고도 하며 자성 남문子城南門의 동남방에 있다. 오대 시기 절도사 유종효留從效의 남원지南園地로서 주周 현덕顯德 중에 남당南唐에서 남선사南禪寺를 창건하여 승전僧田 구백 석九百石을 두었으며 여기에다 폐훼된 초경원招慶院의 재산을 더하여 주었다. 송 경덕景德 연간(1004~1007)에 승천사라고 사명賜名하였다."고 한다. 이로 보아 초경사가 한때 화재로 폐사가 되었던 것 같으며, 승천사가 오대와 북송 시대에는 매우 큰 절이었음을 알 수 있다.

4) 진강 복청사의 개산조 고려 현눌

27일, 낮 기온 23, 24도의 쾌적한 날씨가 계속된다. 어제 저녁에 황천주 씨와 오늘 일정에 대하여 상의한 대로 오늘 오전에는 복청사福淸寺와 초경사 옛터를 답사하기로 하였다.

이번 답사의 가장 중요한 부분이다. 필자는 어제까지만 해도 복청사와 초경사지의 위치에 대하여 엉뚱한 생각을 하고 있었다. 복청사는 복주에 인접한 복청현福淸縣에 있는 줄로만 알았는데 알고 보니 바로 천주시 진강 변에 있다는 것이다. 답사할 유적지를 사전에 조사·기록하여 두었다가 현장에 와서는 주로 지도를 보며 찾아다니다 보니 이러한 실수가 가끔 생기는 것이다. 초경사지도 마찬가지다. 우리가 어제 도착 즉시 제일착으로 청원산清源山 아래에 있는 노군암을 보았는데, 바로 이 청원산 기슭에 초경사지가 있다는 사실을 까맣게 모르고 있었다. 만일 복청사나 초경사지가 이렇게 가까이 있는 줄 알았더라면 1996년 여행 때 사전 조사를 해두었다가 이번에 본격적인 답사에 임할 수 있었을 것이다. 이들 모두 우리가 묵고 있는 금천호텔에서 자동차로 20분 거리에 있다고 하니, 등잔 밑이 어둡다는 속담이 이를 두고 한 말인가 싶다.

복청사 현눌 선사는 『조당집』 권11에, 제운 영조齊雲靈照 선사와 함께 각각 전기傳記가 실려 있다. 두 선사는 신라인으로서 9세기 후반기에 중국으로 들어가 복건성 설봉산 의존義存 선사에게 사사하였으며 공부가 원숙해지자 귀국하지 않고 종신토록 중국에 남아 법등法燈을 전하는 데 힘을 쏟았다. 그러나 그들이 교화 활동을 펼치던 지역은 서로 달랐다. 현눌은 천주 자사 왕연빈王延彬이 진강 변에 복청원福淸院을 창건하여 모시면서 지역 전법에 임하였으며, 영조는 일부 동지들과 함께 절강 지방으로 옮겨가 전등에 임하였

진강 하류에 위치한 복청사는 천주 자사 왕연빈의 후원으로 고려 현눌 선사가 창건했다.

다. 따라서 여기서는 우선 복청사 현눌을 살펴보고 영조는 장을 달리하여 살펴보기로 한다.

현눌은 나말·여초 사람으로 출신지나 성씨 등은 일체 알려져 있지 않다. 다만 10세기 전반기에 입당하여 설봉 초기의 유수한 제자로서 복청사에 주석하자 문하에 많은 제자들이 몰려들어 성황을 이루었으며 약 30년 동안 고매한 풍격으로 행화行化에 임하다가 본산에서 열반한 고승으로 알려졌다. 『경덕전등록』 권19 「현눌전」에는 "천주 자사 왕공이 설봉종의 종지는 어떤 것이냐고 묻자 선사가 그를 꾸짖었다."라는 대담을 전하고 있다. 천주 자사가 설봉종의 종승宗乘, 즉 '설봉선의 교의敎義'에 대한 질문을 하자 왜 좀 더 근본적인 물음 대신 '하찮은 일'에나 관심을 두고 있느냐고 나무랐다는 뜻일 것이다. 당당한 선사의 풍격을 엿보게 하는 대목이다.

후대의 기록에는 현눌의 법명에 관한 오해 내지 오류가 발견된다. 『십국춘추十國春秋』 권96에 "오대 시에 고려 승려 원납元衲이 남안南安 복청사福淸寺에 와서 살았다."고 하여 현눌을 원납으로 기록하고 있다. 『천주부지泉州府志』 권16, '사관寺觀' 조에서도 "복청사는 삼도三都 영수봉靈秀峰 앞에 있다. 오대의 자사(五代刺史) 왕연빈이 세워 고려승 원납을 맞아 주석케 하였다."고 하여 역시 현눌을 원납이라고 기록하고 있다. 필자가 이를 분명한 잘못으로 알고 오기라고 했더니 지금은 고인이 되신 은사 고병익 선생께서 글을 읽어 보시고 '청 강희제의 휘 현엽玄燁의 현玄을 피휘避諱한 것'이라고 전화로 지적해 주신 바 있다. 그리고 납衲 자는 분명히 눌訥 자를 잘못 쓴 것이다.

우리 일행은 먼저 복청사를 찾아 천주시 풍택구豊澤區 북봉진北峰鎭 석갱촌으로 갔다. 남쪽으로 흐르는 진강晉江 변의 이 마을은 고대 해상 교통의 요충지에 자리 잡고 있다. 천주가 진강 변에 있다고 하여 옛사람들은 천주를 진晉 또는 진수晉水로 바꾸어 부른 경우도 가끔 있었다. 작은 규모의 절 문에 달린 '복청고지福淸古地'라는 현판은 낯이 익었다. 1996년 초 동양사학회 답사 후 『조당집』 관련 부분을 관심 있게 보면서 복청사 현눌 선사에 대하여 황천주 씨와 연락을 취하면서 이에 관한 사진과 지방지地方志 등의 자료를 입수한 바 있었고, 우연하게도 MBC에서 방영한 복청사 장면의 비디오 필름을 구해 보았기 때문에 지금 산문을 들어서면서 보는 절의 현판이며 아름드리 고목들과 비석 등이 낯설지 않은 것이다. 문을 들어서면 마주 보이는 곳에 육각정六角亭이 자리 잡고 있고 그 안쪽으로 상개常凱 법사의 영탑이 세워져 있으며 그 뒤로 장경각이 있다. 상개 법사는 중국 개방 후 복청사를 중건한 분이다. 문으로 들어가서 오른쪽으로 돌아 법당으로 들어가도록 되어 있다. 양쪽으로 버티고 선 수백 년 된 용수榕樹가 또한 고찰임을 증언해 준다. 절 좌측 용수 아래 1989년에 중건한 비석이 서 있다. 우리 일행 중 일부는 답사 이전부터 천주시박물관에서 퇴임한 지인 황천주 씨와 답사지에 관한 내용을 편지로서 문답하였다. 사진은 황 선생의 편지

절 측의 양해를 구하고 미리 준비해 간 건탁乾拓 도구로 탁본을 하기 시작했다. 비문은 다음과 같다.

천주 복청사 중건기

『천주부지』에 따르면 사찰의 본래 이름은 복청원으로서 오대五代 민국閩國 자사 왕연빈이 세워 고려승 현눌 선사로 하여금 설봉종의 종지를 널리 펼치도록 하였다. 사원이 수봉산秀峰山 기슭에 자리 잡고 있어 취병산翠屛山이라고도 한다. 송대宋代에 당안향唐安鄕에 속하였고, 원대元代에는 남안南安 삼도三都에 속하였으며, 명明·청淸 시대에도 마찬가지였다. 지금은 천주시 리성鯉城 서교西郊의 관할이다.

주위는 푸른 산봉우리(靑峰)들이 병풍처럼 둘러 있고 오래된 용수榕樹는 녹음을 드리웠으며 사방으로 탁 트여 풍경이 유청幽淸하다. 전해오는 바로는 사원 건물이 옛날에는 10여 구우區宇가 있었다고 하지만 현재 갱미향坑尾鄕 복청담福淸潭은 옛날 방생지 터에 불과하다. 세상이 바뀌고 세월이 변하여 명明 홍무洪武 연간에 중건하였으나 후에 다시 폐허가 되었으며, 청淸 함풍 연간에 향신鄕紳 진어사陳御史 경용慶鏞이 옛날 자취를 모방하여 불우佛宇와 상랑廂廊을 지어 오늘에 이르기 130여 년이 되었다.

그 사이에 우바이 부복정傳福定 주지께서 1945년(乙酉)에 불전佛殿을 중수하였으나 힘이 미약하여 완성을 보지 못하였으므로 얼마 지나지 않아 사우寺宇가 장차 허물어질 지경에 이르렀다. 이에 상개 법사常凱法師의 도움을 얻고 많은 신자들이 거들어 1988년(戊辰) 7월에 비로소 중건하게 되었으며, 아울러 제3차로 누대를 증축하여 2년이 되지 않아 절 전체가 환하게 일신一新하였으니 진실로 특별히 불가사의한 인연이라 할 것이다. 이에 삼가 기록하여 돌에 새겨 후세에 전한다.

    1989年(己巳) 겨울, 복청사 주지 우바이優婆夷 부상원傳常願 삼가 세움

이 비문을 보면, 원래 절에는 당우 십여 채에다 큰 방생지가 있었던 모양이다. 그러나 명청 시기에 와서 퇴락과 중건을 거듭하였으며, 공산당 정권이 들어서서는 또 소침하다가 중국의 개혁 개방을 맞아 1988년도에 이르러 작은 규모로나마 중건하여 오늘에 이른 것임을 알 수 있다. 현재 사찰의 왼쪽 공덕당功德堂 안내판에는 "1981년(辛酉) 혜인 거사慧印居士 나원羅圓이 쓰고, 본사 상임 주지(常住)가 중건하였으며, 1994년 리치(荔枝)가 익는 계절(荔月)에 풍주豊州 행포보촌杏埔補村 홍천자洪天紫가 중수하였다."라고 적혀 있다. 복건 같은 중국 남부 아열대 지방에서 주로 생산되는 리치는 양귀비가 즐겨

먹었다는 과일로도 유명하다. 우리나라에서 이월매화라거나 구월국화라고 하듯이 이 지역의 대표적 과일인 리치가 생산되는 계절을 시일로 표시하고 있는 것은 흥미로운 일이다.

허술한 당우의 중앙에 현눌 선사의 신위를 모시고 한쪽에 확인할 수 없는 이와 함께 상개 법사의 위패가 모셔져 있는데, '병진년에 나서 경오년에 졸하다'라 씌어 있다. 부처님을 모신 건물

고려 현눌 선사가 창건했다는 내력을 적은 복청사 중건비

은 겨우 대웅전 한 채에 불과하다. 첫 번째 현판은 중앙에 '정법왕신正法王身', 그 양쪽에 세필로 "복청사 대전大殿 낙성, 불기 2537년. 진강 나산진 허갱촌 晉江羅山鎭許坑村 채미蔡美 옥경玉敬 하賀, 계유년 맹동에 진일정陳逸亭이 쓰다'라고 씌어 있다. 다음으로 각각 '고찰중광古刹重光', 그 안쪽으로 '보덕명계 普德明界' 그리고 불당 앞에 '원통보전圓通普殿'이라고 쓴 현판들이 각각 걸려 있으며, 대전 앞 양편으로 종과 북도 달아 놓았다. 전각 맨 안쪽으로 옥불상을 모시고 그 앞으로 금동불상을 안치하였으며 양쪽 낭하 벽에 18나한이 배열되었다.

이 절의 주지는 비구니 스님이라고 한다. 우리가 한국에서 왔음을 가이드를 통하여 알리고 비교적 많은 복전을 놓고 참배한 뒤 면회를 요청하였으나 아침 식사 중이라며 좀체 모습을 드러내지 않았다. 절의 신도로 보이는 사람이 더운 차를 갖고 와 대접하려 하였으나 우리는 선 채로 한 잔씩 마셨다. 그럭저럭 탁본도 완료되고 더 기다릴 시간도 없어서 우리 일행은 인사를 하고 절문을 나섰다.

여기서 진강을 따라 조금 더 거슬러 올라가면 구일산九日山이 있다. 해발 112미터밖에 안 되는 구일산은 70여 개소의 석각石刻이 있는데 그 가운데 10개소는 항해할 때 바람을 부르거나 태풍을 잠들게 해달라고 비는 기도 의식과 관계된 것이다. 송대에 만들어진 구일산 통원왕묘通遠王廟(가상의 통원왕을 모시는 사당)에서 거행하던 기풍의식에는 천주지주泉州知州를 비롯하여 시박사市舶司의 관원과 외국 상인들이 함께 참여하였다고 한다. 석각들은 불교와는 별로 관계가 없어 대충 살펴보고 다음 행선지 청원산으로 향했다.

5) 『조당집』의 산실 청원산 초경사지

다음 코스는 초경사招慶寺이다. 복청사가 있는 석갱촌에서 청원산까지 약 20분 걸린다. 노군암老君岩 주차장으로 들어가는 길목에서 우회전하여 조금 가면 곧 청원산풍경구淸源山風景區다. 노군암 입장료는 10위안인데, 풍경구의 입장료는 20위안이다. 청원산은 이름에 걸맞게 청아한 경관에다 때를 모르고 피는 꽃이며 나한죽羅漢竹, 그리고 무성한 나무와 기묘한 바위 등으로 한 폭의 그림 같은 아름다운 경관이다. 두서너 종류의 붉은 꽃이 화사하게 피어 시오월의 싱그러움을 느끼게 한다. 낮 기온이 24·25도이니 겨울이라지만 우리에게는 초봄 정도다. 천주의 시화市花 자동刺桐은 5월에 피는 꽃이어서 나무만 무성하지만 홍콩의 시화라는 자형화紫荊花는 탐스럽게 피어 있다.

1993년도에 동국대학교 정각원에서 있었던 일본 불교학자 유전성산柳田聖山 교수의 강연이 생각난다. 그는 아마 5월에 천주를 방문하였던 모양으로 온 시가지가 목련꽃으로 가득하여 남국의 분위기를 한껏 느낄 수 있었다고 했는데 그 기분을 12월에 와서도 다소간 느낄 수가 있다. 오랜 기간 초기 선종 연구로 유명한 유전 교수는 『조당집』을 좀 더 깊이 이해하기 위해 이곳을 답사했다고 한다. 학자들 사이에는 달마가 서북 오아시스로드를 경유하여 중국으로 왔다고 알려져 있다. 그러나 『조당집』에는 남천축南天竺 향지국香至國 왕자 달마達摩가 서북 오아시스로드가 아닌 해양실크로드로 천주를 거쳐서 남경南京에 이르렀으나 양 무제武帝와 상합되지 않아 낙양으로 북행하였다고 한다. 유전 교수는 이 주장을 근거로 하여 그가 건너온 해양실크로드를 불교사적 표현으로 달마로드라고 불러야 마땅하다고 하였다.

사실 『조당집』을 처음 알게 된 것은 필자가 조교로 근무하기 시작하던 1960년대 중반이다. 당시 효당 조명기 선생이 화갑기념논문집에 『조당집』을 처음으로 영인하여 부록으로 실으면서 민영규 선생이 그 해제를 썼는데 필자가 이를 읽게 된 것이다. 당시 논문집 편찬에 참여한 사학과 이용범·안계현 교수로부터 『조당집』의 중요성에 대한 이야기를 들으면서 관심과 흥미를 느끼게 되었다. 그러나 그 후 전공 분야와도 거리가 있고 하여 오래도록 관심을 기울일 겨를이 없었다. 그러다가 1993년 유전 선생의 『조당집』에 관한 강연을 들으면서 오랫동안 잊었던 그 책에 관한 관심이 다시 요동치기 시작하였다.

당시 필자는 구화산 김지장 문제에 관심을 기울이면서 오래도록 잊혀 온

도로변의 무성한 나무는 남방 계통의 자동刺桐으로, 이란 음으로는 자이툰. 오대 시기에는 천주를 자동성이라 하였으며, 현재도 천주의 시화이다.

중국 내 한국 관련 불교 유적에 대한 답사의 필요성을 절감하던 무렵이었다. 중국에서는 그림자도 없이 사라진 『조당집』이 먼 바다 건너 한반도 남단에 위치한 해인사 고려대장경의 부록에 수록된 것은 어찌된 일인가? 유전성산 교수는 이에 대한 면밀한 연구 끝에 『조당집』 편찬자 정貞과 균筠, 두 선사가 한반도 출신일 가능성이 높다고 생각하였다.

이처럼 한반도와 천주, 『조당집』과 해인사 고려대장경, 그리고 당 말 오대 해상 실크로드와 동아시아 국제 관계 등 허다한 문제들이 『조당집』의 편찬 및 그 동전東傳과 관련하여 우리의 관심을 끌고 있다. 유전 선생은 그때 강연에서 한국의 젊은 학자들에게 '조당집 로드'를 찾으라고 절실하게 당부하였는데 그 모습이 매우 감동적이었다. 사실 필자가 두 번씩이나 천주를 찾은 데에는 당시의 그 감동적 호소에 신선한 충격을 받은 바 크다.

초경사는 천주 자사 왕연빈이 창건하여 설봉의 초기 제자 가운데 한 사람인 장경 혜릉長慶慧稜을 주석케 하였다. 하지만 얼마 후 혜릉 선사는 민閩 왕 왕심지王審知의 초빙으로 복주의 장경원長慶院으로 옮겨 가고 그의 제자 도광道匡이 이어받았다. 그 후 민이 망하고 유종효가 천주를 통치하던 946년 경에 화재를 입은 초경사를 중건하여 보복 종전保福從展의 제자 문등文僜을 주지로 맞아 들였다. 이리하여 혜릉을 선초경先招慶이라 하고 문등을 후초경後招慶이라고 부르기도 한다.

문등은 『천불신저제조사송千佛新著諸祖師頌』(돈황본敦煌本)을 지어 당시 화북 지방의 불교계에까지 알려질 만큼 문학적 재능이 뛰어난 선승이다. 그가 먼저 중국의 여러 조사에 대해 칭송稱頌한 것을 독립적으로 찬술한 바 있었다. 이를 그의 제자 정과 균이 『조당집』을 찬술할 때 여러 조사들의 전기의 말미에 찬贊으로 활용하였다. 이처럼 이들 스승과 제자들은 선종사禪宗史 저술로 알려진 고승들이며, 초기에 주지로 있던 혜릉과 도광 등의 활동과 함께 당시의 초경사는 전국에서도 널리 알려진 선종 사찰이었다. 그러나 『조당집』은 어떤 이유에서인지는 몰라도 대륙에서는 자취를 감추고 바다를 건너 고려로 이송되어 고려대장경 속에 실리게 되었다. 오대와 북송 초 한반도와 중국 동남 지역의 관계가 그처럼 밀접하였음을 알려 주는 사례이기도 하다.

청원산 입구를 들어서자 '제일산第一山'이라고 적힌 송대 명필 미불米芾의 석비가 서 있고 그 위로 천수암千手岩이란 암자가 있는데 명대의 서법가 장서도張瑞圖의 글씨로 '통신수안通信手眼'이라고 쓴 현판이 달려 있다. 오른쪽으로 조금 더 오르니 석중거石中居가 나오는데 바위 가운데 집이라는 뜻이다. 과연 기묘한 바위들 틈에 건물이 들어서 절경을 이루고 있다. 초경사에 대해서는 『천주부지』 권16 '단묘사관壇廟寺觀' 조에 "복선초경원福先招慶院은 부치府治 북산北山 매암梅岩에 있다. 당 천우天祐 중(904~907)에 자사 왕연빈王延彬이 세웠으나 뒤에 폐지되었다."라고 소개되어 있다. 황천주 씨에 의하

청원산 초입의 매암梅岩은 『조당집』의 산실인 초경사 자리였으나 후에 폐사되었다. 입구 오른쪽에 '제일산'이란 석비는 명필 미불의 글씨로 그 바로 뒤쪽이 매암이다.

면 북산北山은 청원산이며, 매암梅岩은 석중거의 동쪽 아래에 있다고 한다. 다시 벽소암碧霄岩, 서상암瑞象岩, 망주정望州亭 표지가 있는 동쪽으로 석재 포장길을 따라 삼십여 분 오르락내리락하다 보니 땀이 온몸을 적신다. '석중거 동쪽 아래 매암이 곧 초경원 유지'라는 그 지점은 이미 지나온 것이다. 원院은 사寺로 발전하기 전의 이름이다. 그렇다고 아래쪽으로 내려가는 길도 찾기 어렵다. 주위에 물어보아도 더 이상 아는 사람이 없다. 우리는 일단 벽소암 앞마당에 앉아 가져온 광천수와 과일을 먹으면서 휴식을 취하였다. 높이 2.5미터의 벽소삼존碧霄三尊은 지원至元 27년(1290)에 조상造像한 것으로서 안내판에는 천주 원대 석조 예술의 걸작이라고 하였다. 300여 개의 석각 예술품이 있는 청원산은 해발 498미터의 자그마한 산이지만 이곳 사람들은 전국 100대 명산으로 손꼽힌다고 한다.

우리는 초경사 유지에서 기와 조각 하나라도 주워 가기를 바랐는데 하산하는 수밖에 도리가 없었다. 산 위에서 천주 시내의 개원사 동서 쌍탑을 내려다보면서 여러 가지 상념에 사로잡혔다. 민국 왕족들은 불교의 애호자였다. 천주 자사 왕연빈은 저 개원사에서 탄생하였으며 그의 여동생은 비구니였다고 한다. 복청사와 초경사는 지척에 있고 두 절에 머물던 현눌 선사와 정과 균, 두 선사는 어쩌면 모두 고국 선후배로서 서로 오가고(현눌이 대선배지만 일정 기간 동시 생존했을 가능성이 없지 않다) 고려에서 내왕하는 빈객들을 맞으며 고국 소식을 접했을 것이다. 당시 민과 고려는 외교 관계가 밀접했을 뿐 아니라 불교 승려와 무역 상인들이 해상으로 빈번하게 내왕하면서 서로 고국 소식으로 전하는 등 긴밀한 관계를 유지하였을 것으로 보인다.

청원산을 내려오던 도중에 남소림사南小林寺로 가는 표지가 보였다. 어제 저녁 황천주 씨로부터 남소림사에 관해서도 여러 가지 이야기를 들었다. 천주의 지방사학회에서는 당·송 시대에 남소림사가 천주에 있었는지 여부에 대하여 지금까지는 부정적 견해가 강하였다고 한다. 그러나 최근 청대 학자 채영겸蔡永蒹(1776~1835)의 원고 『서산잡지西山雜誌』가 발견되어 다시 당대唐代부터 남소림사가 존재하였을 것이라는 주장이 강하게 일고 있다는 것이다. 그러면서 황천주 씨는 몇 편의 자료를 건네주었다. 현재 천주남소림연구회泉州南小林硏究會가 조직되어 여러 가지 활동을 하고 있다고 한다.

왜 하필 남소림사가 천주에 있어야 하는가? 매우 흥미로운 질문이 아닐 수 없다. 유전성산 교수의 주장과 마찬가지로 『조당집』의 찬술이 하필 천주에서 이루어졌는가 하는 시각의 연장선상에서 달마가 천주를 거쳐 북상하였을 것이라는 추측은 매우 흥미로운 발상임에 틀림없다. 필자는 1996년 동양사학회원들과 답사할 때 복건과 광동 지역에 달마 관련 흔적들이 있지 않을까 하고 유심히 살펴본 바 있다. 광주廣州박물관의 달마가 바다를 통해 광주에 온 루트를 그린 지도, 수리 관계로 개방을 허용하지 않고 있는 서래암西來

庵, 그리고 복주의 고산鼓山 용천사涌泉寺에 소장된 달마도 등을 유심히 관찰해 보았다. 금년 10월에는 낙양 소림사를 참관할 수 있는 기회가 있어 정말 다행이었다. 그런데 이번 걸음에는 시간 관계로 천주 남소림사에 들러볼 여유가 없어 몇 편의 자료만 확보한 채 지나치는 아쉬움을 남겼다.

2.
민북의 설봉산문과 고려 불적

1) 운문·법안종의 조정 설봉산

시내에서 점심을 먹고 1시가 다 되어 출발했는데, 복주까지는 220킬로미터로 약 네 시간이 걸린다. 우리가 탄 차는 해안선을 따라 계속 북상하였는데, 내륙으로는 대운산戴雲山이 뻗어 내려 때로는 절벽처럼 우뚝우뚝 선다. 먼저 지나는 혜안惠安은 제주도처럼 돌이 많고 바람이 세며, 여자들은 생활력이 강하다고 한다. 붉은 수건을 쓰고 일하는 혜안 여인들을 차창으로 흔히 볼 수 있다.

다음으로 보전莆田과 복청福淸을 차례로 지나간다. 보전에서는 리치가 특히 많이 생산되고, 복청에는 용안龍眼이 많이 생산된다고 한다. 양자가 서로 비슷하여 구분이 잘 안 되는 과일인데, 이번 여행에서 리치는 알이 크고 붉은색이 나며, 용안은 작고 푸른색이라는 것을 확실히 알 수 있게 되었다.

3년 전에 이곳을 지날 때에 비하여 큰 건물들이 도시와 농촌을 거의 연결하고 있을 정도로 발전이 빠른 느낌이다. 이 지역 출신의 대만인들이 고향에 많이 투자할 뿐 아니라 반대로 여기서도 해외로 나가 돈벌이 하는 사람들이 많다고 한다. 보전시莆田市 영역을 지나는데 우리나라 대림산업이라는 간판이 눈에 들어온다. 여기는 신발 산업이 특히 성하다고 한다. 어디선가에서 받은 1998년 제4기『복건종교』라는 잡지에 '한국 승가僧伽, 보전莆田 광화사廣化寺를 참방하다'라는 제하에 조계종 승가대학원장 무비 스님 일행의 내방 소식을 단체 기념사진과 함께 전하고 있다. 한국과 중국의 구체적 교섭이 여러 방면에서 하루가 다르게 발전하고 있는 모습을 실감하게 한다.

우리가 탄 차는 4시경 오룡강烏龍江을 지나서 곧장 복주 시내로 들어갔다. 중국의 대표적인 오룡차烏龍茶는 아마도 이 지역에서 생산되어 붙여진 이름인 모양이다. 영국과의 아편 문제로 광동廣東에서 활약하던 임칙서林則徐 동상이 버티고 선 모습이 퍽 인상적이다. 시내를 달려 예약된 철도호텔로 찾아가 여장을 풀고 휴식을 취하였다. 내일은 설봉산, 모레는 지제산支提山을 답사하도록 되어 있다. 저녁에 복주사범학원福州師範學院 역사계의 임금수林金水 교수에게 연락하여 만나 우리 답사 일정을 이야기하고 도움을 청하였다. 임 교수는 전에 명대사明代史 관련 학술회의에서 만난 구면이었다. 그는 기독교 관계사 전공이라서 불교사 분야는 소원하다며 두어 사람과 연락을 취해 보더니 역시 답사에 도움을 주기에는 어렵다고 한다. 앞으로의 답사는 여행사의 복주 지방 가이드를 믿고 행동하는 수밖에 없을 것 같다.

12월 28일, 목적지는 설봉산, 먼 산길을 떠나기 때문에 호텔 측에 6시 반 모닝콜을 부탁하여 7시에 아침을 먹고 30분 후에 출발하기로 하였다. 그러나 김영신·정병준 교수가 몸살감기가 심하다며 불참이다. 김영신 강사는 대만에서 대학원 과정을 이수하여 중국어에 능통하기 때문에 22일 항주杭州에 와서부터 지금까지 통역 등의 궂은일을 도맡아 하더니 엊저녁부터 앓아누웠다고 한다. 그리고 정병준 교수는 여행사의 실수로 비자에 생년월일이 잘못 기재되어 김포공항에서 출국이 이틀 늦게 허용되었기에 항주역 출발 직전에 가까스로 일행에 합류한 것이다. 모두 과로가 겹쳐 감기몸살 기운이 있는 데다 어제 청원산을 오를 때 땀을 너무 많이 흘려 지친 탓도 있는 것 같다. 두 사람은 준비해 온 약을 먹고 호텔에서 하루 푹 쉬도록 하고, 나머지 대원들은 서둘러 목적지를 향하여 출발하였다.

시내를 빠져 나온 차는 민후현閩候縣을 지나 민강閩江을 따라 계속 달려 한 시간 후 백사촌白沙村을 지났다. 민강은 너무 커서 바다를 방불케 한다. 일인 학자 상반대정常盤大定 씨가 일제강점기에 설봉산을 찾아갈 때에는 국민당 군 병사의 호위를 받으면서 복주에서 모터보트를 타고 강을 거슬러 올라갔다고 한다. 도중 모래 퇴적으로 높아진 강바닥 때문에 하룻밤을 배에서 묵고 가까스로 떠났다고 한다. 지금은 교통이 발달하여 배를 이용할 필요도 없거니와 강에도 준설기를 설치하여 모래를 걷어 건축에 이용하는 모양이다. 백사촌은 민강 변의 백사로 하여 붙여진 이름이다. 철도도 차도와 나란히 강을 따라 달린다. 우리는 그 강을 따라 다시 한참을 달린 후 좌우로 산들이 우뚝 선 지점에서 강과 반대 방향으로 산길을 따라 오르기 시작하였다. 약 30분 후 하나의 준령을 넘으니 대호大湖라는 분지의 촌락이 나왔다.

산이 많은 지역이어서 중간에 개울이 흐르고 산전山田이 많으며, 아열대 식물들이 무성하게 자란다. 지금까지 흐린 듯한 날씨였는데 햇살이 마을을 따사롭게 비춘다. 이런 분지 마을을 다시 지나 10시가 되어서야 목적지 설봉사雪峰寺에 도착하였다. 해발 958미터란 표지판이 있다. 이 길을 계속해 가면 고전현古田縣에 이른다고 한다.

설봉사의 본래 이름은 설봉숭성선사雪峰崇聖禪寺로서 복주시 민후현閩候縣에 속하며 시가지로부터 68킬로미터 떨어져 있다. 당 함통咸通 11년(870)에 설봉 의존 선사가 와서 처음에는 큰 고목 아래 암자를 얽어 거주하기 시작하

950여 미터의 고원 지대에 설봉산문이 보인다.

였으나 점차 문도들이 몰려들어 절의 규모를 갖추게 되었다. 사찰로서의 본격적인 발전은 건녕乾寧 원년(894)에 뒤에 민왕이 된 절도사 왕심지가 독실한 불교 애호자로서 적극적으로 후원하면서부터 이루어졌다. 그리고 설봉숭성선사라는 이름은 송 태평흥국太平興國 3년(978) 설봉 선사 열반 후에 내려졌다.

방생지를 지나 내산문內山門으로 들어가면 몇 그루의 고목이 서 있는데, 그 중에 설봉 선사와 왕심지가 심었다고 하는 천년 고목이 있다. 천왕전 입구에서는 "사계절 눈이 쌓이니(雪積四時), 이름난 절은 청량도량이 분명하고(名籃應是淸凉地), 다섯 봉우리가 펼쳐 있는데(峯陳五象), 수행은 고목암에서 오래 했도다(梵行長垂古木庵)."라고 적힌 대련이 눈에 띈다.

전각 안에는 중앙에 대미륵불이 앉아 있고 그 좌우로 천왕상이 배치되었으며, 미륵불 뒤에 금강역사상이 서 있다. 대웅보전에는 삼존상三尊像을 모시고 '만덕장엄萬德莊嚴'이라 한 현판을 달았다. 좌우로는 나무위태존천보살南無韋駄尊天菩薩과 나무견뢰지신보살상南無堅牢地神菩薩像이 각 9존씩 배치되었으며, 그 뒤쪽으로 관음·문수·보현·지장 보살을 모셨는데 특히 당대의 목조 관음보살상은 가장 중요한 보물로 모셔지고 있다. 뒤쪽 법당에서는 스님들이 부처님께 공양하는 재齋를 올리고 있었다.

절 우측으로 조사당祖師堂, 그 위로 선당禪堂이 있으며, 선당의 뒤쪽에 '의존 조사의 탑(義存祖師塔)'이 우뚝 세워져 있다. 다시 그 오른쪽에 화초가 잘 가꾸어진 매림원梅林園과 모란원牧丹園이 있는데, 특히 활짝 핀 다화茶花들이 일품이었다. 다화는 민절閩浙 지방 어디서나 볼 수 있지만 설봉산의 꽃은 유난히 아름답다. 겨울의 실내 화초로서 우리나라에서 동백이라고 알려진 것이 여기 와서 보니 차나무 꽃이다. 눈 쌓인 산이라고 설봉산이라 하였지만 시대가 갈수록 기후변화 탓인지 겨울인데도 설봉산은 따뜻하기 이를 데 없다. 산 아래 민강 변을 지나올 때 오히려 썰렁하더니 설봉산 분지는 양지 바른 곳이어서 정말 봄날 같은데 동매화冬梅花와 다화로 더욱 포근한 느낌이었다. 매림원 우측으로 건륭 을해己亥(1779)에 중건한 해회 선사의 영탑(海會靈塔)이 있고, 그 위로 고법당古法堂, 그리고 그 위쪽으로 탁석천卓錫泉과 탑림塔林이 즐비하게 늘어서 있다.

큰 절을 나와 다시 건너편 산 밑에 떨어져 있는 고목암枯木菴으로 발길을 옮겼다. 고목암을 직접 보니 큰 고목 밑부분에 넓게 파진 홈이 있고, 그 안에 설봉 조사의 상을 모셔 놓았다. 그리고 그 바깥에 전각을 지어 암자를 만든 것이다. 고목의 구멍 안쪽 벽에 "당 천우 을축년(維唐天祐乙丑歲)에 암자를 짓고 우물을 파는 등 약 5천 금을 시주하니, 시주자는 왕 대왕이시다(造菴子 及 作水池 約五千餘功 時廉主王大王)."라고 하여 왕 대왕, 즉 민왕 왕심지가 고목암을 짓고 우물을 파는 등 거금을 시주한 공덕을 기념하여 각자해 놓았다. 당 천우 을축은 905년, 설봉이 80여 세의 고령으로서 선사에 대한 민왕의 대우가 각별했음을 짐작케 한다. 민왕이 설봉을 존경하여 모신 것은 설봉의 나이 77세 이후이며, 사원의 건축을 완성한 것은 다시 그 후의 일이다. 본사에서 본 설봉 선사의 묘탑 墓塔도 물론 민왕이 세운 것이다.

설봉사 경내에 있는 설봉 선사의 묘탑

설봉 의존은 822년 천주에서 나서, 17세에 삭발하고 부용산의 영훈靈訓에게 사사하였으며, 회창파불會昌破佛 후 명산을 두루 다니다 무릉武陵의 덕산 선감을 만나 가까이 지내다가 고향으로 돌아와 상골산 설봉으로 입산하였다. 당 희종僖宗이 진각 대사라는 시호와 함께 자의紫衣를 내렸으며, 이후 민왕의 적극적인 후원으로 설봉선이 크게 떨쳤다. 이리하여 '북에는 조주趙州, 남에는 설봉雪峰'이라고 할 만큼 당시 남방선을 대표하기에 이르렀다. 개평開平 2년(908) 87세로 입적하기까지 그의 문하에는 1,500여 명의 제자들이 구름처럼 몰려들었다고 하는데, 그 중에서도 현사 사비, 장경 혜릉, 고산 신안鼓山神晏, 운문 문언雲門文偃과 같은 고족들이 즐비하였다.

신라의 고제로서는 용화 영조龍華靈照와 복청 현눌福淸玄訥을 들 수 있다. 현눌 선사는 천주 복청사를 중심으로 설봉의 현지玄旨를 펼쳤으며, 영조 선사는 절강 지역으로 진출하여 금화金華, 소흥紹興, 항주杭州 등지에서 설봉선의 새바람을 일으키는 데 앞장섰다. 이 밖에도 상당한 수의 구법 스님들이 설봉산을 참방하였다. 경양競讓 선사가 설봉산을 찾은 대목도 흥미롭다.

'정진 대사 경양靜眞大師競讓의 비문'에 의하면 그는 "당 광화光化 3년(900)에 신라에서 서쪽 바다를 건너 중국 강회江淮 지경에 이르렀으며, 이어서 천연 요새를 넘어 설봉산으로 향하여 가다가 비원령飛猿嶺을 넘게 되었다. 마침 쌀을 운반하던 선도禪徒들을 만나 동행하게 되어 잠깐 쉬는 도중에 한 스님이 말라죽은 용수榕樹를 가리키며 '고목이 선정禪定을 독점하고 있으니, 봄이 와도 다시 살아나지 못하겠구나' 하였다. 양讓 선사가 이를 받아 '멀리 속세(塵境) 밖에서 초연하니, 오래도록 도정道情을 만끽하는구나' 하니, 모두들 이를 듣고 탄복하여 서로 전해 가며 읊었다."고 한다.

용수는 복주의 시목市木이 될 만큼 이 지역에서 잘 자라는 나무다. 쌀을 운반하던 스님들은 설봉산으로 가던 길이었으니 비원령은 아마도 설봉산 중의 어느 고개였던 듯하다. 어떻든 당시 남방선을 대표하던 설봉산을 찾는 동국의 스님들이 문헌상으로 알려진 이들 외에도 적지 않았을 것이 분명하다.

어느새 점심때가 되었다. 큰절 뒷산 아래 양지바른 곳에는 비구니의 거처라고 하는 건물들이 띄엄띄엄 있을 뿐이다. 절에 미리 예약을 해 두었다가 재당齋堂으로 가서 식사를 하고 떠나기 전에 광림廣霖 방장스님께 인사나 드리고 가겠다고 면회 신청을 하였으나 하산 중이라고 한다. 미리 준비해 간 인삼차를 필자의 명함과 함께 전하였더니 관리처에서 나와 차 대접을 하겠다고 하지만 사양하고 하산을 서둘렀다. 시내 답사는 오늘 오후밖에 시간이 없다.

2) 복주 서선사와 고산 용천사

2시 반경에 복주 시내에 있는 서선사西禪寺에 도착하였는데, 복주대학과 이웃하고 있다. 상반대정常盤大定 씨가 1930년대에 찾았다는 기록에는 '복주의 성 서문 밖 15리(福州城西門外15支里)'에 있다고 되어 있으나 지금은 시내 한복판이 되어 절의 규모가 엄청나다. 그래서 시내 사찰 관광이라 하면 으레 서선사가 그 첫 번째 대상이고, 시간이 남으면 다음으로 인근에 있는 고산鼓山 용천사湧泉寺를 찾는다고 한다. 모두 설봉의 제자들이 주석한 사찰이지만 그 입지적 조건 때문에 지금은 본사인 설봉사가 오히려 비교도 되지 않을 정도로 번창하여 부처님께 올리는 향불(香火)이 끊이지 않는다.

서선사는 기존 사찰이었으나 설봉의 제자 장경 혜릉이 민왕 왕심지에게 초빙되어 중흥의 공을 세운 터전이다. 『경덕전등록』에 의하면, 혜릉은 항주杭州 염관鹽官 사람으로서 어려서 소주蘇州 통현사通玄寺에 출가하였으며, 당 건부乾符 5년(879)에 이 지역으로 들어와 서원西院의 영운靈雲을 참방하였으나 의문덩어리가 풀리지 않았다. 다시 설봉을 참알하자 의문은 눈 녹듯 사라져 그 현지를 얻었으며 이후 29년간 설봉산을 떠나지 않다가 천우天祐 3년(906) 천주 자사 왕연빈의 청에 의하여 처음으로 초경사招慶寺로 옮겨 조사의 의지(祖旨)를 선양하였다. 때문에 그를 선초경先招慶이라고도 한다. 민왕이 그를 다시 장락부長樂府 서원西院으로 맞이하고 사액賜額을 장경사長慶寺라 하고 호를 초각 대사超覺大師라 하였다. 민왕의 부인 연練씨가 그의 교화를 입은 것을 비롯하여 천주와 복주에 그의 제자가 1,500명에 이르렀다고 하며, 이 지역 교화 27년 만인 장흥長興 3년(932)에 79세로 입적하였다.

이 혜릉 선사에게도 몇 사람의 고려인 제자가 있었다. 구산龜山 선사를 비롯하여 징관澄觀, 중봉重峰이 그들이다. 이 고려 스님들의 입당 시기와 귀국

여부에 대해서는 알려져 있지 않지만 여러 가지 점으로 미루어 오대 전기에 활동하였을 것으로 추측된다. 진경부陳景富 교수는 『해동입화구법고승전海東入華求法高僧傳』에서 징관과 중봉이 혜릉을 사사한 시기를 언급하면서 『선문보장록禪門寶藏錄』과 「해동칠대록海東七代錄」에서는 그 시기를 광종光宗 대라고 하는데, 시간상으로 그 이전일 가능성이 있다고 조심스레 추측하고 있다. 이 밖에 그에 대한 기록은 찾아볼 수 없지만 오대 시기에 복주와 천주를 중심으로 한 복건 지방에는 한반도로부터 적지 않은 구법승들이 도해渡海하여 활동하고 있었음을 알 수 있다.

오늘날의 서선사는 이전에 서원西院 또는 장경사長慶寺라 하였는데, 왕심지의 옛 조상인 왕패 선인王覇仙人이 승천한 곳이라 하여 민 왕가에게는 특별히 중요한 사찰이었다. 팔민명찰八閩名刹이라는 현판이 걸린 산문을 들어서서 양쪽으로 나뉜 방생지를 지나 오른쪽으로 돌아가면 천왕문을 만난다. 대웅전, 법당, 장경각이 차례로 배치되었는데 그 규모가 방대하며 해외 각지의 화교들이 시주한 돈으로 지금도 여러 가지 불사가 한창 진행 중이다. 다시 오른쪽으로 돌면 부도전浮屠田이 나오는데 '능 선사의 탑(稜禪師之塔)'을 중심으로 하여 좌우로 낙열 선사樂說禪師, 묘공 원 선사妙公源禪師, 성혜 선사性慧禪師의 묘탑 4기가 나란히 섰으며, 그 옆에는 강희康熙 연간에 세운 낙열 선사의 비가 따로 서 있다. 그리고 정원에는 송대에 심었다는 아름드리 여지(리치)나무 이른바 '송려宋荔'가 무성하게 자라고 있다. 우리는 나무 아래서 단체 사진을 찍고 절문을 나섰다.

민강 북안의 해발 450미터에 위치한 고산 용천사는 경관이 빼어나다. 절 동쪽에 회룡각回龍閣 · 영원동靈源洞 등이 있고, 남쪽에 나한대羅漢臺 · 향로봉香爐峰 등이 있으며, 서쪽에 달마동, 북쪽에 백운동 · 해음동海音洞 등이 산재하여 장관을 이룬다. 용천사는 오대五代 양梁 개평開平 2년(908)에 역시 민

복주시 서선사 경내에 있는 장경 혜릉 선사의 묘탑

왕이 창건하여 설봉의 뛰어난 제자 가운데 한 사람인 신안神晏을 주지로 맞이함에 "800문도가 몰려들어, 일시에 성황을 이루었다."고 한다. 절 이름은 처음에 화엄대華嚴臺였으나 북송 초(999)에 절 앞의 나한천羅漢泉이 용출하여 용천선원湧泉禪院이라 개명, 오늘에 이르렀다. 필자는 용천사를 지난 1996년에 답사한 바 있을 뿐 아니라 우리와는 특별한 관계도 없고 시간 또한 촉박하여 이번 답사에는 대충 훑어보고 지나쳤다.

다음은 시내 한가운데 우뚝 솟은 백탑白塔을 보기 위해 유원지로서 많은 관광객들이 찾는 우산于山으로 갔다. 원래 만세사萬歲寺 정광탑定光塔이었으나 색이 희다 하여 통칭 백탑이라 한다고 한다. 왕심지는 민월閩越의 풍수지리상 용의 두 뿔에 해당하는 오석산烏石山과 구선산九仙山(또는 우산于山)에 탑이 있어야 된다고 하여 기존 오석산의 탑에 짝하여 천우天祐 원년(904)에 이

탑을 세웠다고 한다. 오석산 기슭에 서 있는 석탑도 아직 건재하지만 스쳐만 보고 지나칠 뿐이다. 백탑사는 1950년대 공산 치하에서 사찰로서의 기능은 상실하고 그 건물들은 전시관이나 기념품 가게 등으로 바뀌었다. 백탑 옆 산에는 명대 왜구 진압에 공을 세운 척계광戚繼光의 업적을 기리는 척공사戚公祀가 있어 유람객들의 눈길을 끈다.

바쁜 일정 가운데서도 권중배 선생은 답사에 필요한 용구들을 관장하면서 슬라이드사진 촬영에 바쁘고, 신태광·송요후 선생 역시 기록과 사진 촬영에 여념이 없다. 오늘 저녁 식사는 시내 음식점에서 하기로 되어 있어 호텔로 앓아누운 두 사람을 데리러 갔더니 정 교수는 아직도 몸살이 풀리지 않은 상태인데, 김 선생은 자리에 없다. 정 교수만 대동하고 김 선생에게는 메모를 남겨놓고 근처 식당으로 가서 음식을 주문하는데 그도 뒤이어 택시를 타고 왔다. 몸이 조금 풀려 시내 책방에 갔었다고 한다. 내일 답사에는 모두 참가할 수 있어야 할 텐데…….

3) 신라 원표의 지제산 화장사 창건설

29일, 오늘은 어제보다 30분 앞당겨 7시에 출발해야 한다. 그래야만 출근 시간 전에 시내를 빠져 나갈 수 있다. 6시 30분 식당으로 갔으나 식사 준비가 덜 되었다. 시원찮은 두 사람은 오늘 산행에도 참가하기 어려운 모양이다. 식당 종업원을 재촉하여 아침 식사를 끝내자마자 빵 종류나 땅콩과 같은 마른 반찬을 챙겨 비닐 팩에 싸고 7시 10분에 가까스로 출발하였다. 오늘 답사할 지제산支提山 화엄사華嚴寺(혹은 華藏寺)는 멀고 깊은 산중에 있으므로 혹시 점심 식사가 여의치 않을까 해서 준비한 것이다.

차는 마미馬尾까지 무사히 빠져 나왔다. 마미는 청 말에 조선소로 이름난 곳이라고 하며, 일찍이 서구에 유학하였던 엄복嚴復의 고향이라고도 한다. 그는 서양에서 유행하던 다원의 진화론을 『천연론天演論』이란 제목으로 번역하여 당시 중국의 청년 지식인들에게 큰 영향을 주었던 선각자다. 가이드의 설명에 의하면 그의 후손들이 현재 여러 분야에서 활동하고 있다고 한다. 차는 대체로 북쪽으로 해안선 가까이 난 도로를 따라 달리는 데도 높고 낮은 산들이 불쑥불쑥 나타난다. 해안선을 따라 고속도로를 새로 건설하느라 군데군데 교통 체증이 나타난다. 복건성은 전체 면적에서 산릉山陵과 산지山地가 80%를 점한다는 말을 답사에서 실감할 수 있다. 연강軟江, 단양丹陽, 나원羅源을 차례로 지나서 영덕시寧德市 외곽으로 접어들었다. 9시 20분경에 긴 비란령飛鸞領 터널을 지났다. 산이 많은 이 지역에는 줄을 이어 많은 영봉嶺峰들이 솟아 있고 이들을 뚫고 지나가는 터널이 계속된다. 비란령 터널을 지난 지 20여 분 만에 영덕시에 이르고 한 시간가량 더 달려 작은 면소재지 정도의 구도九都에 도착하였다. 지제산으로 가는 길을 물으니 오던 길을 뒤돌아 비포장도로의 산길을 오르라는 것이다.

이곳 길은 설봉산 길과는 유가 다르다. 험한 산길을 터덜거리며 올라가 한 고개 넘으면 인가가 몇 채 나오고, 또 한 고개를 넘으면 촌가의 아이들이 낯선 사람들을 물끄러미 바라본다. 특이하게 만든 삼륜차가 가끔 보이는데 농사일이나 나무 운반에 쓰는 모양이다. 100척 낭떠러지가 발 아래로 아스라이 내려다 보이다가 다시 죽림과 송림이 군데군데 나타난다. 이렇게 하기를 몇 번을 거듭하다가 '대오공大悟空'이라는 팻말이 있어 산 위를 바라보니 암자가 한 채 보인다. 여기서 산모퉁이를 돌아 나오니 '천하제일산문天下第一山門'이라고 쓰인 현판이 달린 산문이 나오면서 드디어 장엄한 화엄사華嚴寺가 모습을 드러냈다. 지금까지외는 다른 광활한 세계가 펼쳐졌다. 주봉 높이

신라 원표 율사가 창건했다는 지제산 화장사

는 1,140미터이며, 3면으로 99개의 봉우리가 마치 천군만마의 모습으로 무리지어 시립한 듯하다. 화엄사(화장사)는 여러 봉우리들이 연꽃잎처럼 오목이 둘러싸인 가운데에 자리 잡고 있다. 산문에서 확 트인 앞을 바라보니 능선이 겹겹이 포개져 있다.

현지에서는 지제산의 개산조開山祖가 신라의 원표 법사元表法師라고 한다. 『송고승전』에 따르면 원표는 삼한 사람(三韓人)으로서 천보 연간에 바다를 건너와 다시 서역으로 가서 성적聖跡을 순례하였다. 마침 심왕보살心王菩薩을 만나 '지제산은 천관보살天冠菩薩이 사는 곳'이라는 계시를 받고, 『화엄경』 80권을 메고 동남쪽으로 민월閩越을 거쳐 지제산으로 들어가 한 석실石室을 거처로 삼았다. 인가가 없고, 독충이 우글거리는 험한 곳이었으나 산간수와 초근목피를 음식으로 하여 수도에만 정진하였다.

회창 연간(841~846)의 법난을 만나자 원표는 종려나무 함 속에 『화엄경』을 싸서 석실 속에 깊이 간직하여 두고는 어디론가 사라졌다. 선종 대중大中 1년(847)에 보복사保福寺의 승려 혜평慧評 등이 이 소식을 듣고 지제산으로 가서 숨겨 놓은 경서를 꺼내어 감로甘露 도위원都尉院에 두었다가 뒤에 다시 복주의 어느 절로 옮겼다고 한다.

한편 『지제산지支提山志』에는 대체로 같은 내용이지만 뒷부분이 조금 다르게 꾸며져 있다. 즉 원표는 지제산으로 들어와 나라암那羅岩이라는 석실에 거처하면서 『화엄경』을 독송하다가 회창파불 때 석실에 감추어 두었다고 한다. 그 후 송 초에 이르러 천명을 받은 어느 나무꾼이 나라암 부근에서 독경 소리를 듣고 하산하여 소문을 냈다. 마침 읍중邑中의 승려 원백元白이 이를 듣고 찾아가서 원표 법사元表法師를 배알하니, 법사는 그 내력을 알려 주면서 불경을 넘겨주고 표연히 사라졌다. 원백이 돌아가 혜평慧評, 혜택慧澤 등과 상의하여 함께 불경을 받들어 감로사甘露寺로 운반하여 모시게 되었다.

이 무렵 복주의 북쪽은 오월吳越에 속해 있어서 오월 전錢 왕에게 그 경위를 알렸더니, 전 왕이 항주 영은사靈隱寺 요오了悟 선사로 하여금 지제산으로 가 보게 하였다. 요오가 지제산에 이르니 염불 소리가 나서 이를 듣고 산중으로 따라 들어가니 화성사化成寺라는 대찰이 있어 하룻밤을 묵고 아침에 일어났더니 절은 간 곳이 없었다. 이렇게 신기로운 사실을 왕에게 보고하여 송 개보開寶 4년(971) 이 자리에 대화엄사大華嚴寺를 지어 오늘에 이른 것이라고 한다.

위의 설화는 시기적으로 전혀 사실에 부합되지 않는다. 물론 이 설화는 『화엄경』「보살주처품菩薩住處品」에 근거한다. 즉 "동남방의 지제산에 옛날부터 여러 보살과 승려들이 살고 있다. 지금은 천관보살과 그 권속인 여러 보살, 그리고 승려 1천여 명이 늘 거기서 불법을 강수하고 있다."는 내용에 근거하여 원표의 지제산에서의 수도와 화엄사 창건 설화로 후세에 꾸며진 것이다. 중국의 조선족 학자 허용구許龍九 씨는 현장을 답사하고 쓴 「원표법사 고증 추이」(『불학연구佛學硏究』 제1책, 1997)에서 이 설화가 후세인들에 의하여 날조되었다는 사실을 논리적으로 구명하고 있다. 하지만 이 허구적 이야기의 전체적인 줄거리에 눈여겨볼 만한 대목도 전혀 없는 것은 아니다. 다시 말하면 원표 법사가 당대唐代 전기에 『화엄경』을 가지고 지제산 석실(那羅岩)을 거처로 하여 경전을 독송讀誦 수도하였다는 내용이나 오월吳越 말, 송 초기의 불교계에서 법사를 개산조로 하여 화엄사가 창건되었다고 이해한다면 시기적으로 별로 문제될 일이 아닐 것이다.

그러나 원표 법사에 대한 우리나라의 기록은 이들 중국 측 기록과는 아주 다르다. 그가 귀국하여 전남 장흥에 보림사寶林寺를 창건하는 등 본국에서의 활동 소식을 전하고 있다. 이로써 전후 관계를 맞추어볼 때 원표 법사는 8세기경에 서역으로 구법 행각을 감행하였을 뿐만 아니라 귀국 도중 민월閩越 해역에 도달하여 『화엄경』을 보급하였을 것이라는 놀라운 수행 역정을 알게 해 주는 것으로 볼 수 있다.

우리가 화엄사에 도착하여 가이드를 통해 일행이 한국에서 찾아왔다는 사실을 말하고 먼저 주지스님을 찾았으나 여기서도 주지스님은 하산하고 부재중이다. 주지 대신 사찰의 율학반律學班에서 공부하는 지량智樑 스님이 우리를 객실로 인도하여 차를 내오고 사찰에 관한 몇몇 자료들을 주면서 여러 가지 자상한 설명을 해 주었다. 우리는 명함과 함께 인삼차 한 통을 주지스님께 드리라고 전하면서 원표 스님에 관한 이런 저런 이야기를 나누었는데 친숙한 분위기가 되자 그는 학교에서 전기통신을 공부하고 군에서도 같은 분야에서 근무하다가 절이 좋아 산으로 들어왔다고 개인적인 이야기를 털어놓았다. 이어서 그는 지금 화엄사의 두 젊은 스님이 구화산 불학원佛學院으

중국의 개방으로 이 깊은 지제산중에도 화엄사 증축이 활발하게 진행되고 있는 광경

로 가서 공부하고 있다면서 앞으로 한국 불교계와도 교류가 있기를 희망한다고 말하였다. 하문廈門의 남보타사南普陀寺에 불학원이 있는데도 굳이 멀리 있는 구화산으로 가서 유학하는 까닭은 김교각金喬覺 스님과 원표元表 법사가 같은 신라 출신이라는 점을 고려하였다는 설명까지 덧붙였다. 이러한 순박한 이야기를 통하여 우리는 고대 한·중 간 긴밀하였던 불교 교류의 끈끈한 토양에서 오늘의 이러한 새싹이 돋아나는 역사의 현장을 목도하는 듯하였다.

 원표 법사가 초기에 수행하였다는 나라암 석실은 화엄사에서 서쪽 산길로 10킬로미터나 떨어져 있으며 더구나 도보로 가야 하기 때문에 하산하여 하룻밤 더 묵지 않고서는 갈 수 없다고 한다. 딱한 일이다. 허용구 씨의 글에서 나라암과 본사인 화엄사가 꽤 멀리 떨어져 있다는 사실은 알고 있었으나 교통수단을 이용하면 갔다 올 수 있으리라고 믿었던 것이 허사였다. 그럴 줄 알았더라면 여행 계획을 세울 때 하룻밤을 영덕시寧德市에서 자고 오는 방법을 강구할 수도 있었을 텐데······. 지난달 서안사회과학원西安社會科學院의 진경부陳景富 교수를 만났을 때 그도 한국 관련 불적 답사를 위해 복주까지 가서 설봉산은 다녀왔으나 지제산만은 교통이 어려워 다녀오지 못했노라고 하였다. 그래서 이번 답사를 여행사에 의뢰할 때 지제산에 가는 문제를 특별히 당부한 바도 있었으나 이룰 수 없게 된 것이다.

우리는 지량 스님의 안내로 사찰 경내를 찬찬히 돌아보았다. 중국은 개혁개방 이후 과거 이름 있던 고찰이 대체로 그러하듯이 이 깊은 산중의 화엄사에서도 중창 불사가 대규모로 진행 중이었다. 금년에는 천왕전을 크게 확장하고 내년에는 대웅전을 더 높일 것이라고 한다.

대웅전에 화엄사華嚴寺와 화장사華藏寺라는 두 개의 현판이 붙어 있는데 화장사란 원표 법사가 짊어지고 온 『화엄경』을 소장하였다는 뜻의 명칭이다. 뒤로 높은 축대 위에 법당이 있는데 역시 수리 중이며, 2층 장경각에 오르니 앞으로 겹겹이 포개진 능선들이 시야에 들어왔다. 전각 중앙에 천불을 조각한 대좌에 앉은 금동비로자나불은 명대 작품으로 높이가 2.5미터나 된다.

이 절의 유물들은 명·청 시대 작품들이 대부분이다. 창고에는 명대 작품으로서 보수를 기다리는 천존千尊의 청동제 천관보살상天冠菩薩像이 있는가 하면, 현판에 '칙사화장사勅賜華藏寺'라 하고 그 옆으로 '대명 영락 5년 흠차 태감 승이 선림을 세우다(大明永樂五年欽差太監昇建禪林)'라고 세필한 사액寺額이 소장되어 있다. 대웅전 옆에는 1.5미터 높이의 강희 56년 명銘 동종銅鐘도 놓여 있다. 지량 스님이 준 설명서에는 나라암 석굴 사진이 있는데 높이 10장, 깊이 50장이라 하였고, 그 안에 2층 건물의 암자가 들어서 있다. 암자 안에는 원표 스님의 석상도 모셔져 있다고 한다. 나라암으로 가기를 포기하고 하산하자니 안타깝기 그지없지만 도리 없는 일이다. 점심공양을 하고 가라는 지량 스님의 제의를 마다하고. 1시경에 하산을 재촉하였다.

4) 민·오월과 고려 불교의 교류

일정이 빡빡하여 점심도 챙겨먹지 못하고 하산하는 차 안에서 아침에 준비해 온 과일이며 빵으로 요기를 하고, 3시경이 되어서야 영덕시 역에 도착하여 점심 식사를 할 수 있었다. 영덕에서 곽동霍童을 지나고, 다시 북상하여 복정시福鼎市를 지나면 성省 경계를 벗어나 절강성 온주溫州로 들어가게 된다. 온주와 영덕 사이에는 지제산이 속하는 취봉산鷲峰山과 태노산太姥山이 있으며, 절강계에는 절경으로 이름난 안탕산雁蕩山이 있어 옛날에는 이 험한 육로보다 해로를 주로 이용하였다.

길은 비록 험하지만 이웃한 두 지역 간에 해로는 물론 육로가 있어 예나 지금이나 일정한 교섭이 이루어지고 있다. 10세기 중엽 오대 시기에는 민閩이 남당南唐의 침략을 당할 때 복주 이북은 오월에서 병합하게 된 것도 지리적으로 인접하였기 때문이다. 어떻든 당 말 오대 시기의 오월과 민은 동아시아 해상 교류의 한 중심권역을 이루고 있었다. 당시에는 중국과 마찬가지로 한반도에서도 후삼국이 정립하여 상호간에 분열과 대립의 양상을 띠고 있어서 한중 양측 사이에는 잦은 사신의 교류나 정치적 망명 등이 이루어졌을 뿐 아니라 불교 교류도 매우 활발하게 진행되었다.

오후 7시경이 되어서야 호텔로 돌아올 수 있었다. 지제산 화장사(화엄사) 답사에 12시간이 걸린 것이다. 마지막 답사를 끝냈으니 저녁에는 한잔 하자는 분위기다. 앓아누웠던 두 사람도 이틀을 쉬고 나더니 같이 어울릴 수 있게 되어 다행이다.

오대 민국 왕이 수도에 백탑을 세우고 절에 장경을 수장하였으며, 고려 홍경이 복주에서 장경을 운반해 왔고, 원표가 화장사를 창건하였다는 등의 이야기는 양국의 불교 교류가 그만큼 활발하였음을 말하는 것이다.

30일, 오늘 상해로 떠나는 비행기 시각은 11시 40분이다. 그동안 너무 빠듯하게 움직였던 까닭에 호텔이 시내 중심가에 있는데도 시가지 구경을 제대로 하지 못하였으니 상점이라도 한 군데 둘러보자는 의견도 있었다. 그러나 천주로 되돌아가야 하는 기사와 가이드들이 빨리 공항으로 가야 한다고 서둘러 대는 바람에 겨우 차 한잔 마시는 여유를 갖는 정도에서 급하게 호텔을 떠나야 했다.

오대의 민국閩國에서는 오월국吳越國과 마찬가지로 왕과 그 가족의 불교 애호로 말미암아 불교가 크게 흥성하였다. 이리하여 한반도는 가까운 오월국은 말할 필요도 없고 민이나 남당南唐 등 동남 해역의 여러 정권들과도 밀접하게 불교 교류를 이룰 수 있었던 것이다. 고려 태조 때 홍경洪慶 스님이 복주로부터 대장경 일부를 배로 운반하여 왔다는 사실도 그러한 증거이다. 민 지역에서는 특히 남종선이 오월이나 남당 등에 비하여 일찍 개화하였다. 당 말 의존義存 선사의 설봉산 주석과 민왕의 후원으로 쟁쟁한 선사들이 대량으로 배출됨으로써 설봉선은 크게 번영하였다. 그 가운데 영조와 현눌을 필두로 하여 나말·여초의 여러 고승들이 각기 큰 역할을 담당하였던 것이다.

특히 오월 후기에 이르러 항주 정자사淨慈寺를 중심으로 크게 활약한 영명 연수 선사도 처음에는 설봉계의 선지를 계승하였으나 뒤에는 역시 설봉계에서 배태되어 독립 종파를 형성한 법안종의 3대 조사가 되어 오월과 고려의 불교 교류에 중심 역할을 담당하였다.

당 말 오대의 민국에서 크게 발달한 불교가 북송 시대에 이르러서도 계속 번영하였음은 복주본福州本 대장경의 조인雕印을 보더라도 알 수 있다. 민본閩本이라고도 일컬어지는 이 복주본 조판 인쇄는 동선사東禪寺 등각원等覺院의 대장경과 개원사開元寺 대장경의 두 판본이 있다. 거란契丹과 고려의 판본은 관판官版이었으나 이들 두 복주본은 사판私版이다. 이와 같이 사판이 두 벌씩이나 나올 수 있었다는 것은 불교가 성행함으로써 그만큼 수요가 컸기 때문이다. 동선사는 일찍이 폐사되었으나 개원사는 지금까지 기구한 운명을 겪다가 새로운 면모를 갖출 수 있게 되었다고 한다. 일인 학자 상반대정常盤大定 교수가 일제 시기에 답사할 때에는 개원사가 감옥으로 변하여 있었다고 한다. 그런데 이번에 이 지역 어느 종교 잡지에 실린 개원사 관련 기사에는 그동안 다시 사찰로 바뀌었으나 사찰의 관리권 문제로 어려움을 겪다가 이제야 가닥이 잡혀 가는 것처럼 보도하고 있다. 중국의 여러 가지 변화가 불교계에도 그대로 반영되고 있는 실례인 것 같다.

민강을 건너 한 시간가량을 더 달려 장락현長樂縣 비행장에 도착하였다.

새로 건설한 복주 비행장은 그 규모가 김포공항만큼이나 크게 보인다. 짐을 내리고 천주에서부터 여러 날을 같이 지낸 가이드와 기사, 그리고 복주의 지방 가이드에게도 준비해 온 선물을 전하면서 작별 인사를 나누고 공항 심사대 앞으로 들어갔다.

복건성 연해 답사 지도

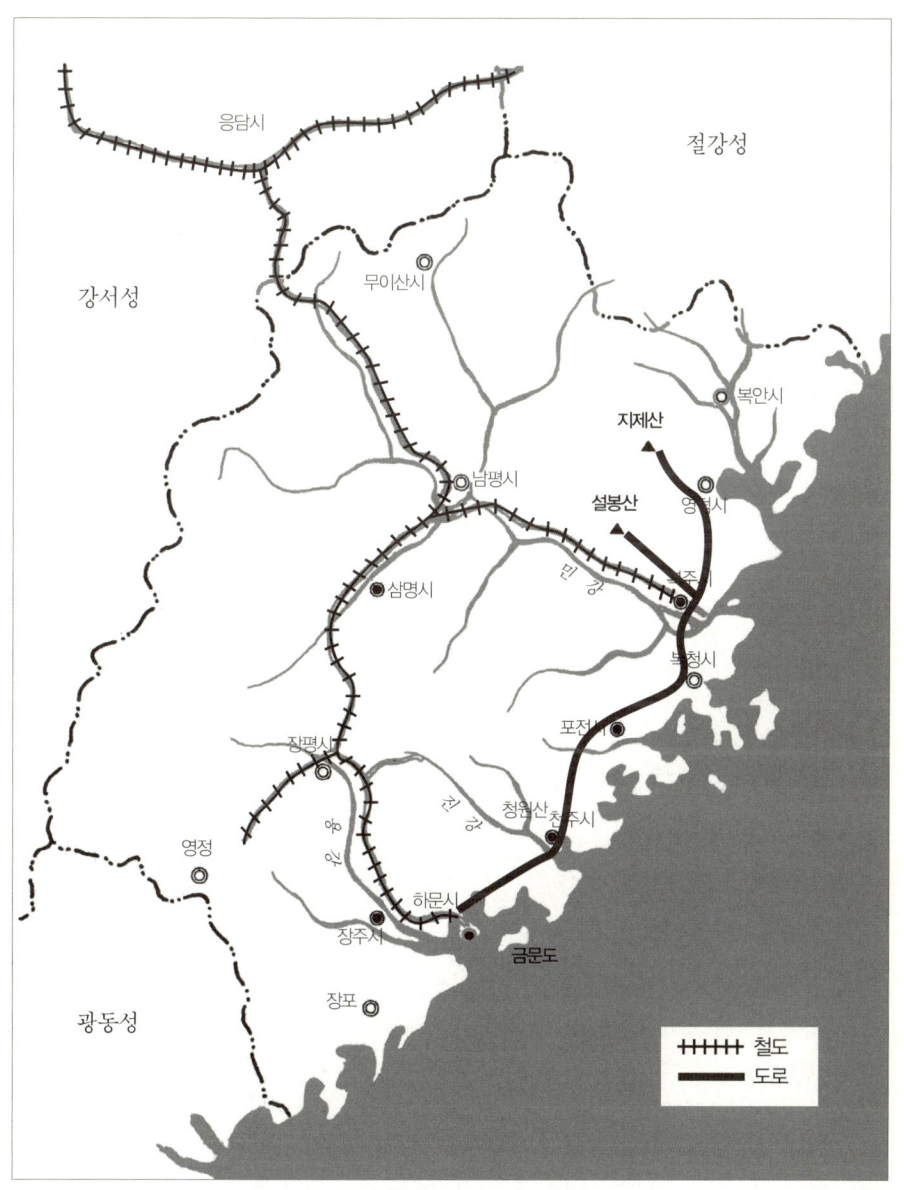

제3장

동남 해역의 버번안종과 고려 구버븟승

　　법안종은 중국의 선종 5가 가운데 가장 늦게 출현하여 동남 해역을 중심으로 유행하였다. 법안종의 창건자 문익 선사는 복주 설봉계 나한 계침에게 법을 얻어, 금릉(남경) 청량산에서 행화하였는데, 제자 천태 덕소는 오월 전왕의 국사가 되고, 혜거는 고려 왕사가 되어 동아시아 해양의 불교교류에 이바지하였다. 특히 법안종 승려들은 오월왕 전홍숙의 후원을 얻어 천태종에 대해서는 협력하면서도 노쇠한 설봉계의 선배 선승들과는 경쟁관계에 있었다. 법안종의 이론가 혜명은 설봉선도와 이론투쟁을 벌여 상대를 누르고 자파의 세력을 과시하였다. 『조당집』이 10세기 중엽에 저술되었으나 법안종의 대세에 눌려 설자리를 잃고 아마도 명주 보타산에서 북동 사단항로를 따라 구법승의 봇짐 속에 들어 고려로 운송되어 갔을 것이다. 송 제국이 성립하자 법안종도 시들어지면서 고려와의 직접적 선불교 교류도 단절되었다. 원 말 임제종이 강절 지역을 중심으로 발흥하자 여말의 고승들이 내림하였으나 이러한 교섭도 조선조를 맞아 끊어지고 말았다.
　　이상과 같이 법안종은 민월에서 발원하여 남당의 수도 금릉에서 등불을 달았으나 종국에는 항주를 중심으로 한 오월 지방에서 크게 밝았다. 필자는 이들 동남 해역을 때로는 혼자 머물고 때로는 단체를 조직하여 여러 지역을 순방하였다. 1998년 1년은 항주대학(현 절강대학) 한국연구소에 머물며 문헌을 뒤지고, 여러 지역의 한국 관련 유적지를 답사한 내용을 여러 잡지에 투고하였다.

1.
남당 법안종의 대두와 고려불교

　선종 5가 가운데 마지막 법안종을 개창하여 제일조第一祖가 된 문익文益 선사는 절강성 여항余杭 출신이다. 7세에 신정新定 지통원智通院의 전위全偉 선사에게 출가하였고, 20세에 월주越州 개원사開元寺에서 구족계를 받았다. 이 무렵 문익은 율종律宗을 익히고 있었으며, 틈틈이 유서儒書도 함께 탐구하여 시문에도 재능을 보였다. 당시에 복건성福建省 설봉산雪峰山을 중심으로 설봉 의존雪峰義存(822~908)의 가르침이 한창 성행하고 있었으므로 그는 구법 행각의 길을 남방으로 잡았다.

　먼저 복주福州 장경사長慶寺 혜릉慧稜(?~932) 선사를 참방하였는데, 서로 인연이 닿지 않아 떠났다. 마침 큰 비가 와서 도시 서쪽의 지장원地藏院에 들렀는데, 원주院主 나한 계침羅漢桂琛(867~928)이 길가의 돌멩이를 가리키며 불쑥 질문을 던졌다.

　"그대들은 항상 '삼계는 오직 마음속에 있고(三界唯心), 만법도 오직 6식(안식眼識·이식耳識·비식鼻識·설식舌識·신식身識·의식意識) 속에 존재한다(萬法唯識)'고들 하는데, 저 돌멩이는 그대들 마음 안에 있는가? 밖에 있는가?"

"마음 안에 있습니다."

"행각승行脚僧이 무엇 하러 마음속에 돌멩이를 넣고 다니느냐?"

대답이 궁색해진 문익은 배낭을 내려놓고 계침 문하에서 본격적으로 선의 이치(禪理)를 참구參究하기로 결심하여 오래지 않은 기간에 커다란 진보를 이루었다.

어느 날 계침이 다음과 같이 말하였다.

"만약 불법佛法을 논한다면 일체一切가 현성한 것(一切現成)이다."

이 한마디에 문익은 대오 각성하였다. 30세를 전후한 때의 일이다.

문익에게 밀지密旨를 전한 계침은 설봉의 수문인 현사 사비玄沙師備(835~908)의 제자이며, 문익은 설봉의 삼전三傳 제자가 된다. 한 번은 사비가 법상法床에 올라 설법說法하려는데 강당 밖에서 조잘대는 제비 소리가 들려왔다. 그는 "저것 보게, 본래면목本來面目(조금도 인위적 조작을 더하지 않은 자태)을 얼마나 잘도 늘어놓는가! 설법은 또한 얼마나 훌륭한가!" 하고는 바로 법상에서 내려왔다. 법안 문익이 나한 계침으로부터 '불법이란 일체가 모두 이루어져 있는 것(現成)'이라는 말을 듣고 깨달았던 이치, 즉 달마의 설법이 아니라도 만상은 이미 모두 이루어져 있다는 그 이치가 현사의 가풍家風이었다.

문익의 스승 계침은 일찍이 운거雲居와 설봉에게 참문하였으나 얻는 바가 없더니, 뒤에 현사를 참문하자 한마디에 그 비밀한 이치(微旨)를 깨달았다 한다. 문익과 그의 도반들은 차례로 법을 인가받았으며, 특히 문익은 상당 기간 스승을 가까이 모셨다. 계침의 장주 나한원 시절에도 직접 시봉하거나 서로 연락하면서 수년간을 더 보내었던 것으로 보인다.

문익의 도반들은 계침 문하에서 일정한 기간이 지나자 강남江南의 총림叢林을 두루 보고자 대사와 함께 복건을 떠나 남종선의 본고장인 강서江西

로 향하였다. 먼저 임천臨川에 도착하여 그곳 주 목사州牧使의 청으로 숭수원崇壽院에 머물게 되어 교화를 펴자 문도들이 사방에서 모여들었다. 그가 금릉으로 이거移居하게 된 것은 남당南唐의 국주國主 이변李昇(888~943)이 오왕吳王의 선양을 받아 건강建康(즉 금릉金陵)에서 즉위한 후진後晋 천복天福 2년(937)의 일이다. 평소에 문익을 흠모해 오던 이왕李王은 그

법안종의 창시자 문익 선사상

를 금릉(현재 남경) 보은선원報恩禪院으로 청하여 '정혜 선사淨慧禪師'라는 호를 내리고 얼마 후 다시 시내 청량산淸凉山으로 모시니 문익은 거기에 주석하여 필생의 교화도량으로 삼았다.

이변에 이어 왕위에 오른 이경李璟(재위 943~961)도 문익을 극진히 예우하였으며, 비록 군주의 신분이지만 제자로서 함께 시를 짓는 등 서로 가까이 지냈다. 문익은 선기禪機에 있어서도 뛰어난 기량의 소유자였지만 유교 지식과 시문에도 능하였으며, 특히 문도들을 맞아 지도하는 일에 비범하였으므로 위로는 왕공 귀족에서 아래로는 서료에 이르기까지 많은 사람들이 그를 따랐다. 그는 여기서 약 25년간 교화에 임하다가 주周 세종世宗 현덕顯德 5년(958) 결가부좌하고 입적하니 세수 74세, 법랍은 54세였다. 그의 병이 깊어지자 왕이 직접 문병하였으며, 입적하자 대법안大法眼이라는 시호를 내리고 탑호를 무상無相이라 하였다.

법안종의 종지를 말한다면 미땅히 나한 계침을 통하여 얻은 현사 사비의

가르침을 언급해야 한다. 전술한 바 있듯이 설봉이 현사 사비로 하여금 여러 방면의 고승들을 참문하여 깨달음을 얻으라고 권유했을 때 '달마는 동쪽으로 오지 않았다'고 한 대답, 그리고 제비가 지저귀는 소리를 듣고, '무상無上의 설법說法'이라고 한 이야기, 그것들은 모두 문익이 나한 계침으로부터 얻은 '불법佛法은 일체一切 현성現成한 것'이라는 미묘한 이치였다.

법안은 실상實相이란 바로 우리 앞에 있는 것이므로 오로지 직관에 의해서 지각될 수 있을 뿐, 사변이나 추리적인 방법은 오히려 우리의 심안心眼을 가린다고 가르쳤다. 그는 문도들 사이에 자주 문제가 되던 6식六識에 대하여 이렇게 설명해 주었다. 즉, 한번 올바른 깨달음을 얻으면 육신의 눈을 통해서가 아니라 근본적인 진리, 그 자체의 눈으로 사물을 보게 된다. 다시 말하면 우리의 육안肉眼이 쓸모없지 않으며 도안道眼을 막지 않는다면 오히려 쓸모가 많다. 이러한 근본적인 진리 그 자체의 눈을 법안法眼이라고 한다.

문익은 법안을 흔히 도안이라고 불렀다. 선종의 다른 계열에서 내적 자아에 주의를 집중하는 데 대하여 법안종에서는 주관과 객관을 초월하여 신비로운 피안에 도달하고자 하였다. 굳이 말로 표현하자니 피안이라고 한 것이지 어떤 특정한 목표를 설정한 것은 아니다. 삼계니 만물이니 하는 것들도 모두 마음으로부터 나오기 때문이다.

법안 문익의 사상의 특색은 '삼계유심 만법유식'이라는 화엄 사상을 선에 습합하여 선교 융합을 이루려 한 데 있다. 그는 다시 화엄학의 이理와 사事의 관계에 대하여 이렇게 설명하고 있다.

"이는 사가 없으면 드러나지 않고, 사는 이가 없으면 소멸되지 않으므로 사와 이는 둘이 아니다. 사가 없으면 이가 없고, 이가 없으면 사가 없다."

이와 사의 불가분의 원융한 상관성을 강조한 것이다. 그는 일찍이 스승으로부터 법안종의 종지로 이어받은 '일체 현성'을 이러한 유식관唯識觀과

남경시 청량산공원 청량사 유지. 오대 남당 시기 법안 문익 선사가 주석하여 고려 혜거와 영감 등을 배출하였다.

이사론理事論을 원용하여 문도들로 하여금 쉽게 이해하고 실천하도록 지도하였다.

  법안종은 선종 오가 가운데 가장 늦게 성립하였기 때문에 그전 4가의 선풍과 그 유폐를 따져서 이를 종합하고 비판하는 유리한 위치에 있었다. 선종만이 아니라 교종에 대하여도 이전까지의 다른 선종에서 경멸하던 태도와 달리 관심을 보였다. 그는 한 걸음 더 나아가 선종의 올바른 가풍家風을 위해서는 교전敎典의 필요성이 인정되어야 한다고 주장하였다. '모름지기 종승宗乘을 드러내기 위해서는 교법敎法을 이용해야 한다'며 종지를 선양하기 위해서는 교전에서 적절히 인용하여 증명할 줄 알아야 한다는 것이었다. 과거 북종선에서 '교에 의하여 종지를 깨친다(籍敎悟宗)'는 주장과 부분적으로 상통하는 점이 없지 않다. 사실 문익의 활동 당시만 하더라도 선승들의 교학에 대한 지식이 일정한 수준을 유지하고 있었으니, 그들의 법문에서 그러한 예를 흔히 찾아볼 수 있는 것이다.

법안 문익은 선종 여러 계파의 사상들을 적절하게 조정하고 선의 입장에서 교를 수용함으로써 선교의 원융을 이루려 하였다. 이러한 사상적 특징은 남종선의 기본 명제인 '문자에 의지하지 않고, 교 밖에 따로 전한다(不立文字 敎外別傳)'는 선 사상 본래의 궤도를 수정하는 것으로서 오대 이래 선교 일치의 종합적 추세와 시대적 조류를 반영하는 것이다.

이와 같은 이와 사가 원만하게 융통함(理事圓融)을 주장하는 법안종의 화엄론적 사상은 주자학의 이기설理氣說에 접근하고 있어서 오히려 송대宋代 이후 중국 사상계의 주류로 나서는 성리학자들의 호감을 샀다는 점에서 흥미가 있다. 말하자면 법안종의 사상은 중국 사상의 큰 흐름에서 볼 때 선불교의 시대를 종합하면서 새로운 성리학의 시대를 맞이하는 특수한 시대적 위치를 지닌다 하겠다.

법안 문익은 그의 첫 주석처인 임천 숭수원, 그리고 남당 왕 이변의 연청에 의하여 금릉으로 옮겨 종신 교화의 도량으로 삼은 청량산 등 두 단계에 걸쳐 많은 사법제자들을 배출하였다. 『경덕전등록』에서는 그의 교화 방법에 대하여 '근기根器(사람에 따라 갖추고 있는 능력)에 맞추고 정도에 따라 막힌 것을 틔워 주었으며 어두움을 물리치어 고매한 스님들의 삼매三昧(마음을 바르게 하여 망념에서 벗어남)를 들었다. 혹 입실入室하여 견해를 바치기도 하고, 혹 물어서 더 배우려 하는 이에게 모두 병에 따라 약을 주니 근기에 따라 깨달은 이가 셀 수 없이 많았다'고 평가를 내리고 있다. 이러한 평가에 이어 "제자인 천태 덕소天台德韶와 문수文邃와 혜거慧炬 등 14인이 먼저부터 세상에 나타나 모두가 왕후王侯의 존경을 받았고, 다음에는 용광龍光, 태흠泰欽 등 49인이 법문을 열어 제각기 한 지방을 교화하였다."고 하였다.

남경에서는 양 무제가 달마 대사를 맞이하는가 하면, 사원의 건축 등 적지 않은 불사를 일으켜 아직도 그 유품들이 여기저기 산재해 있다.

여기서 우리가 주목할 대목은 위의 세 제자 가운데서 혜거慧炬는 고려승으로서 천태 덕소와 함께 법안 문익이 금릉 청량산으로 가기 전의 대표적 초기 제자로 기록되어 있다는 점이다. 그러나 막상 혜거의 전기傳記에서는 간단한 상당법문上堂法門을 붙인 전傳을 세워 놓고 있을 뿐이며, 그 밖에 다음과 같이 매우 간단한 기록을 남기고 있다. 즉 "고려 도봉산道峰山 혜거 국사는 처음에 정혜淨慧(즉 문익文益)에게 법을 얻었는데, 본국의 왕이 사모하여 사신을 보내어 돌아오기를 청하므로 귀국하였다. 본국 왕이 마음의 법문을 듣고 예절로써 대우함이 두터웠는데 하루는 왕부王府의 상당上堂에 들어오기를 청하였다."고 하여 고려 국왕이 사신을 보내어 청하여 국사國師의 예로 맞이하였다는 것이다. 그러나 그가 법안에게서 법을 받은 곳이나 문답 내용, 그리고 동문과의 관계, 귀국 시기에 대해서도 아무런 설명을 하고 있지 않다.

그가 귀국한 뒤 고려에서의 활동에 대해서는 적연 국사寂然國師 영준英俊의 탑비명에서 확인된다. 이에 따르면 혜거(?~975)의 자는 홍소弘炤, 속성은 노盧씨로 도봉산 영국사寧國寺에 주석하고, 광종 19년에 국사로 책봉되었으며 25년에 입적한 인물로서 문하에 영준을 배출하였다. 그가 국사가 된 지 3년 뒤인 건덕乾德 9년(971)에 나라에서 세 개의 부동산문不動山門을 정하는데 도봉원道峰院이 포함되었다. 그의 교화 도량인 도봉원이 그보다 일찍 중국에 구법하고 돌아와 광종 초기에 왕실과 인연을 맺고 활동하던 찬유璨幽(869~958)의 고달원高達院, 긍양의 희양원과 나란히 부동산문의 열에 오른 것이다. 이들은 모두 유학승들로서 광종조의 한중 불교 교류에 중심적 역할을 담당하였을 것이다.

특히 혜거는 천태 덕소와 함께 법안 문익의 대표적인 초기 제자로서 이들이 양국에 나뉘어 있으면서 서로 연락을 취하며 불교 교류에 한 축을 이루었을 가능성이 있다. 이에 대해서는 장을 달리하여 다시 살펴보기로 한다.

2.
오월 법안종의 유행과 고려불교

1) 법안종의 유행과 설봉선의 퇴조

법안종의 제2조 천태 덕소(891~972)는 절강성 용천龍泉 사람으로 15세에 출가하여 18세에 강서 신주信州 개원사開元寺로 가서 구족계를 받았으며, 뒤에 참문한 고승 가운데는 안휘安徽 투자산投子山 대동大同 선사나 담주潭州 용아산龍牙山 거둔居遁 선사 같은 이도 있었다.

마지막으로 강서 임천臨川 숭수원崇壽院으로 가서 문익 선사를 알현하였다. 어느 날 문익이 상당上堂하자 어떤 이가 "어떤 것이 조계曹溪(육조 혜능)의 일적수一滴水입니까?" 하고 남종 선법이 무엇인지 물었다. 문익이 "이것이 조계의 일적수(혈맥)이니라." 하였다. 이 말에 함께 있던 덕소는 활연히 깨달아 모든 의문이 얼음 녹듯 풀렸다고 한다. 이 일을 스승에게 말했더니, 문익은 "그대가 뒤에 반드시 국사國師가 되어 불법을 크게 빛내기를 나보다 훨씬 더할 것이다."라고 하였다.

그는 법을 얻은 뒤 하직을 고하고 고향인 용천과 가까운 천태산天台山으로 들어가 천태 대사의 유적을 보면서 여기에 어떤 인연이 있음을 느끼고 백사白沙의 운거사雲居寺를 거처로 하여 머물게 되었다. 그의 속성이 천태 대사와 같은 진陳씨로서 친밀감을 느낀 탓도 있었을 것이다. 이리하여 그는 금릉의 청량도량淸凉道場과 남북으로 마주하여 법안종의 등불을 높이 달게 된 것이다. 당시 오월의 충의왕忠懿王 전숙錢俶(또는 전홍숙錢弘俶)은 왕자의 신분으로 태주台州 태수太守로 있으면서 덕소의 고명高名을 듣고 조석으로 도를 물었는데, 이 인연으로 후일 충의왕이 즉위(948)하자 그를 국사로 맞이하게 되었다.

다음에 소개하는 짧은 게송은 덕소의 선 사상을 잘 표현한 것으로 자주 인용된다.

통현봉 꼭대기는 인간세상 아니로다.
마음 밖에는 법이 없고 눈에 가득한 청산뿐이로다.
通玄峰頂 不是人間
心外無法 滿目靑山

이 시에서 우리는 사물이 마음이나 눈 안에 있는 것이 아니지만 그렇다고 하여 현상계를 떠나 마음 밖에 있는 것도 아니라는 법안종의 선풍을 느낄 수 있다.

덕소가 행한 법문 가운데는 교전敎典의 중요성을 설명한 것이 더러 있다. 예컨대 "대장경의 권마다 모두가 부처의 이치를 말하고, 구절마다 모두 부처의 마음을 설명했거늘 어째서 알지 못하는가." 하고 청중을 향하여 반문하는 것이다. 그도 스승 법안 문익과 마찬가지로 선과 교의 융화(禪敎融和)를 주장하는 사상적 경향을 드러내는 대목이다. 당시 그 지역 사람들은 그를 지자

국청사 후원에서 바라다 보이는 수탑의 모습

대사의 후신으로 여겼다고 한다. 그는 국사가 된 이후 자주 '천하의 태평과 대왕의 장수, 그리고 국토의 풍락豐樂과 환란의 소멸'을 축원하는 설법을 함으로써 단순한 일개 선승으로서보다는 국사國師로서의 면모를 드러내곤 하였다. 그는 한편으로 왕권을 빌려 불법의 보호를 보장받으려 하면서도 다른 한편으로 대중 속에 들어가 그들과 함께 국태민안을 빌었다. 남종선의 입장에서 보면 상당한 궤도 수정을 한 것이다.

덕소는 법안종 승려로서 천태산에 주석하여 천태종 사원을 건립하면서 동시에 천태 교학 부흥에도 지대한 공헌을 하였다. 충의왕은 즉위 다음 해인 무신년(948)에 천태 덕소에게 사자를 보내 제자의 예를 드렸는데, 그 자리에 국청사國淸寺 의적義寂이 옆에 있다가 "지자 선사智者禪師의 교법이 날이 갈수록 사라지고 있습니다. 그런데 신라(고려)와 일본에서는 이를 대부분 갖추

제3장_동남 해역의 법안종과 고려 구법승 ● 139

고 있으므로 가서 구해 오도록 힘써 주십시오." 하였다. 이리하여 이후 충의왕이 예물을 갖추어 외국에 사신을 보내 전적을 구해 옴으로써 천태종의 부흥을 이룰 수 있었다.

이와 같이 천태 덕소가 오월의 국왕과 국청사 의적 사이에서 중간 역할을 함으로써 외국으로부터 천태 교적을 구해 올 수 있었고, 이는 당 말 이래 쇠미하였던 천태종의 부흥에 결정적 역할을 하였다. 오월의 왕가로서는 선종, 교종 종파에 관계없이 불교를 장려하여 불교 입국을 이룩하려는 데 목적이 있었다. 충의왕이 어느 정도 호불의 군주였던가는 그가 아쇼카 왕의 불교 숭상을 본받아 전륜성왕轉輪聖王(정법正法으로 세상을 다스린다는 인도 신화의 이상적 왕)임을 자처하여 청동으로 만든 작은 보탑 8만 4천 구를 만들어 역내 각지에 유포시킨 사실에서도 알 수 있다.

천태 덕소는 법안 문익의 충실한 제자로서 전법 활동을 전개하면서도 한편에서는 천태지관天台止觀(천태종의 정定·혜慧를 닦는 두 가지 법)의 사상을 융화시키려는 노력을 아끼지 않았다. 이로써 사상적으로는 법안종의 특징인 '선과 교의 일치(禪敎一致)'를 이루고, 나아가 민중 속에 '선과 정토를 일치시킬 것(禪淨一致)'을 호소하여 국태민안이라는 불국토의 실현에 정성을 쏟았다.

한편 덕소가 오월국 왕과 천태산 의적의 중간에서 노력하여 천태 교적을 구해 오기 위하여 고려에 사신을 파견하게 되었을 때 '대사(덕소)의 서신'을 보냈다고 한다. 다시 말하면 충의왕이 예물과 함께 '대사의 서신'을 사신에게 주어 고려로부터 교적을 구해 오게 하였다면 그 '서신'은 누구에게 보냈던 것일까? 동문수학한 바 있는 혜거가 그 수신자였을 가능성을 짚어볼 수 있다. 오월 왕이 사신을 보낼 때 함께 가져가도록 한 덕소의 서신은 그의 사신私信으로서 고려 광종이 아니라 광종의 국사인 혜거 앞으로 보냈다고 볼 수 있다. 광종에게는 충의왕의 국서를 보내고, 혜거에게는 동문인 덕소가 보냈다고 보는 게 무리가 없을 것이다.

만일 양국 국사인 덕소와 혜거 사이의 연락망이 이와 같이 구축되어 있었다면 이후 양국의 불교 교류는 대부분 이를 통하여 이루어졌을 것이다.

당시 천태 덕소 문하에는 고려승으로서 후일 천태종 16조사가 된 의통 보운義通寶雲(927~988)이 있었다. 『불조통기佛祖統紀』 등 천태종 관련 자료를 종합해 보면, 그는 고려 국족國族(윤씨尹氏라고 하지만 왕씨王氏의 잘못)으로서 일찍이 개경에 있는 구산사龜山寺로 출가하여 구족계를 받은 뒤 대략 947년 21세의 나이로 바다를 건너 덕소 문하로 들어갔다. 오래지 않아 그는 홀연히 계오契悟(서로 인연이 맞아 깨달음)하였으며, 그 후 15년 동안 덕소의 제자로서 스승을 시봉하였다.

이로 미루어 보면 의통은 도봉산 혜거의 주선으로 중국 천태산 덕소의 문하로 들어가 법안의 종지를 익히면서 한편으로는 스승을 도와 고려와의 불교 교류의 일을 도왔을 것으로 보인다. 시기적으로 보아 그가 바다를 건넌 847년은 충의왕이 즉위한 해이며 얼마 후 덕소가 국사로 초빙됨으로써 오월과 고려 사이의 불교 교류가 본격화하기 시작하였다. 의통이 나계 의적螺溪義寂 문하로 들어가 천태지관의 학문을 배운 것은 다시 그 15년 뒤인 862년으로 이에 대해서는 다음 장에서 다시 보기로 한다.

당시 오월 각지에서는 설봉종의 광채가 점차 빛을 잃어 가는 틈을 비집고 법안종의 명망 있는 동문들이 포진하여 힘을 기르고 있었다. 명주 대매산에는 혜명慧明 같은 법안종의 이론가가 있었으며, 항주에서는 도잠道潛 같은 고승이 자파의 종지를 선양하는 데 힘을 쏟고 있었다. 이 밖에도 그가 양성한 제자들이 각지에 분포되어 있었는데, 그 가운데서도 먼저 살펴볼 인물은 법안종 제2대 조사가 된 영명 연수이다.

영명 연수永明延壽(904~975)는 절강 여항余杭 사람이며, 성은 왕王씨로 28

세의 오월국 지방관 시절에 관전을 축내어 방생放生한 죄로 사형당할 처지였
으나 종교적 순수성이 인정되어 면죄되었다. 그는 이를 계기로 30세에 처자
를 버리고 승려가 되어 명주 용책사龍冊寺에 주석하고 있던 취암 영삼翠岩令
參의 문도가 되어 수행하였다. 당시 오월에서는 복건 설봉의 사법제자들이
절강 지역으로 옮겨와 활발하게 전등에 임하고 있었다. 그 선봉장이던 경청
도부鏡淸道怤와 동국승 영조靈照 등이 입멸하거나 노쇠하여 연수 선사는 당
시까지 생존해 있던 취암 노장에게 출가한 것이다.

다음에 연수는 용책사를 떠나 천태산으로 가서 천주봉天柱峰에 올라 90일
동안 선정禪定을 닦는데 산새가 옷자락 속에다 둥지를 지어도 모를 정도였
다. 이어 운거사로 가서 덕소德韶 대사를 찾아뵈니 척 보고 참하게 여기어 조
용히 현묘한 수기授記를 주면서 "그대는 원수元帥(아직 오월 왕으로 즉위하기 전의
태주 태수 전홍숙錢弘俶을 지칭)와의 인연으로 다음날 크게 불사佛事를 일으킬 것
이다." 하였다. 과연 이후 연수는 덕소의 뒤를 이어 법안종 제3대 조사의 지
위에 올랐으며, 왕위에 오른 충의왕 전홍숙과도 인연을 맺어 불사를 크게 일
으켰다.

천태산 천주봉에서 선정을 닦은 후 연수는 3년 동안 국청사와 금화金華
천주봉에서 법화 공부에 열중하였으며, 952년에는 봉화奉化 설두사雪竇寺
주지 소임을 맡아 수행과 저술에 몰두하였다. 그가 충의왕의 부름에 응하여
영은사靈隱寺 초대 주지를 맡아 항주로 상경한 것은 960년이었으며, 익년에
오월 왕으로부터 지각智覺 선사라는 사호賜號를 받음과 동시에 도잠의 법석
을 계승하여 혜일 영명 대도량(淨慈寺)의 제2세 주지를 맡게 되었다.

그의 대표적 저술로는 법안종의 사상적 특징인 선교 일치의 주장을 이론
적으로 체계화한 『종경록宗鏡錄』이 있다. 그리고 만법이 유심이라는 사상을
보여주는 다음 게송을 지었다.

천태산 고명사 산기슭 바위에 음각한 불佛 자를 배경으로 국청사 윤통 스님과 함께

영명의 뜻을 알려고 하면, 문 앞에 한 호수를 보라.
해 뜨면 광명이 비치고, 바람 불면 파랑이 일도다.
欲識永明旨 門前一湖水
日照光明生 風來波浪起

영명 연수의 도풍道風이 멀리 해외에까지 알려지자 고려 광종이 그 언교言敎의 출중함에 감화되어 사신을 보내 스스로 제자의 예를 표하였다. 그리고 비단 가사와 수은 염주, 금으로 만든 찻잔 등을 예물로 보내고 동시에 그의 문하로 젊은 승려 36명을 대거 유학시켜 재목으로 육성시키는 등 한중 불교 교류를 활발하게 하였다.

940년대에 오월로 유학 온 고려승으로 의통 외에 진관 석초眞觀釋超(912~964)

가 있다. 의통은 법안종 승려인 천태 덕소의 문하로 직행하였으나 석초는 설봉계 선찰을 찾아 고려 태조 23년(940)에 항주 용책사 효영曉榮 문하로 입실하여 선을 익힌 뒤 정종 6년(946)에 귀국하였다. 왕융이 찬한 '고려강주지곡사진관선사비高麗康州智谷寺眞觀禪師碑'에 의하면 그가 중국에 있을 때 용화일면 선사라고 불렸다고 하는데, 혹시 당시 같은 고려 출신의 노장 영조靈照가 용화사龍華寺에 주석하여 전등 활동에 임하던 일과 어떤 관계가 있을까? 석초가 유학한 용책사는 영조의 동문 경청 도부와 영명 연수의 스승 취암 영삼이 주석한 사찰로서 그때 도부는 작고하였으나 영조와 취암은 아직 노장으로 만년을 보내고 있었다. 석초가 중국으로 건너간 것은 의통이 천태산 덕소 문하로 들어가고, 영명 연수가 천태산에서 덕소와 인연을 맺을 때보다 6, 7년 이른 시기였다.

비슷한 시기에 고려 영광令光이 천룡사天龍寺 중기重機 문하로 와서 법을 이었다. 중기는 설봉의 재전 제자로서 도부가 용책사로 옮겨 가자 그의 뒤를 이어 천룡사의 주지가 되었다. 영광은 그의 유일한 제자로서 후에 귀국하여 설악산에서 교화하였으나 그 전후 관계는 알려지지 않았다.

당시 명주는 고려 서해안으로부터 건너온 사람들이 상륙하는 해항으로서 거기에는 특히 불교인들에게 편의를 제공하는 동수창사東壽昌寺가 있었다. 오월의 자린子麟 선사가 935년에 고려, 일본, (후)백제로 가서 천태 교법을 전해 주었는데, 이에 화답하여 고려에서는 이인욱李仁旭 등으로 하여금 그들을 명주로 송환해 주었다. 이에 전씨 왕가에서는 그 원지園地를 사서 원院을 세워 대중의 왕래에 편의를 제공해 주었으며, 그 후(942)에 국왕의 명으로 보안원保安院으로 만들어 주었다. 원이란 사찰에 부속한 숙박소로서 고려와의 불교 교류를 원활하게 할 수 있도록 왕실에서 동수창사에 원을 설치하였던 것이다.

2) 법안·천태종의 교섭과 고려 구법승

오월의 불교는 태조 이래 왕실의 호불 정책으로 발전 일로를 걸었으나 마지막 충의왕 전홍숙이 즉위하여 불교계의 재편을 시도하여 새로운 전기를 맞게 되었다. 특히 선종과 천태종이 그 대상이었다. 847년 충의왕은 즉위하자 천태 덕소를 국사로 맞이하여 선종과 천태종 두 종파의 개혁과 부흥을 위한 정책을 적극적으로 추진하였다.

앞서 본 바와 같이 오월국에서 선종은 일찍부터 설봉종에 의해 주도되었는데 그 지도적 위치에 있던 경청 도부와 용화 영조가 충의왕 즉위 이전에 입적하였다. 그럼에도 불구하고 그들의 동문인 취암 영삼 같은 노장의 문하에는 장차 법안종 제3조가 될 영명 연수가 입실하는 등 설봉종의 젊은 계승자들은 나름대로 활동을 계속하고 있었다.

이러한 상황에서 법안종 측에서는 이제까지 소외당하던 면모를 일신하여 선불교계의 주도권을 자파로 끌어들이려는 노력을 진행하고 있었다. 특히 덕소의 동문 혜명慧明은 명주 대매산大梅山에 살면서 법안종의 이론가로서의 활동을 게을리하지 않았다. 한번은 설봉종의 두 선객禪客이 찾아와 종승宗乘에 관한 토론을 요청하였다. 『경덕전등록』「혜명전」에는 그들 사이에 벌어진 논쟁에 대하여 흥미 있는 대목을 보여주고 있다.

혜명이 먼저 물었다.
"그대들은 어디서 떠났는가?"
"도성都城에서 떠났습니다."
"그대들이 도성에서 떠나 이 산으로 왔으니 도성은 그대들만큼 수가 적어졌을 것이요, 이 산은 그대들만큼 더해졌을 것이다. 더해졌다면 마음 밖에 법이 있고, 적어졌다면 마음의 법이 두루 하지 못할 것이다. 바른 도리로 대답하면 여기에 살고, 알지 못한다면 떠나라."

두 선객이 대답하지 못하고 떠났다고 한다.

선객들과의 이런 문답으로 혜명은 점차 명성을 얻어 갔다. 그 뒤 혜명은 덕소가 거처하는 천태산 백사白沙에 암자를 지어 옮겨 살았는데, 이때 붕언 상좌朋彦上坐라는 이가 많이 배우고 스님을 찾아와 종승宗乘에 관한 논쟁을 벌이자고 하였다. 다음이 그 내용이다.

스님이 말하기를 "말이 많으면 도와는 거리가 멀어진다. 이제 한 가지 묻겠는데 위로 여러 성인과 선덕禪德들 같은 분도 아직 깨닫지 못한 이가 있겠는가?" 붕언이 대답하기를 "성인이나 선덕들이야 어찌 깨닫지 못하는 분이 있겠습니까?" 하였다. 이에 스님이 "한 사람이 참마음을 일으켜 근원으로 돌아가면 시방十方의 허공이 모두 무너진다 하였는데, 지금 천태산이 우뚝하거늘 어떻게 무너진다 할 수 있겠는가?" 하니, 붕언이 더 할 말을 알지 못하였다.

이로부터 타 종파의 학자들이 찾아와 혜명과 문답하고는 모두 승복하였다고 한다. 법안종의 혜명과 덕소, 두 사람을 비교해 보면 덕소는 사람을 대함에 있어 포섭력이 강하고 정치적 능력이 있는 인물이었던 데 대하여 혜명은 이론에 밝은 논객이었다. 『송고승전』「덕소전」에 따르면, 덕소는 오월 지역에서 '대화상大和尙'으로 일반의 존경을 받았다. 충의왕이 즉위하자 국사로 영입되었으며, 그의 주석처 운거사에는 대중 500명이 머물면서 활기를 뿜어내고 있었다. 영명 연수도 취암 문하로 입실하였다가 얼마 뒤 천태산 천주봉

설봉계 선도이 주석하던 항주 천룡사. 이웃에 영조가 주석하던 용화사가 있었으나 일찍이 폐사되었다.

수행을 계기로 덕소를 배알하고 그 밀지를 받았다. 이러한 기세는 설봉종의 그것과 비교하여 매우 대조적 현상이었다.

한편 오월국의 847년 충의왕 즉위는 복잡한 정변을 치르고 이루어졌다. 즉 충헌왕忠獻王(재위 941~947)이 죽고 충손왕忠遜王이 왕위에 올랐으나 바로 폐위되고 충의왕 전홍숙이 즉위한 것이다. 충의왕의 불교 정책은 덕소 국사와 의논하에 시행되었다. 먼저 설봉과 법안, 두 계파 간에 토론의 장이 마련되어 후한後漢 건우乾祐 연간(948~950)에 혜명과 설봉계의 노장 취암 영삼 측이 토론으로 승부를 가리게 되었다. 이 자리에는 설봉 문도뿐만 아니라 다른 종파의 선사들도 참가한 대토론회였다. 그 내용은 『송고승전』「혜명전」에 다음과 같이 서술되어 있다.

오월의 충의왕이 (혜명을) 도성으로 청해 들여 법을 묻고, 이어 자숭원資
崇院에 살게 하였다. 대사는 여기서 현사 종일 대사와 지장(나한 계침)과 법안
(문익)의 종지를 성대히 드날리어 극치에 이르도록 하였다. 이에 왕이 취암
영삼 등 여러 선장과 도성의 유명한 이들로 하여금 혜명과 승부를 가리게 하
였다.

이때에 천룡 선사가 묻기를 "여러 부처님과 불법이 모두 이 경에서 나왔
다 하니, 이 경은 어디서 나왔겠습니까?" 대사가 대답하기를 "무엇이라 하
였습니까?" 하니 천룡이 다시 물으려 하는데 대사가 말하였다. "지나갔습
니다." 자암資岩 장로가 물었다. "어떤 것이 현전現前의 삼매三昧요?" 대사가
"들었습니까?" 물으니, "나는 귀가 먹지 않았소."라고 대꾸하였으나 선사는
"과연 귀가 먹었습니다." 하였다.

대사가 설봉의 탑명을 들어 어떤 노숙老宿에게 물었다. "대저 인연에 의
하여 있는 것은 끝내 무너지고, 인연에 의하여 있지 않는 것은 여러 겁을 지
나도 항상 견고하다고 하는데, 무너짐과 견고함은 그만두고, 설봉은 지금
어디 있습니까?" 대중 가운데 아무도 대답하는 이가 없었고, 설사 대답하는
이가 있어도 역시 따져 묻는 데는 감당하지 못했다.

여러 대중이 승복하는 것을 보자 왕은 퍽 기뻐하면서 대사에게 주지하기
를 명하면서 원통보조圓通普照라는 호를 바쳤다.

이 토론회는 혜명 선사가 오월의 불교를 법안종의 기치하에 통일시키는
데 결정적 계기를 만들어 주었다. 혜명은 법안종의 종지에 입각하여, 부처나
설봉은 이미 과거에 속하는 인물이며 경전 역시 그러하므로 여기에만 매달
리는 것은 현실의 소리를 듣지 못하는 귀머거리에 불과하다고 몰아붙여 노
장들의 입을 봉하고 말았다. 이제까지 오월 불교계에 있어서 마설魔說이라고

까지 멸시당하던 법안종의 우위를 표명하기 위하여 충의왕은 대보은사大報恩寺를 지어 혜명을 주지로 맞아들였다.

이를 계기로 오월의 불교계를 이끌어온 주도 세력은 설봉종에서 법안종으로 서서히 교체되기 시작하였다. 충의왕은 이제까지 조종祖宗들이 받들어온 설봉계 선종의 전통에서 벗어나 새로운 동남불국으로 건설하려는 불교계 재편 계획에 성공을 가져다 준 사례에 속한다.

한편 충의왕이 즉위한 847년에 고려 의통은 천태 덕소 문하로 들어가 계오한 다음 계속 시봉하면서 고려로부터 천태 전적을 구해오는 일도 도왔던 것 같다. 『송고승전』「의적전」에 의하면, 당시 의적은 국청사와 운거사 사이를 내왕하면서 번갈아 강훈講訓하고 있었으므로 의통은 천태 교학에도 상당한 지식을 쌓고 있었다. 천태종의 역사서 『불조통기』의 「역대전교표歷代傳敎表」에 따르면, "960년 고려에서 천태종의 교적敎籍과 논소論疏 등 문헌 전적이 왔으며, 961년 고려의 사문 체관諦觀이 왔다."는 기사에 이어 "963년 의적 법사가 의통에게 지관법문止觀法門을 설하였다."고 하였다. 그리고 의적이 나계螺溪 전교원傳敎院을 설립한 것이 그 다음 해인 964년이다. 이로써 보면 의통은 법안종 승려로서 15년간 있다가 고려로부터 천태 전적과 체관이 온 데 이어 국청사 인근에 전교원이 설립된 시기에 맞추어 천태종으로 개종하였다.

또 한편으로 고려승 지종智宗(930~1018)이 항주 영명 연수 문하로 입실하여 법안종의 선법을 익히고 다시 천태산으로 들어가 활동하였던 사실에 주목해 볼 필요가 있다. 지종은 어려서 인도승 홍법 삼장이 머물던 개경의 사나사로 출가하여, 17세 무렵에는 화엄종 계통의 영통사靈通寺에서 계를 받았다. 그의 연령이나 공부한 지역 및 종파 계열을 보면 의통義通과 많이 닮았다. 그리고 고달사 찬유燦幽 선사가 꿈에 나타나 지시해 준 대로 강절 지역으로 건너가 법안종지를 배웠다는 사실 등으로 보아 천태 덕소와 고려 불교계 사이의 연결선을 이용하였을 개연성도 배제할 수 없다. 찬유와 덕소는 일찍이 투자 대동投子大同 문하의 동문이기도 한 사이다.

지종은 광종 10년(959) 30세의 나이로 국왕의 송별연을 받으며 바다를 건너 오월국 수부 항주 영명사로 가서 연수 선사를 알현하였다. 지종의 비문에는 연수와의 문답 장면이 다음과 같이 기록되어 있다.

오월국에 도착하여 먼저 영명사의 연수 선사를 만났다. 연수 선사가 "법을 위해 왔는가? 일(事)을 위해 왔는가?" 하고 묻자, 사師(지종)가 답하였다. "법을 위해 왔습니다." "법은 둘이 아니라 모래밭에 널려 있는데, 어찌 수고롭게 바다를 건너 이곳까지 왔는가?" 사가 답하기를 "이미 널리 두루 있다면, 어찌 찾아온 것이 잘못된 일이겠습니까?" 하자, 연수 선사는 눈을 크게 뜨고 부처(黃頭)를 만난 것같이 우대하고, 곧 보배를 풀어 즉시 심인心印을 전해 주었다.

지종과 연수가 처음으로 만나는 이 대목은 그 시대에 당할 자가 없는 고승들의 번득이는 선기禪機를 느끼게 한다. 하지만 비문만으로는 지종이 영명사를 찾아갈 당시의 구체적인 상황이나 그 밖의 구법 일정을 이해하기에 어려운 점이 있다. 지종이 바다를 건너서 연수를 만난 것은 959년으로 알려져 있는데, 실제로 이때는 연수가 영명사로 옮기기 직전이다. 전기에 의하면 연수가 머물던 절동浙東 설두사에서 충의왕의 부름을 받고 항주 영은사靈隱寺로 옮긴 것은 960년이며, 그 다음 해인 961년 영명사永明寺(즉 정자사淨慈寺)로 옮겨 주지 도잠 선사의 뒤를 이어 15년간 주석하였다.

이 기록에 근거해 보면 지종이 연수 문하에 든 것은 연수가 영은사에서

봉화 설두사의 포대 화상

영명사로 옮길 무렵의 일이다. 연수가 설두사에서 쓴 『종경록宗鏡錄』의 초고를 영명사에서 편찬하는 등 바쁜 일정이었으므로 지종이 조용히 공부할 수 있는 분위기가 되지 못했을 것이다. 그리하여 새로 찾아온 고려의 우수한 제자 지종을 부득이 천태산으로 보내 학문하는 분위기에 어울리도록 배려하였던 것이다. 지종의 비문에는 그가 '점차로 가서 천태 의적 문하에서 천태 교리를 배우게 된 것'이라고 되어 있는데, 여기에는 '먼저 천태 덕소에게 참알한 뒤 그의 소개로 의적에게 가서 지관의 학도 함께 배웠다'는 내용이 생략되었음을 알아야 한다. 앞에서 보았듯이 당시 의적은 '천태종 국청사와 법안종 운거사를 오가며 강훈'하던 사정을 상기할 필요가 있다.

당 말 오대 초의 천태종은 '겨우 한 가닥의 명맥만 유지하였다(僅存一線)'고 할 정도로 미미한 상태에 있다가 그 무렵 고려로부터 전적典籍과 인적 자원의 내참來參으로 부흥할 기미를 보이고 있었다. 이러한 때에 법안종과 천태종에 따로 소속하고 있던 뜻있는 학승들이 두 문을 바꾸어 가며 겸습하는 풍조가 만연해 있었다. 이 기이한 현상이 충의왕 즉위와 함께 법안종이 설봉종과의 경쟁에서 승리한 이후 발생하였다는 사실은 매우 흥미로운 일이다.

항주 서호를 등지고 뇌봉탑원에 올라 바라본 황금빛 지붕의 정자사

원교근공이라고나 할까? 960년에 송 제국이 건국되었지만 오월국은 978년 헌납되기까지 정상적으로 유지되었다.

  960년 초반 고려의 체관 법사가 천태 논소論疏를 가지고 바다를 건너 천태산 국청사에 왔으며, 뒤이어 의통이 덕소 문하를 떠나 의적義寂에게 개종하였다. 이후 의통은 천태종의 지도자로, 체관은 천태종 교과서라 할『천태사교의天台四敎儀』저술로 이름을 날리고 있을 무렵에 지종이 먼저 덕소 문하에 찾아들었다. 승적은 법안종 계열인 운거사에 두고, 의적 문하로 드나들면서 수년 동안 천태 지관의 학을 익히는 공부에도 정열을 쏟았던 것이다.

  지종이 968년 귀국할 때를 맞아 찬녕贊寧과 천태 현령 임식任埴의 요청에 의하여「대정혜론大定慧論」과『법화경』을 강의하여 커다란 반향을 불러일으켰다고 한다. '대정혜론'이란 천태 교학의 마하지관을 의미하는 것으로 추측된다. 왜냐하면, 대는 Maha(마하), 정定은 지止, 혜慧는 관觀과 동의어이기 때

영은사 비래봉 석굴의 조각상들

문으로, 강연 제목을 '『법화경』과 천태지관天台止觀'으로 정한 것은 장소와 시의時宜에 매우 합당하였다. 그리고 지종이 나계에서 보낸 이 시기는 동향인 의통과 체관이 전교원에 함께 머물면서 천태 불교 부흥의 역군으로 활동할 시기였다. 그러나 지종은 기본적으로 법안종 승려로서 천태종 부흥의 후원자 입장이었다는 사실을 잊어서는 안 된다. 그가 970년에 귀국할 무렵 체관은 나계 전교원에서 입적하였으며, 의통은 귀국길에 올라 명주항으로 갔으나 주위의 만류로 명주 전교원을 열어 후진 양성에 열중하게 되었다.

지종 다음으로 연수의 문하에 유학한 이로 영준英俊(932~1014)이 있다. 그는 법안 문익의 고제이며, 천태 덕소의 동문이기도 한 도봉산 영국사寧國寺 혜거 국사의 제자로서 광종 19년(968)에 오월 항주 영명사로 갔다. '적연 국사寂然國師 영준의 비문'에 의하면, 그가 처음 영명사에 이르렀을 때 연수로부터 어디서 왔느냐는 질문을 받고 동국에서 왔다고 하였다. 연수가 다시

"동국은 당나라와 비슷한가?" 하고 묻자 영준은 "달자達者에게는 동과 서가 없습니다." 하여 연수의 문으로 입실하였다. 영준이 은사 혜거慧炬(또는 惠居)의 후원으로 오월의 유학길에 오를 당시 덕소는 이미 연만하였을 뿐만 아니라 영명 연수의 이름이 천하에 떨치고 있었으며, 또한 항주가 해양 불국의 중심에 우뚝하였던 지정학적 이유도 있었을 것이다. 이리하여 수학한 지 5년 만에 귀국하였다.

3.
원대 강·절의 임제종과 여말의 구법승

1) 휴휴암 몽산 덕이와 덕이본 단경

중국 남종선은 당 말 오대, 즉 9세기 중엽부터 10세기 중기에 걸쳐 위앙·임제·조동·운문·법안 종의 이른바 선종 5가家의 종풍宗風을 형성하였으며, 중국의 5가 가운데 선교일치를 내세운 마지막 법안종은 특히 오월을 중심으로 크게 번성하였다. 이들 5가에 대응하여 한반도에서는 신라 후기부터 고려 초기에 걸쳐 구산선문을 형성하게 되었다. 그러나 그 이후의 한중 불교교류, 즉 고려와 송 제국 사이의 불교 교류는 무려 3세기 동안 단절된 상태에서 고려의 선불교계는 독자적인 노선을 걸어야 했다. 이는 주로 정치적 이유, 다시 말하면 요遼·금金·원元 등 북방 정복왕조의 대두로 인한 국제관계의 복잡한 상황에 기인하는 바가 적지 않았다.

중국 대륙에는 송宋 제국의 출현으로 오월을 비롯한 오대 시기의 지방 정권들이 점차 흡수 통일되면서 그 산하에서 번영을 극하던 법안종도 점차 그 빛을 잃어 갔다. 무인 출신으로 등장한 조송趙宋은 문신 관료들을 얻기 위해 과거제도를 실시하면서 문치주의를 서둘러 달성하기 위한 정책을 실시하는 과정에서 주자학이 등장한 것도 사실이다. 그들은 불교정책에 있어서도 유불 조화의 문제가 필연적으로 발생하게 되었으며, 이러한 요구에 대하여 불교계에서도 현실적인 답응을 하지 않으면 안 되었다.

송 초기의 불교 역시 『경덕전등록』이나 『송고승전』 같은 고전의 편집에서 그 성격을 잘 보여주고 있으며, 또한 운문종의 명승 불일 계승佛日契嵩은 「보교편輔教篇」을 저술하여 불교도 치국治國에 비보裨補가 된다는 주장을 하게 되었다. 여기서 그는 "이 시대에 천하의 선비들이 고문古文을 정리하는 일을 배우며, 한퇴지韓退之(한유韓愈)가 불교를 배척하고 공자를 존중함을 사모하고 있다.……중령仲靈(계승 자신)은 혼자 '원교原教' '효론孝論' 등 10여 편을 지어 유교와 불교의 길이 일관되고 있음을 밝혀서 그러한 주장에 항의한다."고 하고 있다. 이러한 입장에서 그는 『경덕전등록』 30권에 나타나 있는 선사들의 많은 전등설을 여러 가지 야사野史 자료를 인용하여 해설한 『전법정종기傳法正宗記』 등 여러 종류의 저술을 내놓았다. 이렇게 하여 발전한 송대의 선문답이나 게송으로 표현되는 염고 및 송고문학頌古文學이 사대부 층의 참선에 대한 유행과 밀접한 관계가 있게 된 것은 매우 자연스러운 일이다.

설두 중현의 『송고백칙頌古百則』이나 원오 극근의 『벽암록碧巖錄』 등은 그 대표적 작품들로서 원래 불립문자不立文字 교외별전敎外別傳을 표방한 선이 이제 다시 문자선文字禪으로 등장한 것은 하나의 역설이라 하지 않을 수 없다. 여기에 대혜 종고大慧宗杲(1089~1163)가 나와 문자선의 경향에 흘러 묵조선黙照禪에 빠져 있는 폐단을 바로잡기 위하여 조사선祖師禪(간화선看話禪)을 제창하였다. 이리하여 이전의 조사선은 대혜의 출현으로 일변하여 새로운 공안선公案禪(간화선)으로 등장하게 됨으로써 이후 조사선이 세를 얻으면서 임제종의 성세를 맞게 된 것이다.

송 제국이 출현하였으나 북방 정복왕조들의 출현으로 동북아시아 국제관계가 매우 복잡한 가운데, 고려의 외교적 입지는 더욱 어려워 입송 구법승의 발걸음이 끊기게 된 것이다. 심지어 문종의 왕자인 의천義天 승통僧統이 중국에 유학하여 불법으로 국익에 도움을 주고자 구법행을 청원하였음에도 불구하고 중신들의 반대가 심하여 몰래 바다를 건너지 않으면 안 되었던 것은 잘 아는 일이다. 북송 말 도해한 의천이 1년 동안(1085~1086) 화엄華嚴 및 천태교학天台敎學을 공부한 곳이 주로 항주였는데, 사실 항주와 영파를 중심한 강절 지역은 남종선 역시 당대 후기 이래 오월국을 거쳐 송대에 이르기까지 지속적으로 발전해 왔다. 일본의 남종선도 바로 이 지역으로부터 전해졌다는 사실에 주목할 필요가 있다.

일본의 불교는 천태종과 정토종이 일찍부터 성행하여 입당구법승에 의한 불교 교류도 그들 종파에 국한되어 있었다. 그러던 가운데 당 회창·대중 연간에 귤태후橘太后의 부탁을 받은 일승 혜악慧萼이 염관 제안齊安의 제자 의공義空 선사를 대동하고 귀국하여 전법을 시도하였으나 오래 지속되지 못하였다. 그 후 선종의 본격적 도입은 송대에 들어와 비로소 가능하였으니, 영서榮西(1141~1215)에 의한 임제종과 도원道元(1200~1253)에 의한 조동종의 도입이 그것이다. 그러니 남종선의 구법에 관한 한 신라 구산선문에 비교하여 4세기가량 뒤지는 것이다.

이런 점에서 보면 9산에 속하는 선사들이 굳이 어려운 입송구법의 순행을 고집할 필요가 없었을 것이다. 예컨대, 체징體澄은 도의의 제자 염거廉居에게 배운 뒤에 입당하여(837) 구법행각에 올랐으나 조기 귀국하고 말았다. 그는 그 까닭을 "종문宗門의 추요樞要가 스승(도의)의 가르침을 벗어나지 않음을 알고 다시 시간을 허비하여 멀리 방랑하지 않고 귀국을 결행"하게 되었던 것이다. 그가 입당한 시기는 이미 강서 마조의 직전直傳 제자들이 이미 대부분 타계하였거나 혹은 생존하였더라도 노쇠하여 그의 조사인 도의 선사의 정전正傳을 이어 계승함만 같지 못하다는 판단 때문이었다.

하지만 시대가 흐를수록 송을 비롯한 동아시아 세계의 불교계는 선종이 성행하는 추세였으며, 더구나 원의 중국 통일 이후 고려에 대한 간섭을 강화하면서 지금까지 단절되었던 불교 교류도 점차 물꼬가 트이게 되었다. 앞에서 본 바와 같이 구법 선승에 의한 여·송 간 직접적인 교류는 없었으나 대감 국사 탄연坦然(1069~1158)이 영파 아육왕사阿育王寺의 개심介諶(1080~1148)과 문통文通하였다. 보조 지눌普照知訥(1158~1210) 역시 깨달음을 향한 정진에 매진하던 중『육조단경』의 체험적 중요성을 인식하여 다시『대혜어록大慧語錄』을 읽고 크게 깨쳐 임제종의 간화선看話禪을 수용하였다. 이런 가운데 정혜결사定慧結社를 수선사修禪社(현재 송광사)로 개칭하여 한국불교의 유신을 위한 노력을 계속하였다.

몽고가 남송의 항복을 받아 중국을 통일하자 여·원 간의 불교 교류는 한결 자연스럽게 진행되어 몽산 덕이蒙山德異(1231~1298?)와 중봉 명본中峰明本(1263~1323) 같은 고승의 선풍을 받아들였다. 중봉은 고봉 원묘高峰原妙의 제자로서 항주 천목산 환주암幻住庵에 있을 때 대도에 머물고 있던 충선왕과 그 일행의 내방(1319)을 받았으며, 그 후에도 고려불교와의 관계가 있었다. 특히 몽산 화상은 소년 시에 유불도를 익혔으며, 항몽전쟁에 참전하였다가 실패한 뒤 32세가 되어서야 임제종 양기파의 설암 조흠雪巖祖欽을 비롯한 여러 존숙을 찾아 뵈었다. 그러던 가운데 고봉 덕수孤峰德秀의 제자 환산 정응皖山正凝에게서 무자화두를 받아 결국 그의 법제자가 되었다. 그는 신도들의 후원 아래 오吳(강소성 蘇州 부근)의 휴휴암休休庵에 은둔하여 저술과 교화에 열중하여 일가를 이루었다. 하지만 불교계에 두각을 특별하게 나타낼 만한 처지가 되지 못하였음에도 불구하고 우연찮게도 고려 승속들의 주목을 받아

항주 천목산 중봉 명본 선사의 묘탑
(불교춘추사 제공)

방문을 받게 된 것을 계기로 하여 고려에 오히려 그의 이름을 드러낸 것은 특기할 일이 아닐 수 없다.

　남송이 몽고에 항복한 지 14년이 지난 1295년에 고려 수선사修禪社의 요암 원명了庵元明 장로 등 도우道友 8명의 방문을 받은 것을 시작으로 유대관계는 갈수록 깊어 갔다. 그 무렵 조계종 가지산문의 고승으로 보각 국사 일연의 상수제자 혼구混丘(1250~1322)도 몽산과 서신으로 교유하여 '무극노인'이라는 칭호를 받았다. 혼구와 함께 사굴산문의 혜감 국사 만항萬恒(1269~1315)은 간접적인 교유가 있어 몽산은 게송과 함께 그에게도 고담古潭이란 호를 지어 주었다. 만항은 제2의 수선사인 강화 선원사禪源寺의 사주로 있던 1298년에 몽산이 서문을 쓴 『육조대사법보단경』을 구하여 2년 뒤인 1300년에 간행하니, 이것이 바로 고려에서 간행한 덕이본 단경이다. 혼구와 망항은 그 후 바다를 건너 휴휴암을 다녀온 바 있으며, 그보다 조금 늦게 사굴산문 출신의 선원사 원명元明 국사 충감冲鑑(1274~1338)도 역시 강남 불교계를 상당기간 순력하였다. 1304년 그가 귀국할 때 몽산 화상의 상수제자인 철산 소경鐵山昭瓊을 대동하여 3년 동안 고려에 머물며 교류하였다.

강화는 일찍이 거란과 몽고의 침략을 맞아 국난 극복을 기원하기 위하여 국가적 힘을 기울여 대장경을 조성한 장소였는데, 지금 단경의 간행은 단지 해로상의 편의에 따른 것이었다. 그것은 남송이 망하고 강남과의 해로가 개통된 후 양국 불교계의 소통이 용이해진 때문이다. 이는 나아가 대몽 항쟁 시기에 강남 사회에 풍미했던 임제종 양기파의 간화선이 고려 조계종에도 싹트고 있었던 상호간의 암묵적 계합이 새로 열린 바다길을 통하여 실현될 수 있는 결과였다. 물론 당시 여원 교섭은 북방 육로를 통하여 이루어지기도 하였다. 예컨대 충선왕은 퇴위한 뒤 1314년 연경에 만권당을 만들어 본국의 이제현이나 중국의 조맹부趙孟頫 같은 이름 있는 문인학자들을 모아 경사經史의 연구와 함께 문예의 교류에 힘썼다. 이때 강절 지방에 있는 선종 이외에도 여러 종파와의 불교 교류가 광범하게 이루어지고 있었다.

2) 태고·나옹 등의 강·절 순력

고려 후기 수선사계 고승 원감圓鑑 국사 충지冲止(1226~1293)는 조계曹溪 5세世 원오 국사 천영天英이 입적하자 그 뒤를 이어 조계 6세가 되어 선원사에 주석하였다. 이에 원의 황제가 그의 명성을 듣고 사신을 보내어 대도大都로 초치하여 주빈의 예로 맞이하였으며, 현지에서 전법傳法한 은혜를 찬양하고 금란가사 등을 하사하였다. 본래 원나라는 티베트불교를 숭신하였으므로 고려의 선승으로서, 더구나 수선사계 고승으로서 응당 남방의 선종 사찰에 관심이 있을 것은 당연한 일이었다. 하지만 당시는 아직도 남방이 불온한 상태이기도 하였으므로 그는 오래 머물지 않고 귀국한 것 같다.

우리나라 남종선의 조사들이 초기에는 중국으로 가서 법을 구해온 것이 사실이지만 당 말 오대 시기를 지나면서 본국에도 구산선문을 중심으로 하여 각기 자파의 종지宗旨를 발전시켰다. 뿐만 아니라 구법승들이 득법한 뒤에 현지에서 전법傳法활동에 종사하여 스스로 조사祖師로 존중받은 사천성 정중사淨衆寺의 무상無相이나 천태종의 의통義通 같은 고승들이 있으며, 원감 국사 충지와 같은 이는 황제의 초빙으로 중국에 들어가 전법하여 황제의 찬양을 받기도 한 것이다. 보조 지눌 선사가 독자적 수행으로 득법하여 수선사를 열고, 그 후손들이 휴휴암의 몽산 화상과 교류하면서 선원사에서 간행한 『육조대사법보단경』이 몽산본이 아니라 지눌의 간행본일 가능성이 있다는 학계의 주장이 있는 것도 사실이다. 그럼에도 불구하고 고래로 불교계 일각에서는 중국에 들어가 활동한 고승들에 대해서도 초기 구법승의 형식에 따라 일괄적으로 취급하는 경우를 가끔 보게 된다. 태고 보우 선사를 필두로 하여 중국에 들어가 활동한 고승들이 그러한 경우에 속한다.

태고 보우太古普愚(1301~1382)의 속성은 홍씨洪氏로 양근陽根 사람이며, 어려서부터 총명하여 13세에 회암사 광지廣智 선사 문하에서 삭발 출가하였다. 그 뒤 가지산 총림에서 순행하여 19세에 '만법귀일萬法歸一'의 화두를 참구하였으며, 화엄학에도 조예가 있었지만 그의 궁극적 입장은 교보다는 선 수행으로 일관하였다. 33세에 감로사 승당에서 용맹정진하여 깨달음을 얻고 게송 8구를 지었으며, 다시 『원각경』을 읽다가 깨닫고 조주趙州의 '무자無字' 화두를 참구하였다. 그 뒤 고향으로 돌아와 1,700공안을 참구하여 20년 동인 고심하던 일에 종지부를 찍었다. 39세에 소요산 백운암에 머물며 「백

석옥 청공의 주석처 호주 하무산 천호암은 폐사가 되어 차밭으로 변하였다. (불교춘추사 제공)

운암가白雲庵歌」를 지었으며, 중국 승려 무극으로부터 임제의 선맥禪脈을 인가 받을 것을 권유받았다. 그 뒤 삼각산 중흥사重興寺에 주석하며 총림을 일으키고 「태고암가太古庵歌」를 지었다.

충목왕 2년(1346) 그는 46세의 나이로 원에 들어가 대도大都의 대관사大觀寺에 머물다가 다음 해 봄에 남소南巢(안휘지방)로 인도의 원성源盛 선사를 찾아 갔으나 선사는 이미 작고한 뒤였다. 여기서 다시 절강성 호주湖州 하무산 霞霧山 천호암天湖庵으로 가서 석옥 청공石屋淸珙(1272~1352) 선사를 알현하고 「태고암가」를 올렸다. 이에 석옥이 칭찬하면서 "모든 부처와 조사들은 오직 한 마음을 전했을 뿐 다른 법은 없다." 하고, 다시 '마조馬祖가 승려를 시켜 대매산大梅山 법상法常에게 물은 인연'에 대해서 묻자, 보우는 주저함이 없이 재빨리 답하였다.

이같이 하며 반달 동안을 석옥의 곁에 머물며 심요心要를 모두 얻어 임제의 정전正傳 제19대 법손法孫이 되었다고 한다. 따져 보면 석옥은 임제 의현

臨濟義玄의 18세 법사로서 양기의 법맥에 속하는 급암 종신及庵宗信의 제자이다. 대사는 다시 연도燕都를 거쳐 충목왕 4년(1348) 봄에 귀국하니, 이제 그는 중국 임제종의 정전을 계승한 적손嫡孫으로 위의를 갖추어 간화선 선풍을 내세워 문도를 지도하게 된 것이다.

백운 경한白雲景閑(1299~1374)은 태고보다 5년 늦은 1351년 5월, 53세에 원으로 들어가 호주 석옥 선사를 알현하였다. 조석으로 스승을 시봉하며 육조와 조주의 화두를 예로 들어 질문하며 정진하던 중 깨달음의 큰 전기를 맞았다. 그리하여 스승과 이별한 뒤 소주 휴휴암을 거쳐 다음 해 3월에 귀국하였다고 하는데, 이 같은 그의 조기 귀국은 스승 석옥이 그 해에 작고했기 때문인 것으로 보인다.

다음 나옹 혜근懶翁慧勤(1320~1376)은 20세에 공덕산 요연了然 선사에게 삭발 출가한 뒤 여러 산을 유력하다가 드디어 회암사에서 선정을 닦았다. 충목왕 3년(1347) 28세 되던 해 봄에 원나라로 들어가 대도 법원사法源寺에서 인도승 지공指空(?~1363) 화상을 뵈니, 그가 법기임을 알고 입실을 허락하였다. 3년 뒤 스승의 문하를 떠나 통주通州에서 운하를 따라 평강부平江府(蘇州)로 내려와 휴휴암에서 여름안거를 지나고, 7월에 다시 항주로 내려가 정자사淨慈寺 평산 처림平山處林(1279~1352)을 알현하였다. 평산은 급암 종신의 문하생으로서 석옥 청공과는 법형제이며, 설암 조흠雪巖祖欽(1215~1287)의 법손으로 모두 임제에서 양기파로 이어지는 후손이 된다.

나옹은 정자사를 떠나 명주로 가서 보타산 관음도량을 참배한 후 여러 곳을 순력하였다. 그리고 1352년 4월에 무주婺州 복룡산의 천암 원장千巖元長(1284~1357)을 만나 게송을 지어 바치고 문답하였으며, 다시 송강松江에 이르러 요당了堂과 박암泊岩 화상을 뵌 뒤 곧바로 북상하여 대도 법원사에 돌아와 지공 화상을 참배하였다. 이에 지공은 그에게 법을 부촉하고 게송을 지어 주니, 이렇게 하여 나옹은 지공의 대기대용大機大用의 법을 이으면서도 동시에 임제종의 법맥을 잇는 형식을 갖추게 된 것이다. 공민왕 4년(1355) 광제사廣濟寺에 머물러 개당법회를 열어 황제로부터 금란가사를 하사받았으며, 연계燕薊 지역의 명산대찰을 순력한 뒤, 동 7년에 지공 화상에게 이별을 고하고 귀국하였다.

무학 자초無學自超(1327~1405)는 18세에 송광사 소지小止 선사에게 출가한 뒤 혜명慧明 국사에게 법을 물었으며, 20세에 『능엄경』을 보다가 깨닫는 바가 있었다. 공민왕 2년(1353) 26세에 원에 들어가 지공 화상을 뵙고 입실하였으며, 다음 해 법천사法泉寺로 나옹을 찾아 뵈니 나옹은 처음부터 그가 법기임을 알았다. 뒤에 하북의 무령산霧靈山, 산서의 오대산五台山 등을 두루 유력하다가 서산西山 영암사靈巖寺에서 다시 지공 화상을 뵙고 수년간 시봉하였다. 그 뒤 강절 지역으로 순행을 시도하였으나 남방 한족의 반원反元 세력이 흉흉한 가운데 도로 사정이 여의치 않아 뜻을 이루지 못하고 동 5년(1356) 여름에 귀국하게 되었다.

이상 고려 말기에 입원入元하여 활동한 고승들 가운데 특히 태고 선사의 경우를 주의 깊게 볼 필요가 있다. 그는 국내에서 이미 간화선의 참구로 무르익어 깨달음을 얻은 뒤 40대 후반에 다시 중국에 들어가서 반개월 동안 머물며 석옥에게 인가를 받는 형식을 취하였을 뿐이다. 이는 어디까지나 초기 구법승의 형식을 밟은 데 불과한 것이며, 더욱이 석옥 화상도 그 지역에서 각별히 인정받는 고승이 아니었다. 그럼에도 태고 보우가 굳이 그에게서 인가를 받는다는 사실 자체가 아이러니한 일이 아닐 수 없다.

조선왕조는 성리학을 숭상하고 불교를 이단시하였으므로 승려를 통한 교류가 원칙적으로 금지되었으니, 그나마 여말의 불교 교류가 양국 사이의 마지막을 장식하였던 것이다.

제4장

천태·법안종과

신라·고려의 교류

필자는 1998년 9월부터 1년간 절강대학 한국연구소의 초청으로 머물고 있을 동안, 동년 11월 21일부터 22일까지 연구소 직원 가족들의 추계 소풍 행사에 참여하여 국청사를 중심으로 지자탑원과 천태산 석량 방광사 일대 및 나계 전교원 유지를 답사하였다. 그리고 귀국하여 쓴 답사기를 천태종 『금강』(1999년 3·6월 호)에 게재하였다.

그 다음 해 5월 5일부터 8일까지 나흘 동안 절강관광학교 왕곤신 교장과 태주사범대학 증기해 교수의 물심양면의 협조와 국청사 법물유통처 운통 스님의 안내를 얻어 천태산 일원의 대소 사찰을 두루 답사하였다. 이 답사기를 「천태산 현지르포」라는 제목으로 『불교저널』(1999년 9월 호)에 발표하였다. 다음 글은 위 두 편의 글을 다시 한 편으로 묶어 정리한 것으로 내용의 중복을 피하고 일시의 선후를 조정하는 등 부분적 수정을 가했다.

1.
태주 영강 변의 신라인 족적

1) 천태산에 이르는 영강과 시풍계

 천태종은 국청사를 비롯하여 천태산과 천태현天台縣에 산재해 있는 크고 작은 사찰을 중심으로 수·당 시대부터 오늘에 이르기까지 장구한 세월에 걸쳐 발전해 온 불교 종파이다. 이와 관련한 필자의 첫 번째 답사는 1998년 가을에 절강대학 한국연구소 심선홍沈善洪 소장을 위시한 여러 분과 1박 2일 일정으로 국청사國淸寺와 그 이웃의 석량石梁 방광사方廣寺와 나계螺溪 전교원지傳敎院址를 대상으로 비교적 가볍게 진행된 소풍이었다. 두 번째는 1999년 봄 항주 절강관광학교 왕곤흔王昆欣 교장의 호의와 태주사범대학 증기해曾其海 교수의 참여하에 지자탑원智者塔院을 중심으로 화정사華頂寺와 만년사萬年寺 등 천태산天台山 답사가 본격적으로 이루어졌다. 따라서 이 글은 두 번째 답사를 중심으로 하면서 첫 번째 답사 내용을 보충하는 형식으로 기술하려 한다.
 1999년 5월 5일, 이번 여행은 한중 문화 교류에 관심이 많은 왕 교장의 호의에 의한 것으로 동행할 사람이 마땅치 않아 필자 혼자 나섰다. 차는 예정대로 절강대학 서계교구西溪校區(즉 옛 항주대) 앞에서 7시 반에 출발하였다. 고속도로를 따라 펼쳐지는 밭과 들에는 보리와 밀이 익어 황금물결을 이루고 한편에서는 모내기가 한창이다. 소흥紹興을 지나면서부터는 신록으로 푸른 크고 작은 산들이 자주 나타나는데, 석재를 채취하느라 볼썽사납게 파헤쳐지고 요즘 들어 부쩍 증가한 별난 모양의 분묘들이 점점이 박혀 눈살을 찌푸리게 한다.

11시 가까이 되어서야 천태현에 도착하여 천태불교학天台佛敎學 전문가 증曾 교수에게 전화 연락을 했으나 그가 근무하는 태주사범대학台州師範大學은 여기서 백리길이나 떨어진 임해시臨海市에 있다는 것이다. 절강대학 철학과 출신인 증 교수는 한국연구소 김건인金健人 부소장 소개로 이미 연락을 취해 만나기로 약속한 바 있었다. 태주사범대학이 응당 천태산이 있는 천태현에 시청이나 학교 박물관 등의 기관과 함께 몰려 있는 줄 알았는데 판단 잘못이었다. 부득불 차를 돌려 임해시를 향하여 시풍계始豊溪를 따라 달리는데, 산모퉁이를 돌 때마다 짙푸른 강을 끼고 내려앉은 산자락 군데군데 숨어 있는 마을들이 한가한 모습으로 나타나곤 한다. 낯설지 않은 경관이다.

차는 4, 50분 달려서 임해시에 있는 사범학교에 도착하였다. 증 교수를 만나 교내에 있는 사택으로 안내되어 차 대접을 받은 다음, 연락받고 온 학교 외사처 직원의 안내로 부근에 있는 음식점으로 가서 때 늦은 점심을 대접받았다. 증 교수는 천태 교학 관련 책을 몇 권 낸 바 있어 이 지방에서는 꽤 알려진 사람인데 직접 만나 보니 50대 초반의 얌전한 학자다. 그는 일본 천태종에 관해서는 이미 단행본을 간행한 바 있으며, 앞으로 학교에 불교학연구소를 설치하여 외국과의 폭넓은 학술 교류를 희망한다고 하였다. 천태학 연구를 진행하려면 반드시 직면하게 되는 신라와 고려의 구법승들에 대한 연구도 필수적이므로 앞으로 한국 불교학계와의 교류를 통하여 연구 관심을 넓혀 가는 일이 중요하다고 하였다.

특히 고대에는 태주台州 지역과 한반도의 교류가 매우 빈번하여 이 지역 지방지에는 그에 관한 적지 않은 기록들이 보인다고 하면서 오후에는 임해고성臨海古城에 올라가 보자고 한다. 이렇게 되면 이번 천태산 답사 계획에 차질이 오지만 할 수 없는 일이다. 사실 필자는 주산舟山열도를 따라 내려오면서 우리와 관련이 있는 태주만台州灣과 온주만溫州灣 일대에 대한 답사의 필요성을 절실히 느껴 오던 터이며, 이번에도 그에 대한 자료들을 일부 준비해 온 터였다. 조선 성종조의 관인 최부崔溥가 제주도에서 표류하다가 삼문만三門灣으로 상륙하여 갖은 고역을 치른 도저소桃渚所 등이 모두 임해시역에 있어 이 지역에 대한 답사는 되도록이면 이번 여름에 하자는 얘기들이 오가던 중이었다. 그런데 뜻밖에 증 교수의 권유로 몇몇 한국 관련 지역을 찾아보기로 한 것이다. 우선 호텔을 정한 뒤 잠시 휴식을 취하고 다시 만나 성에 오르기로 하였다.

임해고성은 태주부성台州府城이라고도 하므로 옛날에는 여기가 태주(읍치邑治)였음을 알 수 있으나 지금은 시청이 태주만의 입구에 있는 초강시椒江市에 소재한다고 한다. 고성은 학교의 바로 뒷산이어서 증 교수와 함께 학교 후문을 통하여 올라가니, 먼저 수隋 대의 느티나무라는 고목을 만났다. '강남江南의 팔달령八達嶺(북경 지방의 만리장성 일부)'이라는 별칭을 가진 이 고성은 여러 차례 개보수를 거쳤으며, 최근에 대대적으로 수축하여 시민공원으로 잘 가꾸어 놓았다. 무엇보다도 성 위에서 '신라산新羅山'을 볼 수 있다는 것은 얼마나 다행인가! 임해시의 후산인 이 산을 신라산 또는 고려산이라고 부른 까닭은 신라 상인들의 묘지가 있었기 때문이라고 한다. 그들은 한반도로부터 바다를 건너 먼저 명주로 입항하여 입국 수속을 끝낸 뒤 여러 곳으로 흩

임해고성을 중심으로 하여 영강과 반대쪽으로 보이는 신라산은 신라에서 온 거주인들이 죽으면 묻히던 곳이다.

어져 무역을 하였다. 그 중 상당수가 태주만으로 내려와 다시 초강椒江을 거슬러 올라와 임해시의 부두에 내렸는데, 거기에는 신라인을 비롯한 외국인들이 모여 사는 '통원방通遠坊'이 있었다. 이 통원방에는 현지에서 결혼하여 가정을 꾸리고 무역이나 통역 업무에 종사하는 이가 많았을 것이고, 새로 오는 상인들도 더러 있었을 것이다. 그들이 객지에서 발병하여 죽으면 모두 저 뒷산에 묻혔으므로 '신라산'이라 부르게 되었다는 것이다.

그러나 '신라' 또는 '고려'라는 이름은 중국의 옛 지방지에만 그 기록이 남아 있을 뿐이며, 그나마 조선이란 이름은 찾아보기 어렵다. 당·송 시대에 신라나 고려는 교섭이 잦았으나 명·청 시대에는 쇄국정책을 실시하였으므로 조선에서 바다 건너 중국 강남 지방으로 내왕할 수 없었기 때문이다. 강남 지역에서는 조선조 이후 너무나도 오래 내왕이 단절되었던 까닭에 조선이라는 그 이름마저 잊힌 지 오래다. 성에서 빤히 건너다 보이는 '신라산'은 명산이라고 알려져서인지 몰라도 지금도 새 무덤들이 들어서고 있다고 한다. 돈벌이하기 위하여 바다 건너 멀리 이역에 와서 불시에 병을 얻어 객사하는 비운을 맞은 신라와 고려인 원혼들을 그냥 묻기가 애처로워 혹시 묘지석이라도 남긴 흔적들이 있을까? 앞으로 발굴이라도 하여 1기의 묘지석이라도 얻으면 한중 해상 교류사 연구에 중요한 자료가 될 수도 있을 것이라는 등 증 교수와 이러저러한 이야기를 나누며 신라산을 배경으로 기념사진을 찍었다.

성에서 반대편 쪽으로 내려다보면 시내 한가운데 동호東湖가 아름다운 자태를 뽐내고 그 뒤쪽으로 우뚝 솟은 두 탑을 받쳐 올린 건산巾山이 단정하게 앉아 있다. 초강椒江으로 이어져 다시 태주만으로 흘러드는 영강靈江은 임해시를 끼고 돌아 굽이져서 올라가는데, 크고 작은 배들이 떠다니는 광경은 임해라는 도시 명칭에 부합한다는 느낌을 준다. 건산 자락에 고색창연한 천녕사天寧寺가 자리하고 있다. 지도를 보면 영강은 다시 한참 올라가다가 시풍계始豊溪와 영안계永安溪로 나뉘는데, 특히 시풍계는 천태산 아래로 흐른다. 그러니 태주만과 천태산은 거리로도 가깝지만 수로가 고대의 중요한 교통수단이었던 점을 고려하면 양자는 매우 밀접한 관계에 있다는 사실을 알 수 있다. 그렇다면 이 수로는 천태산으로 구법 행각에 나선 스님들이 자주 이용하였을 것이며, 저 신라산에 잠든 영혼들의 주인은 스님들의 안전을 책임지고 인도하였을 신라 상인이었다고 추측할 수 있다. 오늘은 여름날같이 더운데, 산성을 오르락내리락 하다 보니 땀이 비 오듯 흐른다.

저녁에는 우리가 묵는 호텔에서 예상하지도 못했던 장승용蔣承勇 학장의 초청 만찬이 있다고 한다. 김측신金則新 부학장도 배석한 이 자리는 알고 보니 항주대학 출신 선후배들 모임으로서 선배가 되는 중 교수의 천태불교에 관한 연구 활동을 후원하려는 열의로 마련된 자리였다. 천태산이 있는 태주

증기해 교수와 함께 임해고성에서 영강을 배경으로 기념 촬영

에서 천태불교연구소 하나 정도는 있어야 한다는 경영자적 판단에 따른 결심인 듯 금년 중으로 연구소를 설립하고 아울러 남경대학에서 불교학으로 박사학위를 받는 한 사람을 연구원으로 받아들이기로 하였다고 한다. 해산물 위주의 안주에 소흥주로 거나하게 취하여 천태산 이야기가 화제에 오르자 내일 오후 천태산행에는 천태산의 생태계를 연구하고 있어 지리에 밝은 김 부학장이 동행하겠다고 하였다. 답사 첫날부터 여러 가지 기분 좋은 일이 겹친다.

2) 황암의 신라방과 신교진의 신라서

6일, 아침 7시 반 출발 시간에 맞춰 증 교수가 호텔로 와서 차가 막 출발하려는데 타이어가 펑크 났다고 한다. 여분 타이어를 갈아 끼우고 하다 보니 약 20분이 늦어졌다. 황암黃巖까지 33킬로미터 정도 고속도로가 뚫려 교통은 그런 대로 괜찮은 편이나 여기서도 어김없이 통행세를 받는다. 중국에서는 개방 이후 고속도로 건설을 지방마다 독자적으로 맡아서 하기 때문에 어떤 구간은 개통이 되고 어떤 구간은 안 되어 있다. 개통된 구역에는 통행료 수납처가 곳곳에 설치되어 있어서 특히 외지에서 온 차량은 반드시 수납해야 한다고 기사는 불만을 토로한다. 어제 항주에서 올 때도 통행료를 여러 번 냈다. 황암의 위치를 살펴보면, 태주만에서 초강椒江 입구로 들어가 강이 끝나는 지점에서 영강靈江과 영녕강永寧江이 나뉘는데 영녕강을 한참 거슬러 올라가면 좌측에 황암시가 자리 잡고 있다.

우리가 황암에 도착하여 지방 신문 '황암보黃巖報' 사옥을 찾아갔을 때는 아직 9시가 못 되었다. 아침 8시가 출근 시간이지만 신문부에는 진소파陳小波 기자 한 사람만 사무를 보다가 손님을 맞아 차 대접을 한다. 증 교수가 만나려는 이는 이미 퇴직한 노기자로서 조금 있으면 출근할 것이라고 한다. 중국에는 퇴직한 후에도 출근하여 사무 보는 경우를 허다히 볼 수 있다. 조금 후 한 여사무원이 출근하여 자기가 길 안내를 하겠다고 자처하여, 우리가 따라간 곳은 시내 한가운데 있는 어시장 골목 백수항柏樹巷이었다. 여기가 신라방新羅坊이 있던 곳이라고 한다.

신라방이라 하면 우리가 잘 알고 있는 장보고 대사의 중국 활동 근거지인 산동성山東省 적산赤山이나 초주楚州의 신라방을 연상할 수 있으나 절강성 남쪽 태주만 깊숙한 곳에까지 신라인들이 몰려 살았다는 사실은 아직 잘 알려져 있지 않다. 그러나 당·송 시대의 해상 활동은 우리 생각 이상으로 활발하였다는 사실을 필자는 최근 들어 실제 중국 연해 지역 답사를 통해 실감하고 있다.

태주만 입구에 위치한 황암시 백수항에는 신라방이 있었다.

9세기 중엽 장보고 대사가 동아시아 삼국의 해상 세력을 장악할 수 있었던 데에는 우리나라 민간인의 해상 활동이 그만큼 활발하였다는 배경이 있었다. 지난 연말 동국대학교 사학과 중국 불적답사반에서 실시한 복건성福建省 연해 지역 답사에서도 우리 조상들의 발자취를 여기저기서 확인할 수 있었다. 태주만에서 온주만을 거쳐 남하하면 성의 수도 복주福州가 민강閩江 입구에 위치하고 있으며, 다시 남쪽으로 멀리 떨어진 진강晉江 입구에 천주泉州가 있다. 모두 큰 강을 낀 이들 항구도시 주변에서는 우리 구법 승려들의 자취를 더러 발견할 수 있다. 당 말 오대 시기에 설봉산으로 구법하러 간 스님들은 민강으로 왕래하였으며, 천주 진강 변에는 아직도 복청사福淸寺 같은 나말 여초 관련 사원이 존재한다. 구법 스님들이 이르는 곳에는 대부분 상인들이 따라다니게 마련이지만 이 지역에서 신라 상인들의 족적을 발견하였다는 학계의 보고는 아직 없다. 그러나 절강성 여러 지역에는 구법승과 무역 상인들의 발자취를 여기저기서 발견할 수 있다. 영파(명주)와 태주가 그 대표적인 지역이다.

백수항 입구에는 어물을 비롯한 갖가지 물건을 파는 종합시장이 형성되어 대단히 붐비고 있다. 근대에 이르기 전까지만 해도 태주台州는 실크, 차, 도자기 등을 구하기 위하여 외지로부터 찾아드는 무역 상인들로 붐비는 이름난 시장이었으나 근대화와 더불어 육·해상으로의 교통이 발달하면서 이 중간적 항구도시는 점차 낙후되었다고 한다. 지금 황암 시민들로 붐비는 이 시장에서도 신라방이 있었을 당시에는 국제무역이 이루어지고 있었다. 백수라는 거리 명칭으로 보아 옛날에는 전나무가 무성한 숲을 끼고 있었던 모양이다. 시장 입구에서 일직선으로 난 골목길에는 옛 건물들로 가득하다. 어느 집에서는 노인들이 모여 앉아 주문을 외우고 있기에 종교 집회인가 물었더니 초상집이라고 한다. 이 골목 저 골목 이색진 곳을 찾아 사진을 찍었다. 그리고는 우리를 안내해 온 아가씨를 신문사까지 바래다준 뒤 다시 황암을 향하여 차를 되돌렸다.

황암에서 영강 변을 따라 올라간 길을 한참 달리다 보면 '신라서新羅嶼'가 있는 신교汛橋가 나온다. 영강이 큰 강이기는 하지만 신라 사람들이 살던 섬(島嶼)이 어디에 있을 수 있겠는가? 궁금한 일이 아닐 수 없다. 신교는 지금 면소재지도 못 될 만큼 조그마한 마을 도시다. 중 교수는 신교중학교로 차를 안내하여 제자라는 교사 한 명을 태우고 그로 하여금 길을 안내하게 하였다. 강변으로 가는 길 양쪽으로 활짝 핀 귤꽃 향기가 차창으로 유난히도 진하게 스며 왔다. 이윽고 나루터에 이르렀으나 섬은 보이지 않고 옆으로 바위가 많은 조그마한 야산이 덩그러니 앉아 있다. 알고 보니 원래 평지에 있는 작은 산을 두고 서라고 한다는데, 이 작은 산이 있는 나루터를 신라 상인들이 많

임해에서 태주만으로 흐르는 중류 지역에 있는 신교나루. 이 부근에 신라인들이 모여 살던 신라서가 있었다고 한다.

이 이용하여 이를 두고 신라서라고 하였던 모양이다.

어째서 이 나루터가 그리도 유명하였을까? 지금 그 이유를 따져 볼 겨를이 없다. 강 이쪽에서 저쪽 나루로 왕래하는 작은 배들의 내왕이 잦고, 엄청나게 큰 배 한 척이 강을 거슬러 올라가고 있다. 산 아래에 진선사進善寺라는 암자가 있으나 승려도 보이지 않고 허술하기 짝이 없다. 바깥벽에는 물감으로 "도강과 운반의 안전을 보장한다."고 써 놓아 그런 대로 나루터 기도처로서의 존재 의의를 설명해 주고 있다. 그러나 옛날 신라 상인들의 출입이 잦았을 당시에는 이 나루 주변은 매우 붐비는 교통의 중심지였을 것이며, 진선사는 항해의 안전을 비는 저들 상인들의 시주로 살림살이가 착실한 암자였을 것이다. 어쩌면 암자에는 신라에서 모셔온 불상들로 하여 신라 분위기를 물씬 풍겼을지도 모른다. 황암과 신교의 신라 유적지 외에도 온령溫岭 해변에 있다는 신라두산新羅頭山을 보았으면 좋으련만 시간이 허용치 않는다. 신라두산은 신라인들이 이 지역으로 항해할 때 표적으로 삼은 산으로서 사람 머리같이 생겼다고 하여 붙여진 이름이라고 한다. 어떻든 과거에는 이들 지역이 한반도와 그토록 밀접한 사이였으나 이후 우리는 너무나도 바다를 멀리하여 살았던 까닭에 옛 지방지를 뒤져서야 겨우 그 이름들을 확인할 수 있을 뿐이다.

3) 임해 천녕사와 신라산

지금 임해사범전문학교에서는 김측신金則新 부학장이 우리를 기다리고 있다. 황암 갔다가 온 뒤에 행동을 같이하기로 하였던 터라 부지런히 학교로 되돌아 왔다. 오후에 천태산을 답사한 뒤에는 어차피 우리와 헤어져야 하기 때문에 학교 차를 한 대 더 내어 김 교장이 타고 우리 일행은 두 대의 차로 시내에 있는 건산巾山 천녕사天寧寺로 갔다. 건산 서쪽 자락에 비스듬히 앉은 천녕사에서는 전방의 영강을 훤히 내려다볼 수 있었다. 그 규모도 상당한 당대의 고찰로서 지역적으로 천태산에 이웃하여 천태종 계통에 속하며, 태주만에 가까워 외국과의 무역 및 불교 교류에 중요한 역할을 담당하였다. 천녕사 아래쪽에 있는 '신룡고찰神龍古刹'이라는 일본 사찰이 현재 대규모 중수 중에 있다. 일본 천태종 종조 최징最澄(767~822) 대사가 804년 9월 제자 의진義眞 등을 거느리고 명주로 입항하여 태주만으로 내려와 천녕사(옛 용화사)에서 국청사 도수道邃 법사에게 보살계를 받았으며, 다음 해 귀국하기 전까지 천태학을 공부할 때 대부분의 시간을 여기서 보냈다고 한다. 그보다 먼저 당의 감진鑒眞(688~763) 화상이 도일渡日을 위하여 수차 시도할 때도 태주 개

국청사 도수 화상이 805년 봄 일본에서 온 최징에게 보살계를 수여하였다는 내용의, 용흥사 앞에 근래 세운 기념비

원시開元寺에 투숙하면서 사탁思托 화상의 도움을 받아 배를 만드는 등의 준비를 하였던 곳이다. 당 대중 3년(853)에는 일본 천태종 5세 좌주 원진圓珍이 신라 무역상인 흠량휘의 선편으로 도당渡唐하는 도중 태풍으로 복주福州로 상륙하였으나 다시 북상하여 태주만으로 입항하여 황암을 거쳐 태주 개원사에 머물렀다.

천녕사가 신라 스님들과도 상당한 관계가 있었을 것으로 생각되지만 별다른 기록을 발견할 수 없다. 신라산을 비롯한 여러 지역에 신라 상인들이 남긴 자취들을 통해 미루어 짐작해 보면 그들은 배를 타기 전후에 자주 이 절을 찾아 안전 운항을 위하여 열심히 기도하였을 것이다. 증 교수는 조선

영종조에 20여 명이 태주로 표류해 와서 이 절에 수용된 적이 있다는 지방지 기록이 있다고 설명해 주었다. 같은 태주시의 조금 북쪽에 있는 삼문만三門灣으로 표류해 온 최부보다 약 300년 후의 일이다.

천녕사 아랫마을이 통원방通遠坊이다. 먼 곳에서 물화를 유통하기 위해서 오는 사람들의 집거지라는 뜻으로 고대에는 통원방이니 내원방來遠坊이니 하는 외국인 마을이 해안 지방에는 더러 있었다고 한다. 통원방에 신라인들만 살았던 것은 아니지만 신라인이 위주였을 것이다. 그들은 중국에 당도하면 먼저 명주 시박사市舶司에서 입국 수속을 마친 뒤 태주만으로 내려온다. 그런 다음 초강을 거치고 다시 영강을 거슬러 올라와 부두에 내려 성의 관문을 통과하면 바로 통원방이다. 뒤에 안 일이지만 1930년대에 일본의 상반대정上盤大定이 천태산을 답사할 때도 영파에서 배로 내려와 이 수로를 이용하였다. 절과 탑 그리고 성곽은 모두 옛 모습 그대로인데 통원방 거리는 정비되어 지저분한 일부 구옥들이 철거되고 현대식 건물을 세우는 등 한창 새로운 모습으로 변모하고 있다.

일행은 임해 시내에서 점심을 먹고 천태산으로 향하였다. 어제 온 그 길이지만 새로 알게 된 신라산을 지나고 우리네 스님들이 배로 오르내렸을 시풍계를 따라 달리는 기분은 어제와는 사뭇 달랐다. 점심 때 반주로 마신 맥주 기운으로 한참을 졸고 났더니 어느새 차는 천태산을 오르고 있다. 오늘 날씨도 어제와 마찬가지로 더운데, 앞에 달리는 차는 먼지를 펄펄 날린다.

어제와 오늘 오전 동안 답사한 천태산 산록 주변은 강과 바다로 둘러싸여 있다. 그 가운데 천태산에 가까운 시풍계 일대가 수나라 때 처음으로 방생지放生池로 지정되었는데, 그것이 중국 최초의 방생지라고 한다. 『천태대사별전天台大師別傳』이나 『불조통기佛祖統紀』 및 지방지 등 천태종의 창시자 지의智顗(538~597) 대사 관계 기록에 따르면, 대사가 처음으로 천태산에 들어와

임해시 적성로. 신라의 상인, 일본 천태종 승려들이 태주만에서 영강으로 올라와 다시 시풍계를 거슬러 천태산으로 드나들었다. 산기슭에 천녕사가 보인다.

머물 때 가끔 하산하여 이 지역으로 오가면서 어부들이 고기 잡는 장면을 수 없이 목도하고 불편한 심정을 떨칠 수 없었다고 한다. 그것은 고기를 잡지 않으면 생활할 수 없는 어부들의 생계 문제와 잡혀서 죽는 고기의 슬픈 운명이 서로 엇갈려 있어 어느 한 방향으로 생각하기 어렵기 때문이었다. 그래서 한번은 입고 있던 옷을 벗어 판 돈으로 통발에 든 고기를 통째로 사서 물에 방류하였더니 고기들이 은빛 찬란한 빛을 뿜으며 물속으로 사라져 갔다. 그 무렵 임해현의 관리 계후計詡가 대사의 명성을 듣고 흠모해 오던 차에 간곡하게 설법을 청탁해 왔다. 대사는 이에 응하여 임해臨海 숭범사崇梵寺에서 『금강명경金剛明經』「유수품流水品」을 강론하였는데, 그 내용은 대개 다음과 같았다.

옛날 어느 나라에 유수장자流水長者라는 사람이 있었는데, 언젠가 물이 마른 못에서 고기들이 죽어가는 모습을 보고 국왕으로부터 20마리의 코끼리를 빌려와 물을 길어다 붓고, 가인家人 두 사람을 시켜 먹을 것을 날라다 주어 고기들을 살렸다. 그런 다음 고기들을 위하여 12인연법因緣法을 설하고 보승여래寶乘如來의 이름을 부르니, 이 재財와 법法 두 보시의 공덕으로 뒤에 고기는 죽어서 도리천忉利天에 태어나고, 그 은혜가 미쳐 장자에게는 많은 재보를 갖게 해 주었다.

이와 같이 생물을 불쌍하게 여겨 방생의 공덕을 쌓아야 한다는 설법을 들은 어부들은 자신들의 살생죄를 뉘우치고 여기저기 설치해 놓은 많은 그물과 통발을 제거하였다고 한다.

대사는 여기서 그치지 않고 사문 혜발慧拔을 사자로 파견하여 진陳나라 선제宣帝에게 방생지를 허가해 달라고 요청하였다. 태건太建 10년(578) 3월 20일, 건강建康(즉 남경南京) 태극전에 고하자 바로 허가한다는 칙서가 내려졌다. 그러나 선제가 죽고 후주가 등극하는 등의 변동으로 그 실행이 지연되다가 지덕至德 원년(583)에 이르러 국자좨주國子祭酒 서극효徐克孝에게 방생비문의 찬술을 명함과 더불어 전장 300여 리의 시풍계始豊溪를 방생지로 허가한다는 칙령이 내려졌다. 광활한 시풍계만이 아니라 그가 거처하던 천태산 수선사修禪寺와 설법한 숭범사에도 방생지를 개착하였다고 하니, 학계에서는 중국의 방생지는 천태 대사에 의하여 처음 시작되었을 것이라고 추측한다.

2.
천태산의 신라 · 고려 불교 유적

1) 화정 · 만년사의 신라 · 고려 구법승

천태산에 오르는 사람들은 주로 관광 명소인 석량石梁을 찾기 때문에 시내버스도 석량까지는 다니지만 화정사는 버스가 하루 두 번밖에 다니지 않는다고 한다. 필자도 작년 봄에 절강대학 한국연구소 직원들의 관광단에 끼여 석량으로 관광 가서 방광사方廣寺를 참배한 일이 있기 때문에 이번에는 그냥 스쳐 지나기로 하고 화정사華頂寺와 만년사萬年寺를 차례로 찾기로 하였다.

화정사는 해발 1100미터 높이의 천태산 주봉에 속하는 화정봉에 위치하며, 지자탑원으로부터 약 8킬로미터 떨어져 있다. 석량으로 가기 전에 오른쪽으로 꺾어지는 길을 따라 달려 도착하니 2시경이다. 이 높은 산정에 어떻게 이렇게 웅위雄偉한 도량을 세울 수 있었을까? 말로 표현하기 어려운 신앙심이 아니면 불가능한 일이다. 화정산에는 운해의 조화가 무상하여 장관을 이룬다고 하며, 산림보호구역으로 지정될 만큼 수종이 많고 산림이 울창하여 특히 화정운무차華頂雲霧茶와 두견화가 유명하다고 한다. 절 입구에 늘어선 아름드리 고목들이 고찰임을 알려 주며, 화정강사華頂講寺라는 현판 글씨는 청 말 무술변법의 지도자 강유위康有爲의 글씨다.

화정사는 고구려 파야波若(562~613)와 특별한 관계가 있는 절이다. 파야는 처음 남조南朝 진陳의 수도 금릉金陵으로 와서 불법을 익혔으며, 진이 망하자 여러 곳으로 구법 행각을 벌이다가 개황開皇 16년(596) 천태산으로 지자智者(538~597) 대사 문하에 들어갔다. 전기에 따르면 그가 지자 대사를 뵙고 법을 구하자 대사는 이렇게 권유하였다.

"그대가 기왕 여기에 인연이 있으니 마땅히 한정한 거처를 찾아 수행해야 할 것이다. 천태산 최고봉을 화정이라 하니 절에서 6, 70리 떨어져 있는데, 내가 옛날 두타頭陀를 행한 곳이다. 저 산은 대승大乘의 근성을 가졌으니 그대가 가서 수행하면 반드시 깊은 경지에 이를 것이다. 먹고 입는 일은 염려하지 마라."

이에 파야는 스승의 뜻을 받들어 화정에 올라 수행을 게을리하지 아니하여 16년간 한 번도 산을 내려오지 않았다 하니, 그 굳은 심지를 가히 짐작할 만하다.

화정산과 관련하여 일찍이 지자 대사가 마귀를 항복시켰다는 고사(降魔故事)가 전해져 내려온다. 제자인 장안章安 대사의 기술에 의하면, 스승 지의智顗가 번잡한 제도帝都 금릉을 피하여 천태산 입산을 결심한 것은 38세 때이다. 지의는 일단 천태산에 이르자 바로 고적孤寂한 화정에 올라 좌선에 들어갔다. 어느 날 밤 큰 바람이 불고 뇌성이 쳐서 온 산이 진동하는데 한 무리의 귀신이 나타나 천변만화의 모양을 하며 위협하는 것이었다. 그러나 그는 아랑곳하지 않고 선정禪定에 들어가니 두려운 마음이 점차 가셨다. 또 한 번은 부모나 스승과 같은 가까운 분들이 나타나 슬픈 모습으로 그를 유혹하였으

천태산 화정사. '화정강사' 현판은 청 말의 학자 강유위의 글씨다.

나 이번에도 그는 흔들림이 없이 공력功力으로 실상實相을 관조觀照하자 고통의 그물이 완전히 걷히는 것이었다. 이렇게 두 번의 시련을 견뎌내자 한 분의 신승神僧이 나타나 그의 신념과 용기를 칭찬하며 설법해 주는데, 이를 문자로는 표현할 수 없으나 심중으로 크게 깨닫는 계기가 되었다고 한다.

지자 대사는 파야 스님의 그릇 됨됨이를 보고 자신이 대오한 바 있는 화정산으로 가서 수행하기를 권유하였으며, 파야는 스승의 권유에 따라 화정봉으로 입산하여 정진을 계속한 것이다. 그는 수隋 대업大業 9년(613) 2월에 처음으로 하산하였는데 국청사에 이르러 별다른 병으로 고통을 받음이 없이 단좌한 채 입적하였다. 세수 52세였으며, 인연 깊은 화정에 장사 지내었다. 이와 같이 파야 선사는 천태산에만 묻혀 정진하다가 환국하지 않고 이역에서 영면하였다.

파야와 비슷한 시기에 입당하여 같은 스승을 모신 승려로 신라의 연광緣光이 있다. 그는 학업을 완성한 후 해로로 귀국하여 고국에서 전교하였다. 그는 천태별원天台別院에서 묘관妙觀을 전수받았으며, 귀국하기 위하여 바다를 건널 때 해룡신의 초청으로 용궁에서 『법화경』을 강의하였다고 한다. 귀국 후에도 『법화경』을 열심히 독송하였으므로 열반하여 화장할 때 그 공력으로 혀가 불에 타지 않은 채 연꽃 모양을 하였다는 일화가 전한다. 어떻든 지자 대사의 가르침을 받은 이들의 구법은 일본의 최징 대사가 천태산으로 구법 온 것보다 약 2세기나 앞서는 일이다.

대웅전 뒤에 장경각이 있고 장경각 맞은편의 오른쪽 뒤에 산을 막은 담장을 등지고 반야천이 있다. 우물을 깨끗이 관리하여 고기가 놀고 있고, 우물 뒤에는 '반야천般若泉'이라는 석비가 있다. 불교에서 파야波若와 반야般若는 같은 뜻으로 통한다. 그러나 이 반야천이 고구려 파야 스님을 기념하여 조성되었는지는 모를 일이다. 물어볼 만한 스님들도 없어 그냥 지나칠 수밖에 없다. 절 위쪽으로 지자 대사의 항마고사와 관련 있는 항마탑降魔塔과 배경대拜經臺가 있고, 그 서쪽으로 명필 왕희지가 천태 백운天台白雲 선생에게 서법을 배워 사제가 함께 『황정경黃庭經』을 썼다는 황경동黃經洞이 있다. 시인 이태백李太白도 이곳에 초옥을 짓고 살았다는 전설이 있으나 일일이 돌아볼 겨를이 없다. 화정사의 규모가 커진 것은 천태 덕소德韶 선사가 오월吳越 왕의 도움을 얻어 중창하면서부터라고 한다.

만년사萬年寺는 화정사에서 반대 방향으로 상당히 멀리 떨어져 있다. 고원 지대에서는 농부가 논을 갈고 여자들이 찻잎을 따고 있었다. 길도 한 갈래만이 아니어서 곳곳에서 사람을 찾아 만년사로 가는 길을 물어야 했다. 천태산의 생태학을 연구하는 김 교수도 여기는 초행이라고 한다. 아직 반쯤 핀 진달래가 온 산을 붉게 물들이고 있었다. 천태산의 두견화는 워낙 유명하여 고래로 시인, 묵객들의 좋은 작품 소재가 되었다고 한다. 천태산의 봄은 붉은 진달래와 하얀 찔레꽃이 주류를 이루지만 별별 이름 모를 꽃들도 가득하다. 차 한 대는 세워 놓고 동행한 김 부학장의 차로 옮겨 탔다. 한참 계속되던 고원을 지나 험난한 내리막으로 이어지는 지점에서부터는 아름다운 꽃보다는 낙락장송과 천애의 절벽이 한동안 계속된다. 한참 만에 다시 평지가 나타나더니 마을이 보이고 곧이어 고목으로 가려진 만년사가 모습을 드러낸다. 만년사가 있는 마을은 깊은 산중이라는 생각이 들지 않았다. 마치 고대의 궁성처럼 양쪽으로 나직나직한 산과 개울이 둘러 있고, 멀리 우뚝우뚝한 고봉이 솟아 있으며, 앞으로는 평지 옥야가 있고 절 앞에는 고목들이 즐비하다.

절 입구에는 오늘날 중국의 사원에서 흔히 볼 수 있는 조박초 중국불교협회장의 글씨로 '동진고찰東晉古刹'이라고 쓴 현판이 붙어 있다. 전하는 바에 따르면 이 사원은 동진東晉 시기에 돈황의 고승 담유曇猷가 개창하였는데, 부근의 석량에 오백나한 도량도 함께 세웠다고 한다. 당대에는 백장 회해의 제자 보안普岸 선사가 절 이름을 처음으로 평전선원平田禪院이라고 하였다가 뒤에 오백나한전을 조성하면서 복전사福田寺라 하였으며, 북송北宋 시기에는 수창사壽昌寺라 하였다가 다시 만년사라 개명하였다. 대웅전 앞 향로에는 만년선사萬年禪寺라 되어 있고, 어떤 현판에는 만년강사萬年講寺라 되어 있다. 사지寺志를 보면 사원이 점차 확대되는 과정에서 오백나한전을 조성하게 되는데 이 무렵부터 선종 사찰에서 천태종의 강사講寺로 바뀌었다고 하며, 한때에는 국청사와 맞먹을 정도로 사찰의 규모가 컸다고 한다.

만년사에는 신라승 도육道育(858~938)이 살았다. 그가 언제 입산하였는지는 알려져 있지 않으며, 종래 귀국하지 않고 중국에서 생애를 마쳤다. 그의 본국에서의 출신이나 사승 관계 등은 전혀 알려져 있지 않다. 찬녕贊寧의 『송

찬녕의 『송고승전』 「도육전」에 만년사 신라 도육 선사의 골똘한 수행에 관한 기록이 있다.

『고승전』에 「도육전」을 세워 다음과 같이 기록하고 있다.

그는 진성왕 6년(892), 즉 당(唐) 말에 바다를 건너 천태산으로 들어가 평전사에 주석하였다. 항시 발우 하나로 식사하고 식사 후에는 독경하는 일도 없이 가만히 앉아 허리를 땅에 붙여 눕는 법이 없었다. 청소와 절의 업무를 도맡아 하고 험한 음식은 챙겨 두었다가 자기가 먹었다. 대중의 목욕을 도와주고, 생명을 중시하여 국을 끓이거나 차를 다릴 때 땔나무에 벌레가 있으면 이를 멀리 옮겨 줄 정도로 그 행위가 진실하였다. 첫 여름에서 늦가을까지는 살갗을 드러내어 벌레로 하여금 뜯어 먹게 하니 때로는 피가 흘러 땅을 적셨다. 옷은 깁고 또 기워 무거운 누더기처럼 하여 입었다. 중국에서 생활하면서도 자기 나라 말만 쓰기를 고집하여 손님을 맞을 때는 "응응(伊伊)" 하는 두 마디만

할 뿐 중국어는 한마디도 몰랐다. 비록 중국어를 몰라도 남의 속마음을 꿰뚫어 보고 있었으므로 한 치의 착오도 생기지 않았다. 머리카락은 흰 눈썹을 덮었고, 몸에 항시 감적색의 사리舍利를 달고 있어서 사람들이 달라고 하면 언제든지 얻을 수 있었다. 후진後晉 천복天福 3년(938) 10월 10일에 승당에서 입적하니 대략 80여 세이며, 뒷산에 화장을 하여 무수한 사리를 얻었다.

후당 청태淸泰 2년(935) 찬녕이 소년시절에 가까운 석량 방광사에서 도육 노장을 만난 적이 있다고 하는데, 스님은 한 번도 천태산을 떠난 적 없이 엄격한 계행을 함으로써 일반의 공경을 받는 존자尊者로 추존되었다.

인간으로서 수양할 수 있는 최고의 경지에 달하면 그럴 수 있는지 호랑이도 도육을 만나면 냄새를 맡으면서 주위를 맴돌다 떠나 버렸다는 항간에 전하는 이야기를 찬녕은 「도육전」 말미에 덧붙였다.

외국 승려로는 남송南宋 시기에 일본의 영서榮西(1141~1215) 화상이 두 번이나 만년사에서 임제종 황룡파 허암 회창虛庵懷敞(1120~1195) 등에게 법을 구하고 귀국하여 임제종을 창건하였으며, 그 후 도원道元(1200~1253)이 만년사 원내元鼐 선사를 비롯하여 명주 천동사天童寺 등의 여러 고승을 참예하고 돌아가 조동종을 전하였다. 상반대정常盤大定의 답사기에는 이들에 대한 자세한 이야기가 적혀 있다.

만년사도 지금 대대적으로 중수를 하고 있다. 국청사에 내려가서 들은 이야기지만 그 중수비가 인민폐 200, 300만 위안에 이른다고 한다. 중국 어디를 가나 사찰이 새롭게 꾸며지고 있는 것은 중국 개방 이후 불교 부흥기라도 맞이한 듯 외지 신도들로 붐비는 현황과 함수관계가 있을 것이다.

2) 국청사와 신라원 옛터

만년사를 출발한 것은 4시 가까워서였다. 지자탑원은 돌아오는 길목에 있기 때문에 어렵지 않게 참배할 수 있으나 국청사의 윤통允通 스님을 너무 늦게 찾아보기가 미안하여 바로 내려가자고 하였다. 항주에서 떠날 때 절강성 불교협회 이조영李祖榮 비서장을 찾아가 천태산의 한국 관련 불적 답사를 가려는데 협조해 달라고 부탁하니 즉석에서 쾌히 응낙하고 전화를 걸어 주었다. 국청사 부주지 윤통 법사를 찾아가라면서 전화번호 등 몇 가지를 메모해 주었다. 어제 가기로 약속되었으나 임해시 증기해曾其海 교수를 먼저 찾아가는 바람에 전화로 오늘 찾아가 뵙겠다고 하였는데, 오늘도 너무 늦게 가서는 도리가 아닐 것 같다.

국청사 앞에서 증 교수 등과 작별인사를 나누고 들어가 윤통 법사를 찾았다. 벌써 다섯 시가 넘었다. 후리후리한 키에 시원시원한 성격의 윤통 스님은 필자를 안내해 주기 위해 차를 마련해 놓고 오전부터 기다렸다면서 우선 식사가 늦었다면서 식당으로 안내하였다. 스님은 내일 아침 식사는 5시 30분이라며 그 식당(속인들의 식당)에서 만나기로 하고 다시 우리를 숙소로 안내해 주었다.

국청사國淸寺는 천태종의 조정祖庭으로 천태불교가 교종이라는 뜻에서 국청강사國淸講寺라고도 한다. 국청사는 6세기 말에 세워졌으며, 7세기 초에 수양제의 사액이 내려졌다고 한다. 우리가 안내받은 숙소는 방장루方丈樓 뒤에 있는 망탑루望塔樓 2층이었다. 정면으로 수탑隋塔이 보이고, 뒤에는 산새가 지저귀는 한적한 곳이다. 주로 외국 손님들의 숙소인 듯 방에는 텔레비전이나 전화도 없고 여러 가지 시설이 미비하여 작년 가을에 숙식해 본 보타산 외국인 숙소에 비해 시설이 많이 뒤떨어졌다. 운전기사 채蔡 씨와 한방에 들

항주 고려사 복원을 위한 학술회의(2005년)에 참가한 뒤 천태종 스님과 신도 일행이 국청사를 참방하여 한중천태종기념당 앞에서 기념촬영

없는데 심심하여서인지, 시내에 있는 친구 집에 가서 자고 내일 아침 7시 30분 출발 시간에 맞춰 오겠다고 하고 나갔다. 책과 지도를 이리저리 뒤적이다가 피곤한 나머지 일찍 잠이 들었다가 새벽 종소리에 깨어 보니 3시 반이다. 4시 반에 다시 치는 종소리에는 산새들도 놀라 지저귀고, 신도들의 예불하러 가는 소리가 왁자지껄하게 들렸다. 한국과는 한 시간의 시차가 있다.

필자는 5시 반에 식사를 끝내고 대웅전에서 시작하여 오른쪽으로 매정梅亭을 거쳐 관음전에 올라 참배하였다. 국청사를 수대고찰隋代古刹이라 하고, 그 밖에 수탑隋塔이니 수매隋梅 등 천태 대사가 생존한 시대와 관련하여 붙인 이름들을 흔히 찾아볼 수 있었다. 이 코스는 작년에도 다녀 본 길이어서 낯이 익었다.

다시 뒤편 오른쪽으로는 한국 천태종에서 세운 조사당祖師堂이 앉았고, 왼쪽에는 일본 천태종에서 세운 조사탑祖師塔이 서 있다. 한국 천태종에서 건립한 '중한 천태종 조사 기념당中韓天台宗祖師記念堂'에는 가운데에 지자 대사상을 모시고 좌우로 상월 조사와 대각 국사 좌상을 모셨으며, 3면의 벽에는 국청사 조사스님들의 초상화를 걸어 놓았다. 그리고 건물 밖 안내판에는 신라 연광緣光 선사가 지자 대사에게서 법을 전수받고, 오공悟空 선사가 국청사 앞에 신라원新羅園을 세웠으며, 고려 의통義通 법사가 덕소德韶와 의적義寂에게 배웠다는 이야기와 왕자 의천義天이 지자탑에 참배 발원하였다는 등의 양국 교류에 관한 내용들을 간략히 소개하는 내용이 적혀 있다.

일본 일련종日蓮宗에서도 조사비정祖師碑亭을 세우고 현판은 '법유천추法乳千秋'라 하였다. 그 가운데 '천태지자대사찬앙송비天台智者大師讚仰訟碑'라는 제목의 비를 중심으로 왼쪽에 '행만 좌주가 최징 대사와 이별하며 주는 시비(行滿座主贈別最澄大師詩碑)'와 오른쪽에 '최징 대사가 천태종의 법을 얻은 영적비(最澄大師天台得法靈迹碑)'라는 제목의 비석을 각각 세웠으며, 그 아래쪽으로 일련종에서 세운 기념탑이 한 기 더 서 있다.

국청사는 워낙 고찰이라 성보박물관에는 오래된 문물도 상당수 보존되어 있었다. 다른 한 칸의 진열실에는 한국과 일본에서 최근에 선물한 불상과 동종銅鐘, 경전經典 등과 함께 방문한 대표단의 기념사진을 전시하고 있다. 욕심 같아서는 역사적으로 본 천태종을 중심으로 동아시아 3국의 국제 교류를 잘 정리하여 찾는 이로 하여금 일목요연하게 이해할 수 있도록 하였으면 좋겠다는 생각이지만 이는 역시 중국 측에서 성의를 갖고 하지 않으면 불가능한 일이다. 운통 스님은 바쁜 가운데서도 필자를 찾아와 몇 군데를 안내해 주었다. 묘법당妙法堂에서는 스님들과 신도들이 마주하고 앉아 염불을 하고, 옥불각玉佛閣에서는 노스님들이 간경看經에 열중하고 있었다.

국청사 나한당羅漢堂은 특히 유명하다. 실내에는 '영취성경靈鷲聖境'이라는 현판을 달고 중앙 좌대에 석가불과 아미타불, 약사불의 삼존 좌상을 모시고, 금동색의 오백나한을 사방팔방으로 배열한 품이 가히 장관이라 할 만했다. 어제 온주溫州에서 왔다는 100여 명이나 되는 여신도들이 새벽부터 경내를 돌며 향을 피우고 기도에 열심이다. 천태산에는 한반도에서 구법하러 오는 스님들이 많다고 한다. 천태 대사의 제자 파야와 연광, 만년사의 도육은 워낙 유명한 분들이거니와 천태종 8조 좌계 현랑左溪玄郞의 제자에 신라의 법융法融, 이응理應, 순영純英 같은 고승이 있었다는 기록도 보인다. 특히 스승으로부터 지관止觀을 학습하고 귀국 전법하였다는 법융은 형계 담연荊溪湛然과 동문수학하였다고 보는 연구도 있다.『천태산전지天台山全志』에 "(국청)사 앞에는 신라원新羅園이 있었는데, 신라승 오공悟空이 세운 것이다."라고 한 것으로 보아 신라의 입당승 오공 선사가 신라원을 짓고 이곳에 살았다는 사실을 알 수 있다.

사실 천태산은 외국에서 강남 지방으로 구법하기 위하여 오는 스님들에게, 그들이 반드시 천태 교학의 학습을 목적으로 하지 않더라도, 대체로 참배 대상이 되는 성지였기 때문에 허다한 스님들이 내방하였을 것이며, 따라서 국청사와는 별도로 거처가 필요했을 것이다. 그들이 참배 오면 안내자도 있어야 하고, 숙박 시설도 있어야 한다. 구화산 김지장의 경우도 당시에는 별로 이름이 알려지지 아니하였는데도 기록상으로는 구화산에 '동국의 승려들이 운집하였다'고 한다. 중국에 체류하는 신라의 스님들은 여러 가지 방면에서 정보 교환이 필요하였을 것이다. 천태산은 불교의 명산일 뿐 아니라 명주에 항구가 있어서 특히 외국인들이 수시로 드나들었다. 명주로 상륙하면 육로로 들어갈 수 있고, 하행하여 태주만을 거쳐 들어가면 배를 타고 강을 따라 올라갈 수 있다. 이러한 여러 가지 사정을 고려할 때 신라원은 천태학을 전수받고 귀국하거나 구법하러 오는 스님들이 들러 쉬어가는 장소로 붐비었을 것이다.

　신라원이 어디에 위치하고 있었을까. 기록에는 국청사 앞이라 했는데 지금의 절 앞에는 개울이 가로막고 있고, 개울 건너에는 수탑隋塔이 자리 잡고 있어 그 자리를 쉽게 찾기 어려웠다. 국청사의 위치는 때에 따라 앞뒤로 조금씩 변하기는 하였으나 기본적으로 수탑과 개울에 놓인 풍간교豊干橋를 기준으로 볼 때 크게 모양이 달라질 여지가 없었다. 명주박물관 임사민林士民 관장은 신라원의 위치가 '오봉산五峰山 기슭 만공지萬工池 옆'이라고 한 『천태산풍물지天台山風物志』의 기록에 주목하고 있다. 이에 근거하여 그는 "만공지는 원대元代에 조성하였으며, 명대明代에는 그 유지가 있었을 뿐 아니라 지금도 오래된 느티나무와 못의 흔적을 여기서 찾아볼 수 있다."고 한다. 윤통 법사도 국청사에 온 지 2년밖에 되지 않는 40대 초반으로서 만공지를 알 턱

신라 스님들이 주숙하던 신라원지는 여기 국청사 앞 만공지 부근으로 추측된다.

이 없다. 그가 노승에게 물어 알아보니 쉽게 찾을 수 있는 곳이었다. 풍간교에서 약 200미터 내려가면 산 밑으로 오래된 제방이 있고, 그 위는 고목과 함께 수림이 무성한데 그 사이로 낡은 헛간으로 보이는 건물이 한 채 있다. 바로 여기에 있었다고 한다. 제방 아래위는 논밭이고 개울을 건너서 칠불탑七佛塔과 그 위로 수탑이 올려다 보였다. 신라원이 정확하게 언제 세워졌으며, 또 이를 세운 오공 스님이 어떤 분인지는 알려져 있지 않다. 그러나 국청사 앞에 있었다는 신라원 유지를 밟아 보고 이를 카메라에 담아 가는 것으로도 뿌듯한 일이 아닐 수 없다.

일본 천태종은 정토종과 함께 일찍부터 중국과 관련을 가지면서 성행하였다. 최징最澄은 중국 천태종 15대 조사인 도수道邃와 함께 불롱사佛隴寺 행만行滿의 문하에서 천태원교天台圓敎를 수학하고 귀국하였으며, 그 후에 건너온 원진圓珍(814~891)은 태주台州(즉 임해)를 경유하여 853년 12월에 국청사에 도착한 후 약 5년 동안 중국 각지로 순행하면서 많은 전적을 구하여 천태산에서 필사하고 정리하여 귀국하였다. 원진보다 한 발 앞서 입당한 일승 혜악慧蕚은 오대산과 천태산을 순력하였으며, 같은 천태종 승려 원인圓仁(794~864)은 관청의 허가를 얻지 못하여 천태산 참방을 실현하지 못했으나 재당 신라인들의 협조를 얻어 오대산五臺山과 장안長安으로 순행하면서 천태전적을 구하여 귀국하였다.

오늘 갈 한암寒岩과 명암明岩은 당대의 은일 시인 한산자寒山子가 거처하던 곳이라고 전한다. 한산은 이 바위굴에 숨어 살다가 때때로 국청사 주방에서 일하는 습득拾得을 찾아와 밥을 얻어먹고 서로 얼싸안고 춤추며 남이 알아들을 수 없는 대화를 끝없이 나누었다고 한다. 습득은 방아를 찧거나 나무를 감독하는 호림승護林僧 풍간豊干이 주워 길렀다고 하여 붙여진 이름이다. 속계의 안목으로 볼 때 천치 바보 같은 기인 행각과 불가사의한 언설들은 필시 그가 인간이 아니라 보살의 화신이었다고 여기게 하였다. 허망한 현실 세계를 투시하고 진실을 추구하여 때로는 미치광이가 되고 때로는 걸인 행각도 마지않았던 그들을 국청사에서는 삼현전三賢殿을 세워 모시고 있다. 절 앞 다리를 풍간교라 하였으며, 또한 한습정寒拾亭을 지어 한산과 습득 두 사람의 덕을 칭송하였는데 그것은 일행一行 선사의 탑 아래 위치하고 있다.

이와 같이 한산과 습득은 국청사를 중심으로 하여 여기저기서 기념되고 있다. 소주蘇州 태호 가에 아담하게 자리 잡은 한산사寒山寺는 국제적인 관광 명소로 널리 알려져 있다. 한산이 이 절의 주지를 역임한 바 있어 그 이름이 유래하였다고 하여 절 앞에는 한산과 습득의 바보스런 모습을 그린 석비가 서 있다. 그러나 그들은 기록에 따라 당나라 전기의 인물이라고도 하고, 말기의 사람이라고도 하여 정설이 없다. 한산의 시집이 세상에 전하는 것으로 보아 아마도 그들은 뛰어난 시인이었던 것 같기도 하다. 어떻든 한산사와 한산을 관계 짓는 것도 후세인들에 의하여 꾸며졌을 가능성이 크다.

오늘 답사지 한암과 명암은 천태산과 반대 방향으로 6, 70리 떨어져 있어 운통 법사도 동행하기로 하였다. 아침 8시경 차가 도착하자 법사는 길안내를 위하여 이곳 지리에 밝은 청년 한 사람을 동행시켰다. 스님도 명암에는 가 보았으나 한암은 처음이라고 하였다. 차는 시내를 가로질러 시풍계始豊溪를 건너고 농촌 길을 따라 평교진平橋鎭을 지나고 다시 한참을 달려 가두진街頭鎭을 지나는데 붐비는 도로를 빠져나가느라 진땀을 뺐다. 오늘이 정기시가 서는 날이기 때문이다. 오늘도 무척 더울 모양이다. 비포장도로를 또 한참 달려 어느 마을 한복판에 이르니 길이 좁아 차는 더 이상 나가지 못한다. 소형차는 겨우 지나갈 만한데 우리가 탄 차는 중형차라 할 수 없이 차를 세워 놓고 걸어야 했다. 마을을 벗어나자 오른쪽으로 개천이 흐르고 왼편으로 보이는 바위산은 큰 동굴들로 가득하다. 3, 40분을 걸어 논밭 언덕길을 지나

한암사를 배경으로 국청사 윤통 스님과 함께

는데 빨갛게 익은 산딸기나무가 우리의 걸음을 더디게 한다.

　마을에서 길안내를 자청하여 따라온 노인이 귤꽃 향기 가득한 '한암 입구'에 문혁 이전까지도 4, 50명의 승려가 거처하던 한암사寒岩寺가 있었다고 말해 주었다. 절은 후량後梁 개평開平 원년(907)에 숭복사崇福寺라는 이름으로 창건되었으나 뒤에 한암사로 개칭되었다고 한다. 지금은 크고 넓은 바위굴 속에 노파 한 사람이 집을 2층으로 얽어 거기에 부처님을 모시고 열심히 독경하고 있다. 주위에는 기묘하게 생긴 바위가 있고, 여러 명인名人들의 석각石刻이 있다고 하지만 일일이 돌아볼 수 없다. 지도에 '한암석조寒岩夕照'라고 표시되어 '천태산 10대 풍경' 중 하나로 손꼽힌다고 소개되어 있으나 교통이 불편하여 개발이 되지 않고 있는 모양이다.

　명암과 한암은 하나의 산을 서로 등지고 있다. 오던 길을 뒤돌아 나와 가까스로 차를 돌려 명암으로 향하였다. 이쪽으로는 명승지의 하나인 차산이 있어 버스가 다니고 있다. 한암으로 흐르는 개울이 명암으로 돌아 흐르고 있다. 입구에 차를 대고 윤통 스님은 5위안짜리 입장료 4장을 샀다. 한암과 명암은 천태산의 영역에 위치하고 있을 뿐 국청사와는 실제로 아무런 연관이 없다고 한다. 양쪽으로 바위산을 끼고 한참 들어가면 크고 기묘한 바위들로 기묘한 경관을 이루고 있다. '석괴명암石怪明岩'이라는 청대의 석각이 있는가 하면 장군암將軍岩이라는 높이 50미터나 된다는 장대바위가 하늘을 찌를 듯 솟아올라 있다. 명암사는 후주後周 현덕顯德 4년(956)에 창건되었다는데, 대웅전은 오른쪽 바위굴을 이용하여 조성되었으며, 안쪽으로 깊숙이 넓게 뚫린 바위굴에 각종 불전이 모셔져 있다. 대웅전이 협소하다고 여긴 탓인지 아래 평지에 비교적 큰 규모의 건물을 짓는 공사가 진행 중이었다. 부근에는 기묘한 자연석뿐만 아니라 한산자의 수련장과 한산 습득의 기념탑 등 볼거리가 허다하다.

이 절에는 비구니 스님이 두 분 있는데, 모두 시장 보러 나가고 보살 한 분이 큰절의 스님이 오셨다고 칙사 대접이다. 혼자서 좋은 차를 내오고 면과 여러 가지 두부 요리를 만드느라 점심이 늦었다. 국청사의 식사는 오전 5시 반에 아침, 10시 반에 점심인데, 12시가 되어서야 점심이 들어왔다. 보살님은 점심 식사 후에도 여러 곳을 안내하며 주차장까지 따라 나와서 전송해 주는 친절을 베풀었다.

에어컨을 틀었는데도 차 안은 찜통이다. 윤통 스님은 오후에 천태산에 올랐다가 항주로 돌아가기가 쉽지 않겠으니 기왕 늦은 김에 천태 10경의 하나인 구차십곡九遮十曲을 보고 가자고 했다. 항주에서 빌려 타고 온 차를 오늘까지 돌려보내기로 하였으니, 차는 먼저 보내더라도 나는 남아 스님의 안내로 천대 대사의 지자탑원智者塔院을 빈드시 보고 가야 했다. 스님의 의견에 따르기로 하여 차산遮山으로 차를 몰았다. 골짜기마다 다른 산세며 바위의 특징에 따라 일일이 이름을 붙여 새긴 석비가 관광객들의 관심을 환기시킨다. 예컨대 용이 혀를 내민 형상을 '용토설龍吐舌', 잉어가 용으로 화하는 형상을 '이화룡鯉化龍', 초승달이 떠오르는 모습을 '월초승月初升'이라고 한 것 등이다. 중간 지점에는 '범증范增의 은거처'라는 표지가 있고 산 밑으로 그 사당이 있다. 고대 초한楚漢 분쟁에서 항우項羽에게 간하다가 받아들여지지 않자 이곳으로 은거하였다는 고사에 따른 이야기다.

호텔로 돌아오니 3시가 넘었다. 가명可明 방장스님에게 드릴 인삼차 한 통을 가져왔다고 하였더니, 윤통 스님은 전화 연락을 먼저 하고 2층 허술한 사무실로 안내한다. 이조영 비서장의 소개로 한국에서 온 손님이라고 하자 스님은 반가워하며, 근래에 새로 편찬한 『국청사지國淸寺志』한 권과 만년사의 도육 존자가 신라 스님이었다며 『만년선사간개萬年禪寺簡介』도 챙겨 주었다. 운전기사는 학교와 연락을 취하더니 허락을 받았다며 내일 같이 가겠다고 했다. 4시 반이 저녁시간이다. 책을 뒤지다가 며칠 동안 쉴 새 없이 쫓아다니느라 피곤하여 일찌감치 잠자리에 들었다.

3) 의천의 지자탑원 참배 발원

8일 아침에도 3시 반 새벽 종소리에 깨어 이것저것 자료를 뒤적이다가 아침 식사 시간에 맞추어 식당으로 내려갔다. 식사 후에는 국청사 앞의 개울을 건너 칠불탑과 일행선사묘탑一行禪師墓塔을 거쳐 1400년이나 되었다는 수나라 때 세운 탑(隋塔)이 있는 나지막한 산에 올랐다. 사람들이 아침 일찍 나와 체조도 하고 배드민턴도 치고 있었다. 수탑에서 국청사 쪽으로 내려오면 일행 선사의 묘탑 뒤 수림 속에 중·한·일, 3국의 천태종에서 공동으로 세운 석비가 서 있다. 천태일승天台一乘(즉 천태교법天台敎法) 사상으로 세계 평화와 자비 정신 실현을 기원하기 위해 세운 것이다.

윤통 스님 안내로 그저께 보지 못하고 미루어 놓은 천태산으로 다시 올랐다. 차는 7시 35분에 출발하여 석량 방향으로 가다가 지자탑원으로 오르는 입구에서 오른쪽으로 뚫린 터널을 지나 먼저 고명사高明寺로 갔다. 가까운 거리다. 주차장에 차를 세우고 산 아래 계곡으로 약 20분 걸어서 절에 당도하였다. 수림과 죽림이 우거진 가운데 단아한 모습을 하고 앉은 '고명강사高明講寺'의 현판은 화정사와 마찬가지로 청 말의 학자 강유위의 글씨다. 국가에서 중시하는 사원 가운데 하나라고 한다.

지자 대사가 창건하였다고 전하는 고명사의 지금 이름은 당 천우天祐 7년 (910)부터 불렀다고 한다. 남송 이래 천태종의 본산인 국청사가 선종으로 기울어지면서 이 고명사가 천태종의 정통을 고수하는 역할을 담당하였다는 점에서 이른바 중흥의 공을 세운 것이다. 국청사와도 가까워 외부와의 교통이 편리할 뿐 아니라 지자탑원과 인접하다는 이점 때문에 그 중요성이 더욱 인정된 모양이다. 윤통 법사는 천태종은 종파의 성격상 나한전이 중시된다고 설명하면서 한창 조성 중에 있는 나한전으로 인도하였다. 나한전은 형형색색의 모습을 하고 있을 뿐 아니라 인물 배치를 전후 상하로 다양하게 함으로써 입체감을 살리고 있어 작품성이 돋보였다. 조상과 배치는 마쳤으나 칠이며 받침대 설치 등의 작업으로 한창 분주하였다. 고명사에서는 종이 특히 유명하다고 한다. 지금의 종은 프랑스에 사는 화교가 1980년도에 시주하여 조성하였다는데, 그 기념 석비에는 "만년사의 기둥, 지자탑두의 바람, 국청사의 소나무, 고명사의 종"이 천태산의 명물이라고 적고 있다. 절 아래 석량의 비구 흥자興慈가 대필로 썼다는 '불佛' 자 바위를 보고, 내려가 간운대看雲臺

에 올라 앞을 바라보니 구름은 없으나 깊은 계곡의 경치가 그윽하였다. 여기서 다시 올려다보면 바로 지자 대사의 탑원이다.

윤통 스님은 주차장으로 올라가면서 고명사의 승려들이 저렇게 빈둥거리는데도 절에 독경 소리 하나 듣지 못하겠다며 불만스러워하였다. 실제로 국청사의 분위기와는 매우 달라 보였다. 윤통 스님은 교사 출신으로서 오랜 정신적 방황을 겪다가 입산 수행의 길을 걷게 된 것이 2, 3년밖에 되지 않는다고 한다. 기공氣功도 상당한 경지에 이른 듯하고, 동서의 종교에 관해서도 나름으로 많은 공부를 하였다고 한다. 그러다가 결국 사찰이 좋아 처자와 결별하고 불문佛門에 귀의했다고 한다. 차에 앉아서도 참선하는 자세로 정좌하고, 저녁 식사는 아예 하지 않는다고 한다. 그는 가명可明 방장스님의 제자로서 입산한 지 얼마 되지 않았는데도 큰 절의 부주지(副寺)라는 직책으로 법물유통처法物流通處라는 사찰 살림을 맡아 매우 바쁜 생활을 하고 있다. 문화혁명으로 인하여 오랜 기간 학교 문이 닫혀 있었던 까닭에 지금 중국의 5, 60대 중에서는 어느 분야에서나 중책을 담당할 만한 인재가 없다고 한다. 40대 초반의 윤통 스님이 중책을 담당하여 능란한 솜씨를 발휘하는 것도 교육을 받은 지식인이기 때문으로서 오늘날 중국의 현실을 반영하고 있다.

국청사에서 지자탑원까지는 7킬로미터, 터널 입구로 돌아와 차를 세워놓고 걸어서 올라갔다. 지자 대사가 처음으로 천태산에 입산한 것은 남진南陳 태건太建 7년(575)이었다. 대사가 처음 이 산에서 수선修禪(참선)할 때 정광定光이 꿈에 나타나 '절이 만약 이루어지면 나라가 청정하리라' 하였다. 수隋 개황開皇 17년(597)에 대사가 원적하고, 그 다음 해에 진왕晋王의 단월檀越로 절을 창건하여 천태라고 칭명하였으나, 대업大業 원년(605)에 이르러 전에 정광이 꿈에 나타나 이른 말에 따라 다시 국청이라 사액하였다. 정광은 본시 양梁나라 청주靑州 사람으로 일찍이 불롱佛隴에 은거하기 30년, 그가 예언한 것이 현실로 나타난 것이 많았다. 그는 천태 대사가 입산했을 때 현몽하여 국청사의 창건을 예고하기에 앞서 한 대인大人이 입산하게 되리라는 사실을 먼저 예언하였는데, 얼마 후에 과연 대사가 입산하였다는 것이다. 천태 대사가 정광 보살의 예언에 따랐다는 등의 전설은 석가가 정광불의 수기授記를 얻었다는 내용과 흡사하다. 천태산이 천태종의 종산宗山이 되기 이전에는 정광과 같은 은자隱者들이 많았다고 한다. 대부분의 불교 명산이 그렇듯이 천태산도 도교와 관련이 깊은 것이 사실이지만 이 산에는 특히 세상을 피하여 은거하는 이들이 많았다고 한다. 광대한 이 산에 농토가 많아 자급자족하기에 충분한 조건을 갖추고 있기 때문이라고 여겨진다.

천태 대사가 일찍이 제자들을 데리고 이곳에 와서 암자를 얽어 『법화경』을 강의하였는데 이것이 후에 수선사修善寺(또는 대자사大慈寺)가 되었다. 수대隋代에 이르러 그가 '지자智者'로 존칭되었는데 후세에는 그를 지자 대사, 또는 천태종을 창립하였다고 하여 천태 대사라 불렀다. 천태 대사가 수隋 개황 17년(597) 신창新昌 대불사大佛寺에서 입적하자 유언에 따라 이리로 모셔 육신탑을 세운 것이다. 세칭 탑두사塔頭寺다. 해발 700미터, 고송과 수죽이 둘러 있고 그 가운데 마치 제비집처럼 탑원이 내려앉았는데 양쪽으로 난 깊은 계곡의 중간으로 위에서 뻗어 내린 불롱산佛隴山 산마루에 멋지게 위치하고 있다. 탑원에는 두 산문이 있다. 동문에는 '지자탑원', 남문에는 '진각강사眞覺講寺'라는 편액이 각각 걸려 있다. 문전의 편액은 중국전曾國筌의 글씨로 '석가재현釋迦再現'이라 씌어 있으며, 정전의 편액은 '지자육신탑智者肉身塔'이다. 탑원에 소속한 진각강사는 불롱산에 있다고 하여 불롱사 또는 탑두사라는 이름으로도 불린다.

고려 대각 국사 의천은 중국에서의 구법 행각을 마치고 항주를 떠나 귀국 마지막 길에 천태산 불롱에 올랐다. 그는 지자탑전에 서서 그간 중국에서 배우고 익힌 천태 대사의 가르침을 본국 고려에 전법傳法할 것을 발원하였다. 발원문 중에 "옛날 체관 법사가 교관敎觀을 드날렸으나 지금은 끊어졌습니다. 제가 전당錢塘 자변慈辯 대사의 강석講席에서 교관을 이어받아 알게 되었습니다……."라고 한 대목에서 동국인으로서 천태의 교관을 연면히 계승하였다는 그의 자긍심을 느끼게 한다. 의천이 서원에서 언급한 체관은 오대 오월국의 요청으로 고려에서 국청사 전교원傳敎院으로 와서 『천태사교의天台四敎儀』를 저술하여 천태 교학의 중흥에 중요한 역할을 하였으며, 자변 종간慈辯從諫 역시 고려 출신 의통 보운義通寶雲의 손제자孫弟子이다. 결국 의천이 천태 교관을 계승하여 다시 본국에 전하겠다는 서원인 것이다. 이리하여 그가 귀국하자 고려에 국청사를 건립하고 천태종을 창립하였다.

전각 안에 모신 탑에는 지자 대사의 육신이 안치되어 있다. 중국에서는 6조 혜능이나 구화산 김지장 같은 고승의 육신을 모시는 예가 허다하다. 7미터 높이로 3층 6면의 탑신에는 '천태지자대사진신보탑天台智者人師眞身寶塔'이라고 씌어 있고, 그 앞으로 금색으로 된 대사의 상을, 3면의 벽에는 17위의 천태종 조사들의 화상을 모셨다. 이 가운데에는 물론 천태종 16대 조사 의통 보운義通寶雲도 있다. 그는 고려 출신으로 회창파불과 당 말의 전란으로 교학 불교가 특히 심한 타격을 입음으로써 천태종이 쇠퇴의 길로 달리던 시기에 국청사 나계 의적 문하로 들어가 일가를 이루면서 끝내 천태종 중흥의 횃불을 높이 들었던 분이 아니던가! 국청사 조사당 17조사 진영들 가운데 동국 출신 의통의 진영도 모셔져 있다.

현광은 웅주熊州 사람으로 백제 위덕왕 때(554~598) 중국으로 건너와 남악南岳 형산衡山에서 스승 혜사慧思로부터 '법화안락행法華安樂行'을 배워 지의智顗에게 전수한 뒤 귀국하여 전법하였다는 고승이다. 그리하여 남악의 영당影堂과 국청사 조사당에 그분의 진영도 모셔진 것이다. 이 지자탑전에는

천태산 지자 대사 육신탑전 앞

 의통 보운의 진영이 스승 15대 조사 나계 의적과 제자 17대 조사 사명 지례 四明智禮 사이에 천태종 제16대 조사로서 나란히 모셔져 있다.
 지금 탑원사에도 공사가 한창인데, 그 중 하나의 큰 불사로서 불교 학원 건립이라고 한다. 운통 스님의 설명으로는 국청사에 불교 학원이 있으나 번잡하여 조용한 이곳으로 옮길 계획이라고 한다. 탑원을 나가면 동쪽 후원 길 옆에는 장안 관정 章安灌頂과 형계 담연 荊溪湛然 등의 묘소가 있고, 다시 조금 오르면 아래로 내려다보이는 논밭과 그 가운데 퇴락한 고가 한 채가 서 있다. 천태 대사가 처음 참선하였다는 수선사와 방생지가 있던 자리라고 하며, 그 옆 바위 위에 선 정자는 대사가 설법하였던 자리라고 한다. 그리고 그 아래쪽으로 깊은 계곡에는 고명사가 아담하게 내려다보인다.
 우리는 탑원의 어느 학인 스님의 전송을 받으며 먼지가 펄펄 나는 차도로 발걸음을 옮겼다. 오늘도 더운 날씨가 계속될 모양이다.

4) 석량 방광사

필자가 1년간 머물고 있는 절강대학 한국연구소에서는 봄가을로 가족 나들이를 하는데 이번 가을에는 천태산 국청사로 간다면서 동참하라고 하여 아주대 박옥걸 교수와 잠시 머물고 있는 강원대학 김백현 교수와 함께 참가하였다. 사실 필자는 영파 지역의 명찰 아육왕사阿育王寺와 천동사天童寺 그리고 보타산 등은 여러 번 가 보았지만 아직 천태산에는 가 보지 못한 터여서 매우 다행이었다.

1998년 11월 21, 날씨는 흐리다. 연구소 심선홍沈善洪 소장을 필두로 중학생과 유치원생들까지 낀 20명 가까운 가족을 실은 승합차는 항주대학(1998년 9월부터 절강대학으로 명칭 변경) 정문 앞에서 7시 40분에 출발하였다. 전당강을 건너 고속도로로 소흥까지 와서 영파로 빠지지 않고 상우시上虞市와 신창시新昌市를 거쳐 천태현으로 들어섰다. 멀리 적성산赤城山 정상에 양비탑楊妃塔이 자태를 단아하게 드러낸다. 참배객들의 마음을 미리 단정하게 하라는 신호인 것 같다. 전에 본 영파 천동사로 가는 길옆 산 위에 서 있던 고탑의 모습이 연상된다. 중국의 큰 사찰 주위에는 이렇게 탑을 세운 경우가 더러 있나 보다.

고속도로가 천태시로 꺾어 들어가는 어귀에 시청 과기위科技委 소속 진조충秦照忠 주임이 맞으러 나왔다. 진 주임은 항주대학 졸업생인 강사인姜仕仁 부현장의 제자이며, 또 강 부현장은 심 소장의 제자로서 안내하러 와서 여러 가지 편의를 돌보아 주었다. 11시가 넘어 국청사 부근 수매빈관隋梅賓館에 도착하여 여장을 풀고 잠시 휴식한 다음 강 부현장이 사는 푸짐한 점심 대접을 받았다.

우리 관광 일정은 오후에 천태산의 관광 명소인 석량폭포石梁瀑布 일대를 보고, 내일 오전에는 국청사를 돌아보는 것으로 정해져 있다. 지도를 보니 폭포로 가려면 산길로 약 6킬로미터 지점에 있는 지자탑원을 지나 다시 13킬로미터나 되는 길을 한 시간가량 가야 한다. 그런데 길을 나서서 꼬부랑길을 한참 올라가는 도중 내려오는 승용차를 비키려다가 약간의 접촉 사고가 있어 한동안 실랑이를 벌인 데다 조금 더 가서는 타이어가 펑크 나서 또 시간을 지체하는 바람에 예정보다 한 시간쯤 늦은 2시 30분에야 겨우 목적지에 도달할 수 있었다. 아침에 날씨가 흐리더니 차가 산을 오를 때부터 부슬비가 촉촉이 내려 산의 정취가 한껏 적막한 분위기를 자아냈다. 말로만 듣던

절강대 한국연구소 심선홍 소장 등과 함께 국청사 매정에서

제4장_천태 · 법안종과 신라 · 고려의 교류 ● 205

천태산은 과연 그 덩치가 대단하였다. 한 굽이를 돌아가면 좁은 골짜기가 계속되다가 또 한 굽이를 돌면 층층으로 된 계단식 논밭이 나타나고 또 한참을 가다 보면 산촌 마을에 가축들이 한가롭게 노닐고 있다.

석량폭포는 찾는 사람이 많아서 주차장도 제법 넓고 관광객을 상대로 하는 가게도 더러 있다. 누군가가 비닐 우의를 사서 나누어 주었다. 석량폭포는 양쪽 바위 벽 위에 크고 긴 바위 하나가 대들보처럼 가로놓여 있고, 그 아래로 폭포수가 쏟아지면서 절경을 이룬다. 석량이란 그래서 붙여진 이름이다. 폭포를 둘러싼 주위 경관이 아름다워 이 일대가 풍경구風景區(관광지)로 지정되었고 천태산을 찾는 사람이면 반드시 돌아볼 정도로 명소가 되었다고 한다. 폭포로 흐르는 개울을 사이에 두고 아래위로 산사가 위치하여 더욱 절경을 이룬다. 위 절은 중방광사中方廣寺, 아래 절은 하방광사下方廣寺로 모두 이름 있는 고찰이다. 옛날에는 더 위쪽에 상방광사가 있었으나 언제부터인가 없어졌다고 한다. 중방광사는 지금 한창 수리 중이어서 출입이 금지되어 있고, 고즈넉이 내려앉은 하방광사만이 참배객들을 맞고 있다. 두 방광사는 각기 오백나한五百羅漢의 응진처應眞處로 유명할 뿐 아니라 나한도량으로서는 중국에서 가장 오래된 곳으로 알려져 있다고 한다.

천태산은 산서성의 오대산과 더불어 중국 불교의 가장 유서 깊은 2대 명산으로서 우리나라와 일본을 비롯한 외국 구법승들이 찾는 대상이었다. 특히 남중국으로 출입하는 이들은 대체로 참배할 기회를 놓치지 않았다. 아예 천태산에 머물러 일생을 보낸 신라 승려가 적지 않았겠지만 만년사의 승려 도육도 그러한 분 가운데 하나다. 『천태산지』에는 그가 40년 동안 이 산에 살면서 오로지 사물을 자애로 대했던 고승이라 사람들이 존자尊者로 추숭하였다고 한다. 찬녕 역시 『송고승전』 「유신遺身」편에 그의 열전을 세워 최대의 경의를 표하였다. 즉 그가 16세 소년이던 어느 봄날 77세의 도육 존자를 이

천태산 석량 하방광사(혹은 고방광사). 찬녕이 소년 시절에 도육 존자를 만나 크게 감명받았던 절이다.

석량 방광사에서 만났다고 한다. 그는 모닥불을 피우며 대사와 하룻밤을 지내는 동안 옆에서 견문한 노장의 면모를 인상 깊이 간직하였다가 『송고승전』에 사실적으로 기술하고 있는 것이다.

산 위는 일기가 불순하여 우리 일행은 일찌감치 하산하여 호텔에 들어가 의복을 갈아입은 뒤 모두들 시내 구경에 나섰다. 부슬비 내리는 거리를 산에서 입었던 비닐 우의를 걸치고 이리저리 기웃거렸으나 들를 만한 곳이 없다. 명산이 있으면 그 주위에 취락이 형성되기 마련이다. 예컨대 태산泰山 아래에 태안시泰安市가 있으며, 여산에는 아예 산 위에 시가지가 형성되어 있다. 천태시 역시 고대로부터 천태산을 찾는 참배객들의 내왕으로 마을이 형성되고 발달하였을 것이다.

저녁 식사 시간에 필자는 심선홍 소장과 강 부현장이 앉은 테이블에 합석하였는데, 마침 내일 답사 이야기가 나왔다. 필자가 나계螺溪 전교원지傳敎院址를 포함시켜 달라고 제의하여 동의를 얻은 것은 큰 행운이었다. 처음에는 모두들 잘 알지 못하는 데다 강 부현장이 나계 전교원은 폐허가 된 지 오래여서 아무것도 볼 것이 없다고 하여 반응이 시원치 않았으나 필자의 끈질긴 설득에 동의해 준 것이다. 사실 나계 전교원은 10세기 중엽 고려와 오월국의 불교 교류에 매우 중요한 위치를 점하는 사원이다. 회창법난과 당 말의 혼란기를 당하여 천태종은 교세가 크게 쇠퇴하였던 상황에 처하여 있었으나 고려로부터 교학에 밝은 스님과 함께 관련 전적이 수입되어 오면서 부흥기를 맞았기 때문이다. 심 소장은 항주대학 철학과를 졸업하고 모교의 학장을 역임한 학자로서 필자로부터 전교원지의 중요성에 대하여 듣자 매우 고무되어, 특별히 진조충 주임까지 불러 내일 답사가 성공적으로 마무리될 수 있도록 만전을 기해 달라고 당부하기까지 하였다.

3.
천태 전교원과 고려불교의 참여

1) 나계 전교원과 고려 구·전법승

22일 날씨가 쾌청하다. 아침 식사 후 국청사로 올라가 안내를 받아 여기저기 둘러보았으나 모두들 이미 여러 차례 와 보았으며 필자 역시 오늘 답사의 주된 관심은 나계 전교원지에 두고 있었다. 10시가 조금 넘어 국청사를 나와 산을 옆쪽으로 돌아 나계 전교촌傳敎村으로 차를 몰았다. 이 지역 사람들 중에서도 전교원 옛터를 아는 이는 드물었다. 진 주임이 앞장서 길을 물으면서 인도하고 우리 차는 뒤를 따랐다.

나계는 천태산 고명사高明寺의 왼쪽 골짜기로 흘러내려오는 개울로서 나계의 상류에는 소라(螺)처럼 생긴 바위가 있어서 그런 이름이 생겼다고 한다. 개울의 상류는 절경이어서 석량폭포와 함께 천태산 유원지의 하나로 유람객들이 즐겨 찾는다고 한다. 나계는 결국 국청사 앞으로 흐르는 시풍계로 흘러드는데, 전교촌은 논밭을 끼고 흐르는 나계의 안쪽 마을 산기슭에 자리잡고 있다.

전교촌으로 가는 차도 옆으로 연이어 나타나는 귤밭에는 늦가을인데도 탐스럽게 익은 귤이 주렁주렁 달려 있어 도시에서는 보기 어려운 남국의 풍경을 자아낸다. 차가 10여 분 달려 어느 마을에 이르렀으나 만나기로 한 촌장이 보이지 않았다. 진 주임은 핸드폰으로 연락을 취하면서 왔던 길을 되돌아가 큰길 다리 옆에서 기다리던 촌장을 태우고 바로 개울(나계)을 따라 가다가 조그마한 마을 전교촌傳敎村에 당도하였다. 전교원은 없어진 지 오래인데 그 마을만이 옛 절 이름을 간직하여 온 것이다. 마을 사람들은 그동안 일본인들이 몇 차례 다녀갔을 뿐 한국에서는 우리가 처음이라면서 반겨 주었다.

개울 안쪽의 조그마한 마을은 양쪽으로 나지막한 산으로 둘러싸인 것 같더니 마을을 지나 안쪽으로 들어갈수록 제법 넓은 농토며 못과 과수밭이 나타났다. 바깥 마을에서 우리 차로 함께 온 촌장과 이 마을 유지 몇 사람이 인도하는 대로 언덕길을 따라 10여 분 오르니 해발 수백 미터 높이의 주봉을 등진 산자락에 건물지로 짐작되는 지면이 보였다. 산 너머에 바로 국청사가 있다. 건물이 있었던 것으로 보이는 그 앞쪽으로 오래된 축대가 나오고 그 주변으로 깨진 기왓장이 여기저기 흩어져 있으며, 흙이 무너져 내린 언덕바지 한 면에는 깨진 채로 묻힌 항아리도 보였다. 안내자는 저 항아리가 필시 스님들의 육신을 매장하였던 옹기일 것이라고 한다.

오래전에 이 근처에서 동종과 그 밖의 석각물 등이 발굴되어 현재 천태현 박물관에 소장되어 있다고 한다. 박옥걸 교수는 명문 기와라도 하나 나왔으면 좋겠다면서 무늬가 있는 기와 한쪽을 주워다 주었다. 김백현 교수도 여기저기 사진 촬영을 하면서 모두들 마을을 향해 돌아 나오는데, 일행 중 앞서 가던 누군가가 흥분된 목소리로 일행을 불렀다. 모두들 달려가 보니 어느 농가의 곳간 돌담 벽에 말과 사슴, 연꽃무늬 등이 조각된 석각물들이 끼여 있었다. 아마도 이전에 발굴된 일부는 박물관으로 가져가고, 미처 보이지 않은 것들이 민가로 옮겨져 저렇게 방치되어 있는 것 같았다.

나계 전교원은 회창법난과 당 말의 혼란을 겪으면서 크게 쇠미한 천태 교학 중흥의 중추적 역할을 수행한 천태종학天台宗學 연구센터라 할 것이었다. 더구나 그것은 고려 불교와 교섭하는 과정에서 성립되었기 때문에 한중 천태 교학 공동 연구소의 성격을 갖고 있었다.

국청사 의적義寂(919~987) 법사는 천태 교학의 부흥을 위해서는 국내에 흩어져 있는 교전들을 수집하는 한편 당시 오월국 국사國師 덕소德韶(891~971) 선사의 협조를 얻어 일실된 문헌을 외국으로부터라도 도입하여 연구하는 일을 급선무로 알았다. 덕소는 법안종 제2대 조사였으나 이 지역 출신인 데다가 천태 대사와 동성인 진陳씨였으며, 천태산 운거사를 종신 도량으로 삼아 천태종학에도 매우 호의적인 불교계 대선배였다. 일찍이 전홍숙錢弘俶이 태주 태수로 있을 때 덕소의 신자였으며, 948년 오월국 왕이 되자 덕소를 국사로 맞았으므로 의적은 이러한 인맥을 이용하여 그의 포부를 실현하려 하였다. 이리하여 전 왕은 960년에 고려를 위시하여 일본에 사신을 파견하여 전적을 구하게 되었다.

고려에서는 오월국 왕의 요청에 대한 답응 형식으로 961년에 체관(?~970)으로 하여금 천태 논소論疏와 같은 전적典籍을 가지고 국청사로 가서 의적 법사가 이끄는 교학연구원에 참여케 하였다. 당시 천태 덕소 문하에는 고려승 의통義通(927~988)이 시봉하고 있었다. 의통은 947년 무렵 바다를 건너 천태산 덕소 문하로 들어가 법안종의 종지를 듣고 인연이 맞아 홀연히 깨달음(契悟)을 얻었다. 그 뒤 15년 동안 스승을 시봉하면서 선 수행을 계속하는 한편 천태 교학에 대해서도 일정한 공부를 겸하고 있었다. 이 무렵 체관이 국청사 의적의 문하로 들어가 새로운 연구 분위기를 조성하였으므로 의통 역시 그 뒤를 따라 국청사 의적 문하로 들어갔다. 체관보다 2년 늦은 963년에 법안

과수원 뒤 산기슭 오른쪽 천태종 전교원지를 배경으로

종에서 천태종으로 이적한 것이다. 사실 전홍숙이 등극하였던 10세기 중반 오월 치하의 불교계는 법안종과 천태종 두 종파가 교리적 입장에서 상호 교섭하는 상황이었다. 이를테면 의적이 국청사와 운거사에서 번갈아 가며 강훈講訓하고, 운거사 덕소의 제자들이 천태 지관止觀의 학을 함께 학습(兼習)하는 일이 허다하였다. 의통 역시 운거사에 적을 두고 있으면서 천태학에 관심을 두던 차에 체관이 국청사 의적의 학단에 참여하자 그도 옮겨간 것이다.

한편 의적은 국청사 부근에 교학 연구와 후진 양성을 위한 공간의 필요성을 절감하고 그 확보에 진력하였다. 956년 거민 장언안張彦安이 국청사 동남쪽 나계에 있는 땅을 사지寺地로 기부하여 시주를 얻고, 법화승法華僧 원제願齊의 도움을 얻어 조그마한 절을 마련하여 964년에 처음으로 전교원의 낙성을 보게 되었다. 이리하여 의적은 그동안 국청사에 거느리고 있던 승도 20

명과 함께 나계 전교원으로 들어갔다고 하니, 여기에는 고려 체관과 의통이 들어 있었을 것이 분명하다. 전교원의 명성이 점차 높아져 학도가 100명으로 늘어나 붐비었는데, 867년 오월 왕실 종번宗藩들의 시주로 확장되었다. 의통은 100명의 학도들 가운데 수석의 영예를 차지하였다. 체관이 남긴 저술 『천태사교의天台四教儀』의 교판教判(즉 교상판석教相判釋) 이론은 전교원의 교과서로 활용되었을 것이며, 아마 그는 의적에 버금가는 지도적 위치에 있었을 것이다.

이 밖에 전교원에서 활동한 또 한 사람의 고려승으로 지종智宗(930~1018)이 있다. 그는 의통보다 3세 연하로서 같은 법안종을 배우기 위하여 오월국 영명 연수永明延壽(904~975) 문하로 입실하였다. 연수는 천태 덕소의 제자로서 법안종 제3대 조사인데 그의 명성이 해외에까지 널리 알려졌다. 그의 명성을 들은 고려 광종은 그에게 여러 가지 선물과 사신을 보내 스스로 제자의 예를 올리는 한편 36명의 젊은 승려들을 보내 배워 오게 하였다. 지종은 아마도 그 가운데 한 사람으로 959년에 항주에 이르러 960년경에 연수를 알현하였을 것으로 여겨진다. 그러나 당시 연수는 절동 지방에 머물다 오월 왕의 왕사王師로 초빙되었을 뿐 아니라 『종경록宗鏡錄』 저술에 여념이 없었으므로 그를 스승 천태 덕소에게 보냈던 것 같다. 마침 당시 덕소 문하에는 고국의 승려 의통이 10여 년 동안 시봉하던 중이어서 두 사람이 해후하였고, 의통의 인도로 국청사 의적을 알현할 기회를 얻어 천태지관의 학을 배웠을 것으로 보인다. 이리하여 지종도 868년 무렵 불교학자 찬녕贊寧과 천태 현령 임식任埴의 추천에 의하여 전교원에서 『법화경』과 대정혜론大定慧論(정定은 마음을 한곳에 머물게 하고, 혜慧는 사사와 이리를 관조觀照하는 것)을 강설하였다. 이와 같이 이들 세 고려의 승려는 천태종의 중흥에 가히 결정적 역할을 담당한 것이다.

현재 '전교촌'의 건축물 돌담에서는 옛 나계 전교원 건물에 쓰인 석재 조각품들을 쉽게 볼 수 있다.

960년도 후반에 와서 인원이 폭주하여 나계 전교원은 다시 대대적인 확장을 하였다. 이에 의통은 968년에 고향으로 돌아가 전교할 것을 결심하고 먼저 명주 해항을 향하여 떠났으며, 체관은 970년에 입적하였고 같은 해에 지종 역시 본국으로 돌아갔다.

이처럼 나계 전교원은 1천 년 전 오월 전씨 왕조 아래에서 크게 이름을 얻었지만 지금은 단지 전교촌이란 마을 이름으로만 남아 아는 사람만이 번화하였던 당시의 영화를 상상할 수 있을 뿐이다. 농촌 마을 앞의 개울에는 아낙네들이 빨래를 하고, 엄마 따라 나온 개구쟁이들의 노는 모습이 한가롭다. 저들이 천태 교학 중흥의 산실인 전교원이 마을 뒷산에 있었던 역사를 알 턱이 없다. 체관과 의통 그리고 지종과 같은 고려의 고승들은 의적을 비롯한 중국 고승들과 어깨를 나란히 하며 학문과 수도에 정진하던 틈틈이 개울 가로 나와 산책도 했을 것이다. 더러는 고국으로 돌아가는 스님들을 전송하기 위하여 강변 언덕을 따라 걸으면서 석별의 정을 나누었을 것이다. 우리는 한국연구소 여직원들과 직원 부인들이 마을회관 앞에서 채소며 고구마를 사느라 정신을 팔고 있을 사이 개울로 내려와 시골 풍경을 배경으로 기념촬영을 하였다. 차에서 돌아갈 때를 알리는 경적이 울렸다. 벌써 점심시간이 되었다. 여러 가지 농산물을 실은 차는 우리 짐이 있는 수매빈관을 향하여 달려갔다.

2) 명주 전교원과 의통 보운

1996년 7월 22일. 오늘은 항주대학 한국연구소와 동국대학교 100주년 기념사업단의 공동 주최로 황해학술탐사대 윤명철 대장 등 4명이 승선한 뗏목이 출정하는 날이다. 출정식은 주산시舟山市 주가첨朱家尖에서 10시경부터 거행되었다. 필자는 윤 대장 일행과 함께 주가첨 남사해탄南沙海灘에 미리 도착하여 대나무 생산지 봉화奉化에서 구한 굵은 대나무를 해변으로 운반하여 2단 뗏목으로 엮는 과정을 지켜보았다. 출정식에는 동국대학교 송석구 총장과 이영자 교수 일행과 항주대학 정조환鄭造桓 서기를 비롯한 절강성 고고학회장 모소석毛昭晳 교수 등과 현지인 등 다수 인사들이 참가하였다. 오찬 후 3~4시 사이에 바람이 제대로 불어 주지 않는 상태에서 뗏목이 출발하는 것을 보고 참가자들은 뿔뿔이 흩어졌다. 부디 바람과 조류가 저 뗏목을 예정대로 무사히 도해하기를 기도할 뿐이었다.

고대의 한중 해상교류는 황해를 통해 빈번하게 이루어졌다. 겨울에는 한반도 서남쪽에서 중국 측으로, 그리고 여름에는 중국 측에서 한반도 서남쪽

송대 명주의 고려사신관지에 최근 영파시에서 고려사관의 사적진열실을 지어 일반에 공개하고 있다.

으로 진행하는 바람과 조류에 따라 내왕하는 것이다. 이번 뗏목 항해는 나말여초의 스님들이 오월국으로 왕래할 때 그러하였던 것처럼 이러한 계절풍과 조류를 이용하는 것이다.

고려 의통이나 체관도 역시 도해 후 명주로 상륙하여 천태산으로 입산한 것으로 보인다. 당시 명주에는 수창사壽昌寺가 있어서 승려나 사신들이 유숙하였다는 기록이 그러한 추측을 가능케 한다. 고래로 명주는 국제무역항이어서 신라나 일본인은 물론 멀리 이슬람 상인들까지 와서 집단 거주지를 이루고 있었다고 한다. 보운 의통은 고려 왕족 출신으로 어려서 개성 송악산 구산원龜山院 석종釋宗의 문하로 출가하여 구족계를 받고『화엄경』과『기신론起信論』을 배웠다고 한다. 의통이 천태산 덕소를 찾아간 것은 아마도 덕소의 동문인 고려 혜거와 같은 고승의 소개로 구법행이 이루어졌을 것이다.

의통은 덕소 문하에 입실한 지 오래지 않아 계오를 얻은 뒤에도 계속 시봉하다가 뒤에 온 체관과 지종을 만나 함께 천태종의 부흥에 일역들을 담당하였다. 그는 나계 전교원이 설립되자 100여 명의 학도들 가운데 단연 수석으로 두각을 나타내었다. 864년 전교원이 설립된 지 수년 만에 인원이 폭증하여 확장을 거듭하자 의통은 이제는 자신이 천태교학의 전법에 나서야 할 단계임을 자각하였다. 이윽고 "나는 이 천태 교법을 반드시 부모의 나라로부터 시작할 것이다."라고 선언한 뒤 968년 천태산 생활 20년을 마감하고 42세의 중년을 맞아 전교원을 떠났다. 그 2년 후에 체관은 입적에 들고, 지종도 귀국하였다.

의통은 바로 명주로 가서 본국으로 도해할 생각이었다. 막상 명주에 이르니 군수 전유치錢惟治는 "중생을 교화하는 일이 하필 고국이어야 하겠습니까?" 하고 간곡히 귀국을 만류하였다. 전유치는 바로 오월국 충의왕 전홍숙의 아들로서 법사를 정중히 맞아 보살계를 청하면서 하는 부탁이었다. 이에 의통은 "인연이 이미 그대와 닿았으니 끝내 거절하기 어렵다." 하고 고국행을 포기하고 행장을 내려놓으니, 이때 누차 법사의 가르침을 받은 바 있는 조사漕使 고승휘顧承徽가 자신의 집을 희사하여 거처를 정하게 되었다. 이것이 명주 전교원傳敎院의 시작으로서 의적의 나계 전교원에 이어 그 제자 의통이 개창한 제2 천태종학 연구 센터인 것이다.

법사가 인연을 중시하여 고향으로 돌아가려다가 중도에 명주에 정착하여 전교함에 있어서 사람들을 대할 때 항상 '고향 사람'이라 불렀다고 한다. 즉, "나는 정토를 고향으로 삼는다. 모든 사람들은 왕생한다. 그러므로 모두가 고향 사람이다."라고 하였다 한다. 절동 지역에는 전통적으로 불교가 유행하였는데, 당 말 이후 특히 정토종淨土宗이 유행하였다. 본시 배를 타거나 해안에서 일하는 바다 사람들은 불시에 예기치 못한 위급한 상황을 당할 수 있으며, 그럴 때마다 그들은 '아미타불'이나 '관세음보살'의 이름을 불러 구원받으려 하기 마련이다. 이때 관음보살은 그들을 환란에서 구제해 주고, 아미타불은 서방정토 세계로 인도한다는 것이니, 이러한 정토 신앙이야말로 해안 지역에 유행하기 십상이었다.

보타산도 본래 해상무역을 하는 사람들이 바람을 기다리는 곳이었으나 해양인들의 내왕이 빈번해짐에 따라 그들에 의하여 관음도량으로 발전한 것이다. 9세기 중엽 일본의 승려 혜악慧萼과 재당 신라 상인들이 오대산五臺山에서 목조 관음상觀音像을 구득하여 외국으로 운반해 가려다가 보타도 앞바다에서 배가 좌초하여 관음상을 부득이 섬에 내려놓지 않을 수 없었다. 그리하여 현지인들이 관음상을 전각 안으로 모셨고 그 전각을 불긍거관음원不肯去觀音院, 즉 '관음보살상이 가지 않으려 했다'는 뜻으로 부르게 된 것이며, 이 보타산이 중국 제일의 관음 성지로서 기초가 놓였다.

원래 천태종의 소의 경전所依經典이『법화경』이며, 지자 대사 역시 관음 기도를 열심히 하였다는 사실을 주목할 필요가 있다. 이러한 여러 가지 사실을 감안하면 한반도와 해상 교류가 잦았던 명주에 전교원을 세운 의통이 정토 신앙에 특별한 관심을 두었던 것도 충분히 납득할 만하다. 이를 뒷받침하듯『보경사명지寶慶四明志』'전교원' 조에는 "고려승 의통이 정토교를 전하였다. (절은) 명주성 내 행춘방行春坊 동쪽에 있다."고 한 기사가 있다. 더구나 전교원이 있는 진명령鎭明嶺 일대는 신라인들이 거주하던 곳이었다.

의통이 명주 전교원에서 가르치기 시작한 지 10년이 되자 법문을 들으려고 오는 학도가 100여 명에 이르렀고, 사찰의 건물은 100여 칸으로 확장되었다. 태평흥국太平興國 4년(979)에 법지 지례法智知禮가 20세의 나이로 그 문하에 입실하였으며, 옹희雍熙 원년(984)에는 자운 준식慈雲遵式이 법사에게 배웠다. 이들이 의통의 뒤를 잇는 가운데, 특히 지례는 제17대 종조로서 천

'명주 보운 전교원' 유지의 주춧돌들. 1996년 필자가 영파대학 방조유 교수의 협조를 얻어 제1차 답사할 당시

태종학을 크게 진작시켰다. 그 사이(981) 제자 연덕延德이 조정에 청하는 상주문을 올려 다음 해에 명주 전교원에 보운선원寶雲禪院이라는 사액이 내려졌다. 나계 전교원이 연구 중심의 사원으로서 천태학을 부흥시켰다면 명주 전교원은 그 기반 위에서 후진 교육으로 신세대를 배출하는 역할을 수행한 것이다.

의통이 단공端拱 원년(988) 10월 21일 62세로 서세하자 고육왕사古育王寺 서북쪽에 장사하였으며, 치평治平 원년(1064)에 묘탑을 세우고, 법손 종정宗正이 탑명을 찬하였다. 이후 선화 7년(1125)에는 매장지가 황폐하여 유골을 오석산으로 이장하였다. 보운 전교원은 사액이 내려진 이후 그 규모나 사세가 크게 융성하였다. 남송 시기에 화재로 크게 훼손되었으나 복구되어 순희淳熙 14년(1187)에는 이름을 보운 전교원이라 하였다. 명 홍치弘治 연간에 은현鄞縣의 현학縣學과 이웃한 보운사는 현학의 확장으로 죽호竹湖 방면으로 옮겨졌다. 그러나 그 교세는 여전하여 '천하강종 10찰天下講宗十刹(중국 천태종의 10대 사찰)'의 하나로 이름을 날렸으며, 청대에 이르기까지 규모의 증감을 겪으면서 내려오다 중화민국中華民國 시기에 와서 폐허로 되었다.

천태종은 지의 대사가 천태산에 거주하기 시작하여 생긴 명칭으로 15조 의적에 이르기까지 지관의 종법宗法을 계승해 온 까닭에 불교의 여러 계파 가운데서도 종파성이 유별히 강한 특성을 지닌다. 그러나 16조 의통이 명주에서 전교하여 다재다능한 제자를 배출하여 중흥의 공을 세우면서 천태 조정祖庭은 다시 절동 지역의 항구도시 명주 지역으로까지 확장되어 17조 지례에까지 이어졌다. 명주는 지역 내에 사명산四明山이 있어 사명이라고도 하며 송대에 와서 영파寧波로 고쳐 부르게 되었다.

우리 일행은 보타도로 건너가 차를 타고 한 바퀴 돌아본 뒤, 영파를 거쳐 저녁 늦은 시간에 항주로 올라왔다. 23일 오후에 귀국하는 송 총장 일행과 작별한 뒤 24일 아침 일찍감치 이영자 교수를 비롯하여 대학원생 주성지 군과 전운련 양이 함께 다시 영파로 내려왔다. 보운 의통의 전교원지 등 유적지를 답사하기 위하여 한국연구소 심선홍 소장 소개로 영파대학 방조유方祖猷 교수와 만나기로 전화 약속을 하고 내려온 것이다. 방 교수의 안내로 전교원(보운사)의 자취를 따라 진명로鎭明路 해서구海曙區 일대를 답사하면서 여전히 구석진 곳에 남아 뒹굴고 있는 주춧돌들을 볼 수 있었다. 그 부근에는 송대 고려 사신이 유숙하였다는 사신관지(高麗使館址)도 남아 있어-이후 영파시에서 전교원지 도로변에 표석을 세웠으며, 고려사관지에도 건물을 세웠다-그 일대를 둘러보았다.

25일 오후다. 주가첨에서 출발한 뗏목은 순항하고 있을까? 벌써 4일째인데 날씨는 덥고 바람도 없다. 오늘은 의통과 관계가 깊은 아육왕사를 답사한다. 의통은 명주에 있을 때 아육왕사의 초대를 받아 수차 강석講席을 베풀었으며, 사후에는 그 뒷산에 묻혔다. 방조유 교수의 협조로 이곳 지리에 밝은 조후덕曹厚德 씨와 함께 승합차를 빌려 타고 먼저 고아육왕사지 부근 오석산으로 향하였다. 나지막한 산에는 무덤터들이 산재하나 의통의 묘탑은 찾을 길이 없다. 우리는 여기저기 기웃거리다가 기념 촬영을 하고, 이웃 은현鄞縣 보당진寶幢鎭 무산鄮山 남쪽 기슭에 있는 현재

영파시립북창항유물전시관에 전시된 동아시아 해상교류 도상을 배경으로

아육왕사로 내려와 참배하였다. 우리 일행은 외빈으로 대접을 받아 2층으로 올라가 사리를 친견할 수 있었다. 아육왕사는 의통 대사 이후에도 고려 불교인들의 내방이 비교적 잦았던 곳이다. 대각 국사 의천도 귀국할 때 대각大覺 회련懷璉 선사를 예방하였으며, 고려 탄연坦然 국사도 서신으로 개심介諶 선사와 스승과 제자의 인연을 맺었다. 여말에는 나옹 혜근 등이 보타산으로 내왕하면서 아육왕사에 들러 참배하였다.

아육왕사에서 북기항北企港으로 나가 지난 4월에 개관한 북기박물관을 관람하였다. 주로 한국과 일본 등 외국과의 해상 교섭에 치중하여 꾸민 소규

모 해양 문물 전시관이라 할 만하다. 방 교수 덕택에 점심 대접을 받은 뒤 진해鎭海 초보산招寶山으로 가서 여러 시간을 보냈다. 여기가 바로 의천 스님이 배를 타고 귀국길에 올랐다는 그 정해定海이다. 고래로 명주의 무역항이면서 동시에 방어 진지였음을 그 이름에서 알 수 있다.

제5장

한국 관련 불적 기행

산동성

산동반도는 한반도와 가장 가까운 위치에 있어 예로부터 내왕이 잦았으며, 대각 국사의 입송이 판교진을 상륙지로 한 것도 그 한 예다. 교주시에서는 고 김준엽 선생을 통하여 고려사신관지기념비 제막식에 중국불적답사회의 참여를 요청하였다. 이리하여 우리는 2000년 말, 산동성 불적 답사를 겸하여 제막식에 참가한 뒤 그 개략을 「현대불교신문」 1월 17일부터 5월 16일까지 매주 수요일에 게재하였다. 답사에 참여한 한보광·전호련·이영자·이도업·신근재 교수 등 여러 분이 필자와 함께 각 2회씩 분담 집필한 것이다.

그리고 동년 4월 13일에는 그 내용을 학내에 알리는 것이 좋겠다는 의견에 따라 동국대학교 다향관에서 보고회를 가졌다. 보고회 형식은 필자가 불적 답사 개요를 강연 형식의 구두로 발표하고, 신태광 박사와 고 전중배 교사가 답사 현장을 슬라이드로 상영하여 청중의 이해를 도왔다.

이 답사기는 필자가 보고한 내용을 중심으로 위의 자료들을 종합하여 본서의 체제에 맞게 재구성한 것이다.

1.
산동반도 한국 관련 불적 기행

1) 구법승들의 등·이륙지, 산동반도

북송 신종神宗 원풍元豊 연간(1078~1086)에 양경략楊景略이 고려에 사신으로 왔다가 돌아가는 길에 거친 풍랑을 만나 구사일생으로 귀국하였다. 그리고 판교진에 해신묘를 세우기를 주청하자, 소동파는 "지난날 삼한三韓에 사신으로 가다가 물고기 밥이 된 자 얼마였던가? 돌아와 신사神祀를 지어 뭇 상인들로 하여금 분주히 활동하게 하도다."라고 하여 바닷길이 얼마나 험난하였는지 시로써 알려 주었다. 지척인 황해를 건너는 데도 이러했을진대 더욱 먼 바다를 건너 구법하던 스님들의 고통이야 새삼 말할 것이 못 된다.

한중 교류의 역사에서 해상 세력과 불교의 성쇠는 불가분의 관계에 있다. 우선 이번 우리의 답사지인 산동성 지역에 국한하여 보더라도 예외가 아님을 쉽사리 알 수 있다. 예컨대 당대唐代에 등주가 의상 대사와 선묘 설화의 무대였다는 『송고승전』의 설명과 그 후 장보고 선단의 기도 도량인 적산법화원赤山法華院이 자리 잡은 반도 북부 연해 지역이 교섭의 중심지로서 가장 활

최근 교주시에서 세운 송대 판교진 고려정관(고려 사신이나 상인들의 유숙처) 기념비

발하였다는 사실을 들 수 있다. 그러나 동아시아 해상 교류의 황해 북방 항로는 요遼·금金 등 북방 민족의 발호로 인하여 오대五代와 송宋 이후부터 점차 강절江浙 동남 해역으로 이동하게 되었다.

한중 해양 교통로의 시대적 추이는 대개 다음과 같이 정리해 볼 수 있을 것이다. 제일 먼저 북방 등주로登州路는 한중 교류에서 가장 일찍부터 이용된 항로로서 고대부터 당대에 이르기까지 두 갈래가 있었다. 항해술이 미숙하던 초기에 등주에서 대련大連으로 북상하였다가 다시 연안을 따라 동쪽으로 나아가 한반도 서해안을 따라 남행하는 안전한 길이 그 하나이며, 항해술이 발달한 후기에 다소의 위험을 감내하더라도 황해를 직항하는 길이 또 다른 하나였다. 의상 대사의 구법 경로나 장보고 선단의 활동 무대는 물론 후자에 속한다. 등주에 이르는 해로를 택한 스님들의 구법 행로는 주로 오대산을 비롯한 낙양洛陽과 장안長安, 그리고 종남산終南山 등 화북 지역으로 서행西行하는 것이었다.

다음으로 오대와 송 이후에는 북방 민족의 위협으로 인하여 점차 남방 항로가 발달하였다. 10세기 이후 이른바 정복왕조 요의 대두로 인하여 동아시아 국제 질서는 커다란 변화를 겪게 되었으니, 한중 해로 역시 전과 같지 않았다. 이에 따라 북방의 등주로는 폐쇄되고 그 교섭로가 남방으로 이동하는 일이 불가피하게 되었다. 대각 국사 의천義天이 산동반도 남부 연안의 판교진板橋鎭으로 등륙한 것도 그 때문이었다. 그의 귀국 때 명주에서 출발하여 동북방으로 비스듬히 가로질러 한반도에 이르는 사단斜斷해로를 이용한 것도 한중 및 중일 교류의 중심 항로가 강절 지역으로 옮겨지는 과정상의 일이었다. 강절 해역의 번영은 남해南海 무역권역이 확대된 것도 영향을 미쳤음은 물론이다.

세 번째로 명·청대에 이르면 철저한 쇄국정책으로 말미암아 동아시아 세계에서는 자유로운 해상 교류의 길이 봉쇄되었다. 명 태조는 "조각배도 나라의 허가 없이는 바다에 띄우지 못한다."고 선언함으로써 한·중 간의 조공은 오로지 육로로만, 그것도 국가가 정한 요동로遼東路를 통해서만 내왕하도록 허가되었다. 일본의 조공은 10년에 한 번, 명주 한 곳으로 한정하여 시행토록 허용되었을 뿐이다. 이러한 제한은 불교 교류에도 예외가 아니었다. 원대元代까지만 하더라도 육·해 양로로 빈번하던 고려 구법 승려들의 내왕이 명대에 이르러 막혀 버리고 말았다. 본문에서 자세히 살펴보겠지만 명 초 태산 불교의 중흥조 운공 만공雲公滿空 선사(1388~1463)가 바다를 건너 명으로 들어갈 때 밀항에 의존하지 않으면 안 되었던 것도 그 때문이었다.

신라나 일본에서 바다 건너 불법을 구하는 길은 통상로와 동일하며 사신使臣의 행로와도 일치한다. 한국과 중국 사이의 불교 교류가 가장 왕성하던 당 이전까지의 동아시아 국제 교류는 가장 평화롭고 활발하였으니, 불교 교류가 자유롭던 시대에 해상 교섭 또한 활발하였다. 더구나 산동반도는 한국과 지리적으로 가장 가까워 예나 지금이나 상호 교섭이 많았지만 불교, 특히 선종의 교류에 있어서는 이 교통로가 그다지 활용되지 않았다. 그것은 첫째 산동 지방이 중국의 다른 지역에 비하여 이름난 불교 사원이 적고 선승의 활동이 저조하였기 때문으로 여겨진다. 당唐과 오대五代 선종의 경우만 보더라도 신라나 고려의 구법승들이 남긴 족적을 찾아보기 어렵다. 태산에도 그 서북 기슭에 산동성을 대표할 만한 고찰 영암사靈岩寺가 있지만 선종 사찰이 아닐뿐더러 우리 스님들의 자취를 거의 찾아볼 수 없다. 태산의 종교는 원래 산악 신앙이 봉선封禪 의식과 결합하여 발전한 도교 신앙이 주류를 이루었으며, 뒤에 들어온 불교의 영향으로 선종이 일부 존재하였을 뿐이다.

이상 여러 가지 점에서 볼 때 산동성에는 우리나라 불교, 특히 구산선문과 관련된 이렇다 할 불교 사원이 거의 존재하지 않았음이 사실이다. 다시 말하면 산동반도는 한중 불교 교류사에 있어 우리나라 구법승들이 중국 내륙으로 왕래하는 경유지 역할을 담당하는 데 그쳤다고 할 수 있다.

반면 산동반도는 유교 문화의 발상지라는 점에서 독특한 지위를 지닌다. 춘추전국시대에 공자와 그 학단을 배출함으로써 유교 성지로 제로지향齊魯之鄕이라는 이름을 얻어 중국은 물론 동아시아, 나아가 전 인류 세계에 명성을 크게 떨치고 있다. 이번 불적 답사 계획에 이 지역을 포함시킨 것은 또 다른 점에서 의미 있는 일이 아닐 수 없다. 중국 현대의 신문화운동이나 중공中共 치하에서는 공자를 비판하고 유교를 배척하는 경향이 주류를 이루었다. 그러나 중국의 개혁 개방 이후에는 공자와 유교를 다시 중시하는 정책을 취하는 등 문화정책의 변동이 자주 일어나고 있다.

2) 의천 대사 상륙지, 교주 고려정관비

2000년 12월 23일 1시 30분, 서울에서 이륙한 중국 민항 여객기는 1시간이 채 못 걸려 청도靑島 공항에 도착하였다. 우리 일행 19명은 공항에 도착하여 먼저 청도의 해변공원과 노산嶗山의 도교 사원 등지를 관광하고 여행 첫날 반주를 겸하여 저녁 만찬을 들며 이야기를 나누었다. 청도에는 이렇다 할 불교 고찰이 없다. 이튿날에도 관광객들의 눈길을 끌기 위하여 겉치장을 한 듯한 사찰을 둘러보고 시내 관광을 마친 뒤 점심을 먹고 교주만膠州灣을 우회하여 교주시膠州市로 이동하였다.

이번 답사에서 한 가지 특기할 일은 교주시 당국으로부터 고려정관기념비高麗亭館紀念碑 제막식에 초청을 받아 거기에 맞추어 참여하게 되었다는 것이다. 교주시는 대각 국사 의천 스님이 등륙한 곳이며, 고려정관이란 북송 때 등륙한 고려 사신을 맞아 숙식을 제공하던 장소를 말한다. 중국의 동쪽 해역에는 이곳만이 아니라 소주蘇州나 영파 등 고려 사신을 비롯하여 무역 상인들이 자주 드나들며 유숙하던 여관으로서 고려정관이 여러 항구도시에 세워졌다. 중국과 각별한 인연을 맺고 있던 대우재단 사회과학원 이사장 김준엽 선생께서 특히 영파와 판교진에 있던 고려사신관 등의 유적을 복원하기 위하여 해당 시 정부를 설득하는 한편 중국에서 활동하는 한국 사업가들로부터 협찬을 받기 위해 갖은 노력을 기울였다. 그 결과 영파시는 자체적으로 고려정관을 복원하기로 하였으며, 교주시에서는 고려대 출신의 한 사업가의 도움으로 대각 국사 등륙지에 기념비를 세워 이번 행사를 치르게 된 것이다.

교주시는 1년 전부터 고려정관의 흔적을 찾아 그 유지에 기념비 건립을 추진하면서 김준엽 선생을 통하여 가능하면 관심 있는 한국인들의 참여가

판교진 고려정관이 선 자리에서 열린 '고려정관기념비' 제막식. 필자를 비롯한 답사반 대표가 교주시 관계자와 함께 제막하는 장면

있었으면 좋겠다는 뜻을 전해 왔는데, 우리 불적답사회에 그 소식이 전해져 산동 지역 답사를 이 기념비 제막식 기간에 맞추어 실시하게 된 것이다. 25일 9시부터 거행된 행사의 공식 명칭은 '교주시 제1회 중한 경제문화 교류 세미나 및 교주시 중한 경제문화 교류 유지 기념비遺址紀念碑 낙성 기념식'이었다. 교주는 북송 시대에는 판교진이라 하여 대외 통상 무역항으로서 해상 운수와 대외무역이 발달한 곳이었다. 고운 최치원이 거쳐 가기도 하였다는 이곳 판교진에 고려정관이 설립되어 있어서 고려 사신들이 여사旅舍로 사용하였으며, 대각 국사 의천義天도 개성에서 송나라 상선을 타고 밀주密州의 관할 지역이던 이곳으로 상륙하여 머물렀다.

『교주시지膠州市志』「대사기大事記」에 의하면, 620년(당 무덕 3년)에 고밀현高密縣을 설립하였는데, 623년(무덕 6년)에 교서현膠西縣을 고밀현에 포함시키고 판교진 부두를 설립하였다. 오늘날 교주 승리교勝利橋 서북쪽에 해당한다. 그 후 송 철종 원우元祐 3년(1088)에 다시 교서현을 두었다가 이어 밀주에 소속시켰는데, 당시 판교진의 해운 무역은 공전의 번영을 맞이하였다고 한다. 대각 국사가 송나라에 건너온 것은 바로 그 무렵이었다.

지금도 교주와 청도는 한국과 인접하여 한국인들이 가장 많이 밀집해 살고 있어 우의와 교류를 더욱 깊게 하고자 하는 바람에서 이러한 자리가 만들어진 것이다. 9시에 교주빈관膠州賓館 회의실에서 시작된 이른바 학술 세미나에는 교주시 이호李皓 시장을 비롯한 교주시 관련 인사들과 한국영사관 금병목 총영사 및 교주시 한국 기업 대표, 조선족 출신 학자, 그리고 우리 일행이 참석하였으며 의례적 행사로 두 시간 동안 진행되었다. 이어 11시에 전체 인원이 운계중학云溪中學 앞 공원의 비석 제막식 현장으로 이동하여 제막식을 거행하였다.

이번 회의에 참석한 교주 지방 사학자 정문광鄭文光 씨가 지난 5월에 김준엽 선생을 초청하여 공동으로 현지 실사를 마치고 고려정관 유적지가 지금의 교주시 운계중학 자리임을 최종 확인하였다고 한다. 그 후 교주시 국제상회가 청도대학 한중문화연구중심 주임 박영희 박사의 협조로 시 정부에 보고하여 기념비를 세우게 되었다는 것이다. 고려정관기념비의 앞면에는 '한중 경제문화 교류의 유적지에 교주시 연합정부가 고려정관기념비를 세운다'는 내용을 새기고, 뒷면에는 한글로 다음과 같은 내용의 비문을 새겼다.

북송 시기 중국으로 항해하여 와서 교주(구 밀주 판교진)에 상륙한 외국 상인들 가운데는 고려(서기 918~1392)의 상인들이 대부분을 차지하였다. 그들이 장사를 하면서 유숙하고 모였던 장소를 고려정관이라고 한다. 당시 교주와 고리 간 경제 문화 교류는 아주 빈번하였다. 판교진은 통상항구로서 중국

교주시에서 고려정관기념비 건립을 위하여 고 김준엽 교수를 초빙하여 의천 대사가 상륙한 판교진 부두 (현 승리교)를 답사(1999년 11월 7일 촬영)하였다.

조정은 이곳에 시박사市舶司를 설치하여 대외무역 등의 사무를 관리하였다. 원풍 8년(1085년)에는 고려 왕조 문종(왕휘)의 4남 의천 대사(대각 국사, 1055~ 1101)가 불법을 구하고자 고려의 개성에서 바다를 건너 중국에 와서 판교진 부두로 상륙하여 잠시 머문 후 변경(지금의 개봉)으로 갔다. 그 후 의천 대사는 1086년 6월까지 14개월 동안 송나라 조정의 보호하에 각지의 고승을 방문하여 양국간 우호관계를 증진하고 한·중 교류에 커다란 공헌을 하였다.

2000년 12월

대각 국사 의천이 밀주 판교진에 도착한 것은 1085년 5월 갑오일이었다. 고려의 정주(지금의 풍덕)에서 4월 초파일날 송나라 상인 임령林寧의 상선을 타고 떠난 지 약 한 달 후였다. 의천은 밀주에 도착하자 입송한 뜻을 담은 서신을 밀주 자사와 송나라 조정에 올려 도움을 청했다. 송 황제는 고려 왕의 아들이 유학온 데 대해 크게 기뻐하며 안내인을 보내고, 다시 조봉랑朝奉郞 소주蘇注를 보내 의천의 입경을 돕게 하였다. 의천이 상경하여 황제를 알현하자 황제는 의천의 남행南行에 조봉랑 양걸楊傑을 관반으로 하여 그의 구법행을 돕도록 하였다. 이와 같은 송 조정의 적극적인 도움으로 대사는 항주 정원淨源 법사를 비롯하여 승려 도속 50여 명을 만나 법담法談을 나누었다. 뿐만 아니라 많은 곳을 순방하여 일찍부터 뜻해 왔던 속장경의 간행을 도모할 수 있었고, 천태종을 개창하여 한국에 천태 교학이 꽃피게 하였다. 그 내용이 고려정관 기념비에 담긴 것이다.

의천 대사의 입송 구법은 송 황제의 도움이 있기는 하였지만 쉬운 일은 분명 아니었다. 당시의 여·송·거란의 복잡한 국제 관계로 인하여 고려 조정에서는 의천 대사의 입송을 허락하지 않았고, 그래서 몰래 배를 타고 온 한 달 동안의 여정도 그리 만만치 않았다. 그 어려움은 의천이 밀주 자사에게 보낸 글에 잘 담겨 있다. 즉, "모습을 숨기고 고국을 떠나 바다에 몰래 몸을 띄웠는데 사방을 둘러보아도 이웃은 없고 오직 푸르른 물결만 보였으며, 외로이 가는 길에는 해와 달이 뜨고 지는 바다에 배만이 있었다." 하고 있다.

대사는 현수賢首의 교관敎觀으로부터 대·소승의 경·율·논과 장소章疏에 이르기까지 섭렵하지 않은 것이 없었으나 일찍부터 송나라로 가서 도를 구할 뜻을 갖고 있었다. 그러던 중 당시 화엄 교학에 깊은 조예를 가진 진수 정원晋水淨源 법사로부터 초청을 받자 그 마음이 더욱 간절해졌다. 그는 일찍이 입송 구법할 것을 여러 차례 청하였으나 부왕 문종은 여러 신하들의 반대가 너무 확고해서 결정하지 못하였다. 당시 북방 거란의 세력이 강성하여 고려는 송의 연호를 쓰지 않고, 거란의 연호를 쓰던 처지여서 송과 정치적으로 불편한 관계에 있었다. 그 무렵 송나라 관료 소동파가 고려 사신들의 입송 문제를 둘러싸고 여러 차례 상소를 올려 비판의 목소리를 높인 것도 그러한 국제 관계의 난맥상 때문이었다.

　이윽고 1085년 4월 초파일에 의천은 왕과 태후에게 올리는 글을 남기고 제자인 수개壽介를 대동한 채 미복으로 정주에 이르러 상인의 배를 타고 떠났다. 그때 중형인 선종에게 남긴 글이 「송나라에 들어가 불법 구하기를 청하는 표」이다. 거기서 의천은 "법을 물은 선재善才는 스승을 구하는 데 모범을 드리웠거늘 하물며 상법이 쇠한 때에 다시 밝은 이의 초청을 받고서도 찾아가 도를 물을 마음이 없다면 반드시 법을 구함에 게으름이 있는 탓일 것입니다."라고 간절한 구법의 의지를 보였다. 왕이 이 소식을 듣고 놀라 급히 조정의 관료와 의천의 제자인 낙진, 혜선, 도린 등을 보내 뒤따르게 하였다. 몰래 상선을 탄 의천의 구법 의지는 선재가 선지식을 찾아 일생 구법한 신심과 의지를 능가하고 있다고 하겠다.

　의천의 구법 의지는 「우란분재일에 향불을 팔에 태워 발원하는 소」에도 잘 나타나 있으니, "오늘의 좋은 인연을 의지해서 몸소 일백 성을 두루 돌며 스승을 만났던 선재동자의 구법행을 본받게 하소서."라고 하였다. 그러한 의천의 구법행에 대하여 상국사相國寺의 종본宗本은 "그 누가 만 리의 큰 물결 위에 법을 위해 몸을 잊고 선재동자 본받으랴. 염부단금 얻는 것은 실로 드문 일인데 우담발화가 불 속에 피었네."라고 찬탄하였다.

　의천은 1년 동안 주로 항주杭州를 비롯한 강남 지역에서 화엄과 천태학을 공부하고 문헌을 수집하였다. 그리고 전당강錢塘江을 건너 천태산을 순례하고 다시 명주의 여러 사찰에서 법회를 보았다. 그런 다음 고려 조하사朝賀使의 배편으로 1086년 5월 정해定海에서 출발하여 예성강을 통하여 입국하였다. 이와 같이 의천이 선재동자가 스승을 찾아 구법 순례의 길을 걸어간 것처럼 법을 위하여 몸을 돌보지 않는 마음으로 배를 타고 와서 머물렀던 그 판교진에서 의천을 기리며 기념비 제막식을 갖게 된 것은 이번 산동성 답사에서 얻은 의외의 소득이라 하지 않을 수 없다.

제막식을 끝마치자 단체 사진을 찍고 공원 주위에 머물며 기념사진을 찍다가 시내로 들어가 건설 중에 있는 한국성韓國城 공사 현장을 둘러보았다. 한국성이란 '한국인의 도시'라는 뜻이다. 청도와 교주에는 조선족과 한국인들이 많아 한국 정부에서도 총영사관을 설치할 정도로 큰 관심을 갖고 있었다. 그리고 교주시에서도 한중 교류 증진을 위해 유적지 부근에 한국 교민들을 위한 한국성을 짓고 있다는 것이다. 교주에는 40여 개국 300여 개 외자 기업이 진출해 있는데, 그 중 180여 개 업체가 한국 기업이라고 한다. 이곳 공사를 주관하는, 전날 우리를 만찬에 초대한 중국국제상회 교주상회의 채진산蔡振山 회장은 한국성의 부지가 6만 2,546평방미터에 연건평이 6만 2천 평방미터라고 한다. 한국성은 상업 구역과 주택 구역으로 나뉘어 건설되는데, 이미 2개월 전에 시공에 들어갔으며 2001년 말 완공 예정이라고 한다. 한국성은 우리들로 하여금 그 옛날 신라인의 집단 거류지인 신라방新羅坊을 생각나게 할 뿐 아니라 신라방의 재현이라는 생각을 갖게 한다. 예나 지금이나 우리나라와 가장 가까운 지역으로 인적 물적 교류가 활발하게 이루어지는 현장을 본 것이다.

한국성 공사 현장을 둘러본 뒤 다시 교주호텔에 가서 점심을 대접 받고 2시 가까이 되어서 새로운 여정에 올랐다. 교주시에서는 우리 일행이 시 경계를 벗어날 때까지 경찰차로 호위해 주었다. 대각 국사 의천이 송 조정에서 보내 준 안내원의 호위를 받고 수도를 향해 길을 떠난 것처럼. 우리는 교주시의 호의와 배려에 감사하며 위해시威海市를 향하여 동북향으로 달렸다. 위해까지는 세 시간 반이 걸렸다.

3) 장보고 대사와 적산법화원의 오늘

위해시에서 1박을 하고 26일 아침 식사 후 부두에서 출발한 현대식 나룻배는 쌀쌀한 겨울 바다를 가르며 우리 일행을 유공도劉公島에 내려놓았다. '갑오전쟁기념관' 입구에 걸린 이홍장의 글씨로 '해군공소海軍公所'라고 쓴 현판이 북양함대 사령부가 설치되었던 청 말의 역사를 말해 준다. 위해시나 연태시烟台市는 근세에 부상한 항구도시지만 당·오대 시대에는 이 연안에 신라 배들이 분주히 드나들며 입당 구법 스님들을 실어 날랐을 것이다.

오후에는 적산법화원을 참관하였다. 법화원은 한반도에서 가장 가까운 산동반도 영성시榮成市(당대에는 등주登州 문등현文登縣 소속) 석도진石島鎭 적산의 남쪽 기슭에 있다. 석도는 원래 섬이었으나 지금은 육지와 연결시켜 놓았

적산의 적산법화원 산문

으며, 적산은 문자 그대로 붉은 돌이 많은 산으로 절에서 바로 바다가 내려다보인다. 필자는 6, 7년 전에 적산법화원을 다녀간 적이 있는데 여러 가지 달라진 점이 눈에 띄었다. 산문이 새로 서고 대웅전 뒤로 '법화원'이라 현판을 단 웅장한 건물이 새로 들어섰다.

우리가 들어선 절 입구에는 최근에 돌로 만든 산문이 큼직하게 세워져 있는데, 글씨는 근년에 유명을 달리한 중국불교협회 조박초 회장이 쓴 것이다. 절 안으로 들어가면 중앙에 대웅보전이 앉았고 그 좌우로 관음전과 지장전이 마주하고 있으며, 지장전 내부에는 월전 화백이 그린 장보고 대사의 영정이 봉안되어 있다. 이들 전각은 1990년에 건립되었는데, 작년에 대웅전 뒤로 높다랗게 삼불보전三佛寶殿을 지어 석가모니불을 주불로 하고, 좌우로 보현보살과 관세음보살을 모셨다. 절에는 비구니 스님 7, 8명이 주석하고 있었다. 주지 노스님은 구화산 인덕仁德 방장스님의 상좌로서 10년 전에 출가하였으며, 1년 전에 이 절로 옮겨 왔다고 한다. 주지스님은 우리 일행을 요사채로 안내하여 귤과 차를 대접하더니 동행한 세 비구 스님들 앞에 삼배三拜를 올리는 것이 아닌가! 대웅전 앞에서 기념 촬영할 때도 자리를 함께 하는 등 구화산 지장보살이 신라 출신인 까닭으로 한국에서 온 손님들을 환대하는 뜻이 있는 듯하였다. 답사 후의 일이지만 중국 비구니 스님들에게서 삼배를 받은 일을 두고 어느 스님이 비구니 계율을 잘 지킨다고 칭찬하자 동행한 혜주 스님이 반론을 제기하여 약간의 해프닝이 있었다. 사실 모든 종교에서 그렇듯이 고대의 율법을 현대에 그대로 지킬 것인가의 문제는 그리 간단치 않다는 사실을 우리는 더러 경험한다.

잘 아는 바와 같이 적산법화원은 당시 동아시아 해상을 주름잡던 장보고 대사가 세운 절이다. 원인圓仁(794~864)의 『입당구법순례행기』에는 적산법화원의 경영과 법회에 관한 내용까지 자세히 나와 있다. 장보고 대사는 이 지역에 많은 논밭을 소유하고 1년 동안 이 절의 양식으로 500석의 곡식을 충당하였다고 한다.

당시 이 절에는 3, 40명의 스님들이 거주하고 있었다고 하는데, 여기서 진행되었다는 강경 의식講經儀式과 종교 의례로서의 송경 의례誦經儀禮에 관한 경험담이 관심을 끈다. 당시 성림聖林 스님이 좌주, 돈증頓證과 상적常寂 스님이 보조 강사로서 법회를 주재하였다. 대중은 모두 신라인으로서 승려를 비롯하여 속인 노인, 젊은이, 귀족, 평민이 두루 참석하는 무차법회였다고 한다. 원인은 『입당구법순례행기』에 법화원에 머물던 전·현직 주지를 위시한 승려의 이름을 일일이 기록하였는데, 비구 24명과 비구니 3명을 합하여 모두 27명이었다. 이들 가운데 선승禪僧은 모두 4명으로서 궤범軌範·혜각慧覺·법행法行·충신忠信이며, 이름 아래 '선문禪門'이라고 적고 있다. 여기 혜각 선사가 최치원의 「봉암사지증대사적조탑비명」에서 거론한 '정중사靜衆寺의 무상無相·상산常山의 혜각慧覺·익주益州의 김 화상金和尙·진주鎭州의 또 다른 김 화상' 가운데 한 사람인지는 알 수 없지만, 어쨌든 저들 중에는 적산에 장기간 머물지 않고 내륙으로 지나다니면서 일정 기간 머물던 승려도 있었을 것이다.

적산법화원에서는 법회를 마치기 전날 200명이 회향하고, 마치는 날에 250명이 회향하였으며, 그들 모두 보살계를 받았다. 강경할 때 어려운 대목이 있으면 질문하고, 강사는 질문에 대답하여야 했다. 송경 의례도 신라 풍속을 따라 신라 발음으로 하되 낮에는 『법화경』과 『금강경』을 강의하고, 밤에는 예불과 참회하는 종교 의례를 행하였다. 의례를 할 때에는 한 목소리로 삼보에 귀의하고, 찬불하며, 도사導師의 인도에 따라 '나무약사유리광불南無藥師琉璃光佛', '나무대자대비관세음보살'을 큰소리로 합송하였다. 원인의 여행기에서 전해 주는 적산법화원을 중심으로 한 이런 재당 신라인들의 신앙

생활에 관한 이야기는 우리의 관심을 끌기에 족하다. 우리나라에는 『법화경』 영험담이나 고승들의 『법화경』 연구서는 더러 남아 있으나 실제로 무슨 경을 가지고 어떠한 형식으로 신행信行 생활을 하였는지는 알려진 것이 거의 없기 때문이다. 때문에 이러한 기록들은 신라 불교사 이해에 매우 중요한 자료가 되는 것이다.

삼불보전에서 내려다보이는 적산포 앞바다는 한 폭의 수채화처럼 아름답다. 사찰 마당을 가로질러 건너편 옅은 눈으로 덮인 산비탈 소나무들 사이로 석탑이 우뚝 솟았고, 그 아래로 복숭아, 살구, 배나무를 심은 작은 과수원이 있다. 봄이 되면 그 과수원이 적막한 법화원의 분위기를 한껏 바꾸어 놓을 것이다. 옛적 여기 살던 신라인들도 과수를 심고 밭을 갈며 동쪽 바다의 파도소리를 벗 삼아 두고 온 산하를 그리면서 열심히 살아갔으리라.

장보고 대사는 왜 이곳 적산에 법화원을 세워 적지 않은 경제적 부담까지 졌을까? 법화원은 말할 필요도 없이 『법화경』을 신앙하는 중심 도량이다. 『법화경』과 관세음보살 신앙 사이에는 밀접한 관련이 있다. 관음신앙은 『법화경』「보문품」에 나오는 구세 보살의 위신력威神力에 의지한다고 하는데, 거기에는 "만약 큰 바다에 들어갔을 때 흑풍이 불어 배가 표류하여 나찰귀의 나라에 떨어지더라도 관세음보살의 명호를 부르면 모두 이 환란에서 벗어나리라."라고 하였다.

산동반도 연해 지방은 일찍부터 한반도와 왕래가 긴밀하였으며, 8, 9세기에 들어서서 더욱 밀접한 관계가 되어 신라인이 이들 여러 지역에 진출하여 거주하였다. 장보고가 적산에 법화원을 건립한 것도 이러한 배경 아래서 가능한 것이었다. 그들이 배를 타고 바다를 건너 고국으로 왕래하려면 엄청난 위험이 따르기 때문에 반드시 무사 항해를 빌기 마련이었으니 『법화경』에 기초한 관음신앙이 성행한 것은 당연한 일이었다. 적산법화원은 이러한 이유로

법화원에서 황해를 배경으로 하여

세워진 장보고의 원찰로서 이 지역에 사는 신라 사람들의 종교적 귀의처가 된 것이다.

장보고의 해상 활동과 적산법화원에 관한 이야기는 일본승 원인의 순례 행기를 통하여 비로소 자세히 알려지게 되었다. 그리고 이 여행기는 하버드 대학 라이샤워 교수가 번역하고 주석을 달아 박사학위 논문으로 제출함으로써 세계적으로 널리 알려졌다.

신라 서해안의 아마도 미천한 가정에서 태어나 활 잘 쏜다고 하여 이름으로 불렸을 궁복弓福, 즉 장보고는 친구 정년鄭年과 함께 청운의 뜻을 품고 바다를 건너 산동 지방의 무령군武寧軍에 입대하여 고구려 유민 이사도李斯道 정권을 무찌른 공으로 소장小將의 지위에까지 올랐다. 그러나 그는 곧 군복을 벗고 무역업에 뛰어들어 부를 쌓아 막강한 세력으로 동아시아 해양 제국을 이룩하였다. 그런데 그가 신라 왕실의 정권 쟁탈전에 끼어들어 희생된 것은 안타까운 일이 아닐 수 없다.

적산은 현지에서 척산尺山이라고도 한다는데 이는 적과 척이 중국 발음으로 같은 '치' 음이기 때문이라고 한다. 산문의 뒷산 산정은 붉은색의 기묘한 암석들로 덮여 절벽을 이루고 있다. 그 가운데 양쪽으로 솟은 바위 사이로 '용의 동굴(龍洞)'이 자리하고 있는데 그 바위 기둥이 문처럼 생겼다고 하여 홍석문이라 한다. 그 동굴에 재신財神이 살고 있다는 전설이 있어 지금도 정월이면 이곳 주민들이 모여들어 분향하며 발재發財를 기원한다는 것이 현지 가이드의 설명이다.

원인이 입당 구법을 마치고 일본으로 돌아가 제자들에게 적산 명신赤山明神의 봉안을 유계遺戒로 남겨, 경도 비예산 기슭에 적산선원赤山禪院이 서게 되었다. 그러나 정작 적산법화원의 운명은 청해진 대사로 있던 장보고가 신라 왕실의 정치 분쟁으로 희생됨에 따라 위축되더니, 뒤이어 발생한 회창법난을 당하여 끝내 훼철당하고 말았다.

중국이 개방정책을 실시한 이후에도 적산 일대는 외국인 출입이 제한되다가 1987년경이 되어서야 비로소 개방되었다. 이 무렵에도 한국인의 출입은 여전히 어려웠으나 일본인은 자유롭게 드나들면서 아무것도 없는 법화원 유지에 여러 가지 기념물 세우기를 게을리하지 않았다. 현재 법화원 뜰 한쪽에 옆으로 누운 암석에는 큰 글씨로 '고해를 건네는 뗏목선(苦海船筏)'이라 하고, 작은 글씨로 '예전에 입당하여 구법한 사문 전등 대사 원인(前入唐求法沙門 傳燈大師 圓仁)'이라 각자되어 있다.

산문에 들어서면 일본인들이 세운 크고 작은 석비가 20개나 있고, 그 뒤에 세운 한국인 공덕주功德主의 석비도 7개가 섰다. 산문 옆 안내판에는 "신라 장보고 장군이 건립하였고, 일본 원인 법사가 입당 구법할 때 여기에 거주하였다."라고 적혀 있다. 여기서 우리는 중국 측의 미묘한 중립적 입장을 살필 수 있다. 중국이나 일본인들이 이렇게 절을 짓고, 여러 가지 불사를 일으키는 것이 한국과 우의를 다져 경제 교류를 촉진하고자 하는 속셈에서 비롯되었다 하더라도 우리로서는 고마운 일이 아닐 수 없다.

장보고張保皐의 이름을 일본에서는 보고寶高라고 쓰기도 했다. 이번 답사에서 장보고 대사의 성씨와 관련하여 현지의 에피소드를 하나 소개해 보자.

그의 본래 이름은 궁복弓福이었는데, 장張이란 성은 아마도 궁弓과 장長의 합성으로 만들어졌을 것으로 추측하기도 한다. 어떻든 당시 중국에서 그렇게 불렀다고 한다. 그런데 적산법화원이 있는 석도진石島鎭 장가촌張家村 사람들은 신라 출신 장보고를 자기들의 시조라고 생각하여 마을 앞에 석비를 세웠으나 뒤에 한국의 어느 장씨 족보를 구해 보고 이 비문을 쪼아내었다고 한다. 그 족보에 장보고 대사가 중국으로부터 도래한 장씨로 기록되어 있었기 때문이다. 우리나라의 성씨는 고유한 성과 함께 외래 성도 적지 않다. 외래 성은 중국으로부터 건너온 경우가 많아 초기의 계보는 불분명한 내용이 적지 않은 것이 사실이다. 따라서 우리는 고보古譜의 불분명한 사실은 불분명한 대로 두고 거기에 설명을 붙여 이해를 구해야 한다는 점을 잊어서는 안 된다.

마지막으로 한 가지 덧붙일 흥미로운 이야기가 있다. 1996년 7월 동국대학교와 항주대학(현 절강대학) 공동 주최로 중국 주산열도에서 한국 흑산도에 이르는 황해 뗏목 탐사를 실시하였다. 동국대학교 출신 유명철 씨를 비롯한 뗏목 탐험가 네 명이 약 15일 예정으로 대나무 뗏목을 타고 출발하였으나 20일이 지나도 소식이 없다가 태풍을 만나 24일 만에 산동반도 석도진에 표착하고 말았다. 한국 측에서는 크게 걱정하다가 중국의 라디오방송을 듣고서야 겨우 안심을 하였다. 태풍 때문에 뗏목 탐사가 계획대로 되지는 않았으나 옛날 장보고의 주 활동무대인 황해를 이리저리 헤집고 다녔으니 실패했다고는 할 수 없는 행사였다. 뒤에 들은 바로는 영성시에서 그 뗏목을 적산법화원으로 옮겨 두었다고 한다.

적산법화원과 그리 멀지 않은 문등시(현재 연태烟台) 서자진 곤륜산 아래에는 무염사지無染寺址가 있다. 천복天復 원년(901)에 세운 '중수무염원비重修無染院碑'에는 사원의 중수에 크게 시주한 이들로 평로절도사 왕사범王師範(891~905) 등 당나라 고관들과 나란히 '계림인 김청압아金淸押衙'라는 이름이 보인다. 재당 신라인 사회에서 압아라는 직함을 가진 김청은 절동浙東 연해 지역으로 내왕하며 부를 축적한 신라인으로서 적산촌 부근의 길목에 위치한 곤륜산 무염원의 대시주大施主였다고 한다. 학계 일각에서는 이곳이 신라 구산선문 성주산파의 무염 선사와 관계 있을지도 모른다는 추측이 제기된 바 있다. 낭혜 무염이 장경長慶 초(821~824) 왕자 김흔金昕이 사신으로 입당할 때 당은포에서 황해를 가로질러 산동 지부芝罘에 도착한 사실과 관련한 견해지만 이는 어디까지나 추측에 불과하다.

4) 의상 대사와 선묘설화의 무대, 등주

27일 아침 식사 후 위해에서 연태를 지나 등주로 가는 길은 밤에 살짝 내린 눈으로 미끄러워 버스가 서행해야 하였다. 고대에는 영성시를 포함하여 이 지역 일대가 모두 등주시 관할이었다. 따라서 등주의 한반도와의 해상 교통은 일찍부터 시작되어 진시황 시대에는 방사方士 서복徐福, 일명 서불徐市이 동남동녀를 거느리고 동해 가운데 삼신산三神山의 선약을 구하러 바다를 건넜다는 전설을 남겼다. 서복이 출발한 곳은 성산각成山角이라 하고 도착한 곳은 한반도와 일본 남해의 여러 섬이라 한다. 특히 당송 시기에 이르러서는 등주항이 북방에서 가장 큰 항구로 발전하여 한중 해상 교류에 크게 이바지

삼신산 선약을 구하러 서복을 보냈다는 성산각에서 진시황 일행이 황해를 바라보고 서 있는 조각상

하였으니, 특히 장보고 선단의 항해술은 공전의 발전을 이룩한 것으로 세계 해양사에서 특기할 일이다.

  우리가 탄 버스는 정오가 조금 지난 시각에 봉래시蓬萊市(옛 등주)에 도착하여 점심 요기를 하고 잠시 시내를 둘러보았다. 일본 천태종 원인圓仁 법사의 여행기에는 그가 적산법화원에서 산서성 오대산五臺山 순행을 위하여 먼저 등주로 갔는데, 거기에 신라관新羅館과 발해관渤海館이 있더라는 기록을 남기고 있다. 명대에 왜구를 물리치는 데 공이 큰 척계광戚繼光이 이곳 출신이라는 사실을 여러 곳에서 확인할 수 있다. 신라관과 발해관이란 그 나라에서 온 사신을 위시하여 상인, 승려, 유학생 등이 머물던 숙박소로서 그들은 관청에서 허가증을 얻어 내주萊州, 청주靑州, 연주兗州, 조주曹州, 변주忭州를 거쳐 동도東都인 낙양을 지나 마지막으로 수도 장안으로 왕래하였다.

식사를 마치고 서둘러 봉래성蓬萊城으로 갔다. 동지섣달 설한풍에 부슬비 마저 내리니 여객들의 고통이 이만저만이 아니지만 북쪽 바다에 면한 봉래성의 아름다운 모습은 그야말로 일품이었다. 부슬비가 세차게 몰아치는 해안의 바위언덕에 덩그러니 자리 잡은 봉래각은 그림처럼 아름답다. 우리가 봉래항에 도착하여 봉래성, 즉 등주성에 오르니, 산정의 봉래각을 중심으로 크고 작은 전각과 기념비 등이 산재해 있다. 봉래성은 송대에 북방 민족을 방어하기 위하여 축조되었다고 하지만 그 이전에도 시인·묵객들이 찾아 시를 짓고 그림을 그리며 낭만을 즐기는 명소였을 것이다. 안내판에는 흔한 일은 아니지만 북쪽 바다에 가끔씩 신기루가 나타났다는 사실을 연대별로 기록하여 놓았다.

한중 불교 교류에서 등주와 관련하여 무엇보다 먼저 연상되는 것은 의상대사義湘大師와 선묘 낭자善妙娘子 설화임은 두말할 여지가 없다.

『송고승전』「의상전」에 의하면, 대사는 7세기 중엽 어느 때에 화엄교학을 배우겠다는 구법의 일념으로 상선을 얻어 타고 바다를 건너 이곳에 도착했다. 대사가 어느 신도의 집을 숙소로 정하여 머물렀는데, 마침 그 집 딸 선묘가 대사를 한번 뵌 후 그 근엄하고 자비로운 인품에 반해 연모의 정을 느꼈으나 대사는 바위처럼 굳건하여 눈길 한번 보내지 않았다.

당시 신라 불교는 한창 피어 오르기 시작할 무렵이었다. 원광 법사나 자장 율사 같은 선구자가 구법하고 돌아와서 불법을 전했지만 아직 화엄의 꽃이 만개하지 못한 상태였다. 원효와 의상은 화엄의 꽃을 피우고 불과佛果의 열매를 맺기 위해서 650년에 함께 입당을 시도했으나 실패하였다. 제2차로 구법의 길에 올랐으나 궂은 날씨에 해변의 칠흑 같은 굴 속에서 원효는 자각自覺의 환희를 맛보고 구법행을 포기했으나 홀로 남은 의상은 초지일관 외롭고 험난한 길을 택하여 입당 구법을 관철하였다. 그는 먼저 등주에서 휴식을

등주성

취한 후 수도 장안을 거쳐 종남산 지상사至相寺에 이르러 수년 동안 지엄 대사로부터 화엄의 진수를 오롯이 전수받은 다음 다시 귀국의 길에 올라 등주에 이르렀다.

한편 선묘 낭자는 당초 대사에게 품었던 연정을 신심信心으로 바꾸어 대사를 위하여 시주가 되어 공양할 것을 맹세하고 우선 그의 귀국을 위한 법복과 기타 집기들을 준비하고 기다렸다. 그러나 대사는 아랑곳하지 않고 배편을 구하여 떠나니, 이 소식에 접한 선묘는 대사를 위하여 만든 법복 등을 꾸린 보따리를 가지고 황망히 항구에 이르렀으나 이미 배는 떠난 뒤였다. 이에 그녀는 합장하여 서원하기를 "원하옵건대 이 몸이 변하여 큰 용이 되어 저 배가 무사히 도달하도록 도와 화엄대법을 전하기를 비나이다." 하며 바다에 뛰어들었다. 그녀의 원력이 신을 감동시켜 그녀는 용신으로 변하여 배를 부축하여 대사가 무사히 귀국하도록 도왔을 뿐만 아니라 그 영혼은 이후 대사가 해동화엄의 종조宗祖로서 부석사 창건을 비롯한 전교 활동을 하는 데 시종 호위하여 돕는 화엄신중神衆이 되었다고 한다. 용신은『화엄경』「세간정안품」에 보면 항상 부처님을 위해서 도량을 장엄하는 신이며, 불법과 화엄 법사를 옹호하는 화엄신중 가운데 하나다.

우리 일행은 각각 흩어져 성곽 내 유적과 유물들을 돌아본 뒤 시간을 정하여 출입구에서 만나기로 하였다. 필자 등 몇 사람은 봉래각에서 동북쪽 바위 언덕으로 오르며 용신 등 해양 관련 유물을 찾아 오르락내리락 따라갔더니, 넓은 바위 언덕에 높이 3.5미터가 되는 두 마리의 용이 서로 마주 보면서 여의주를 희롱하고 있는 석조 조각상이 나타났다. 여기서 북쪽으로 묘도군도廟島群島의 작은 바위섬들을 지나 요동반도의 최남단 여순旅順항으로 이르는 노철산로老鐵山路로 이어지는데, 이 조각상을 기점으로 오른쪽 황해와 왼쪽의 발해가 나뉜다. 이 조각상은 표석으로 세운 것이지만 우리에게는 마치 선묘화룡을 기념하여 세운 작품이라고 착각하게 만드는 것은 기대가 그만큼 크기 때문이리라.

선묘화룡 이야기의 출처는『송고승전』「의상전」이 유일하며, 일연 선사의『삼국유사』「의상전」과 '낙산이대성洛山二大聖' 조에는 선묘 설화가 전혀 언급되지 않을 뿐만 아니라 대사의 입당 상륙 지점이나 시기 등에 있어서도 조금씩 차이를 보이고 있다.

즉『삼국유사』에서는 의상 대사의 입당 초기 사실에 대하여 "처음 양주揚州에 머무르니, 주장州將 유지인劉至仁이 의상을 청하여 관청 안에 머무르게 하고 매우 성대하게 대접하였."고 하여 첫 거주처가 등주가 아닌 양주라고 하였다. 그런데 실제로 장보고 이전까지의 나당 해상 교류의 중국 측 출입항은 등주와 양주가 모두 가능하였으므로 대사의 입당도 양쪽 모두 가능성이

등주성에서 묘도군도를 거쳐 대련항에 이르는 해로를 표시하는 쌍룡 조각의 경계 표석을 배경으로 필자와 도업 스님. 내해는 발해이며 외양은 황해다.

있는 것이다.

    구법승들이 낙양이나 장안 종남산으로 가려면 운하를 이용하여 서행西行하여야 하기 때문에 의상 대사 역시 등주로 상륙하여 선묘의 집에 머물다가 운하를 이용하기 위해서 양주로 내려가서 주장 유지인의 초청으로 관사에 머물렀을 수도 있다. 그리고 돌아올 때에는 양주에 도착하여 등주의 배를 이용하기 위하여 북상하여 귀국하였을 수도 있다.

    이러한 추측의 나래를 펼쳐 보면 『송고승전』의 산동성 등주설과 『삼국유사』의 강소성 양주설은 반드시 모순되는 것이 아니라 양자 모두 가능하다는 결론을 얻을 수 있다.

    또한 『삼국유사』에는 양주설과 함께 선묘 설화에 대한 언급이 없지만 대신 의상 대사가 귀국하여 양양 낙산에 성굴聖窟을 찾았다가 관음보살의 뜻에 따

등주박물관 앞에서

라 그 상주 도량인 동해 낙산사를 세웠다는 절묘한 창건 설화를 전하고 있다. 관음보살과 선묘화룡, 이 양자의 사이에 어떠한 내적 연관성을 찾을 수 있을 것 같다. 하지만 지금은 이 문제에 대한 장황한 사설을 늘어놓을 겨를이 없다.

그런데 고 민영규 박사는 일찍이 「부석사와 선묘 설화」라는 글을 통하여 의상과 선묘 설화의 역사적 근거를 장보고 당시 신라인 사회에서 구하려 하였다. 장보고 선단이 동아시아 3국을 누빌 당시 산동성 연해 지역에는 적산 법화원을 비롯한 신라방이나 신라촌 등 신라인들의 집거 지역이 산재하였는데, 일본승 원인이 방문한 어느 신라인 마을에서 아리따운 처녀들이 늘어서 있더라는 기록을 떠올리면서 선묘 설화의 근거를 여기서 찾으려는 시도를 이해할 수도 있을 것 같다.

선묘와 관련된 이 아름다운 종교적 설화는 그 후 일본에까지 전파되었다.

겸창 시대 화엄종 명혜明惠(1173~1232) 스님이 이 설화를 「화엄종조사회전華嚴宗祖師繪傳」, 일명 「화엄연기華嚴緣起」라는 제목의 그림 두루마리로 제작하여 후세에 전하여 현재는 일본의 보물로 지정되어 있다. 당시 일본에서는 잦은 전란으로 미망인들이 많이 발생하여 사회문제가 되자 경도 고산사高山寺 명혜 스님은 미망인들을 비구니로 받아들인 뒤 선묘의 정신을 따르도록 하기 위하여 이 그림책을 편찬하여 사원 교육에 활용한 것이다. 고산사를 비롯하여 그 주변의 선묘니사善妙尼寺와 선묘신사善妙神社 등이 위치한 지역 일대는 명혜 스님의 고귀한 종교적 염원이 담긴 성지로서 오늘날 세계문화유산으로 등재되어 사람들이 즐겨 찾는 역사의 광장이 되어 있다.

해동화엄의 초조 의상 대사와 선묘화룡의 설화는 중국에서 비롯하여 신라에서 꽃을 피웠으며, 다시 일본으로 전해져 동아시아 3국에 걸쳐 광범하게 신앙의 대상이 되는 동시에 문학작품으로서도 널리 애송되었다.

선묘 설화의 무대인 고대 등주항은 중국 북부에서 으뜸가는 해항으로서 중국인들이 상상하던 삼신산의 하나인 봉래산이라는 별명을 가진 명승지이기도 하여 그에 걸맞게 허다한 전설과 설화가 전해진다.

그럼에도 불구하고 정작 이곳 등주에는 의상 대사와 선묘화룡 설화에 관하여 어떠한 기념물도 없고 현지에서 판매되는 역사나 문화, 민속 등 관련 도서에도 언급되지 않는 이유는 무엇일까? 필자는 이 지역 인사를 만날 때마다 선묘의 고향에 그녀를 위한 기념당 하나라도 마련해 주기를 권하고 있다. 이러한 작은 일이 지난날 3국 사이의 우의와 호혜 정신을 되살리는 노력으로 이어져 평화 세계를 달성하는 길이 열릴 것으로 믿기 때문이다.

2.
태산과 곡부

1) 태산의 등정

오후에는 등주에서 서남쪽으로 여덟 시간 반을 달려 내주와 유방시를 거쳐 늦은 시간에 성도 제남시濟南市에 도착하였다. 28일 아침 식사 후 산동대학 한국연구소를 찾아 소장 이덕정李德正 선생과 잠시 인사를 나누었으나 부소장 진상승陳尚勝 교수는 북경 출장 중이라서 만날 수 없었다. 이 소장은 대학생 딸이 한국어 공부를 한다면서 시 외곽으로 흐르는 황하 관광에 동행하도록 딸려 보내 주었다. 중국 고대문명의 젖줄이던 황하는 황막한 황토고원을 감싸 흐르고 다시 화북평원으로 흐르는 동안 수량이 크게 줄어들어 제남에서 보는 강은 도랑물처럼 되어 여간 실망스럽지 않다. 일찍이 공자는 황하를 보고 "강물은 저처럼 도도하게 주야를 가리지 않고 흐르는구나(逝者如斯夫! 晝夜不舍)." 하고 감탄하지 않았던가!

버스는 남쪽 태산으로 이어지는 고속도로를 달려 태안시泰安市에 이르렀다. 우리는 대묘岱廟를 먼저 둘러보았다. 건물의 규모도 대단할 뿐 아니라 후원 정원에서 관리되는 수목들의 품격 또한 일품이었다. 부근에서 점심 식사를 한 뒤 고대하던 태산泰山 등정에 나섰다. 동아시아 한문 문화권에서 천하의 영산으로 우러러 온 태산을 등정하는데 날씨까지 화창하여 마음이 한결 명랑해졌다. 태산은 중국의 5악五嶽 가운데 단연 첫 번째로 꼽히는 명산이다. 5악은 동악東岳 태산泰山을 비롯하여 서악 화산華山, 남악 형산衡山, 북악 항산恒山, 중악 숭산嵩山을 일컫는 말로서 특히 태산은 해 뜨는 동해변에 위치한다고 하여 천하 제1산으로 꼽히는 것이다.

우리는 산중턱의 중천문中天門에서 케이블카로 남천문의 서쪽 월관봉月觀峰으로 향하면서 옛 중국의 황제들이 어떻게 이렇게 높고 험한 산을 오를 수 있었을까 하는 의문을 가졌다. 잘 아는 바와 같이 태산은 중국 고대의 역대 황제들이 제후를 거느리고 천제天帝에 제사 지내는 봉선의식封禪儀式을 행한 곳으로 유명하다. 그래서 도교道敎가 성행하게 된 것이다. 진시황을 비롯하여 한의 무제, 당의 고종과 측천무후, 후한의 광무제, 위나라 명제, 송나라 진종에 이르기까지 72황제가 봉선의식을 치렀다고 한다. 봉선이란 황제가 즉위할 때 하늘의 명을 받아 천하를 통치한다는 정당성을 나타내기 위하여 하늘과 땅에 제사지내는 의식이다. 저들이 모두 태산에 오를 수 없었으므로 언제부터인가 산 아래 대묘岱廟(일종의 행궁行宮)를 지어 봉선의식을 대신한 것이다. 큰 산악이 있으면 여기를 중심으로 사람들이 모여들어 시가지를 이루게 되니, 태안시가 그러한 경우에 해당되는 대표적 도시라 할 수 있다.

앞서거니 뒤서거니 따스한 겨울 햇살을 받으며 도교의 특색이 물씬 풍기는 화강암 조각으로 장식한 일주문 천가天街를 거쳐 넓고 가파른 돌계단을 올라서니 중문에 태극 모양과 팔괘를 그려 놓은 도교 사원 벽하사碧霞祠가 나타난다. 여기서 왼쪽으로 정상을 향하여 오르는 도중 오른쪽에 당마애唐磨崖라는 화강암 벽이 시야에 들어온다. 많은 문자가 새겨 있어 눈길을 끈다.

태산의 정상에서

이 속에 금박으로 '태산의 유래를 기록한 비(紀泰山銘之碑)'라고 쓴 높다란 비석이 서 있다. 이 비는 절세의 미인 양귀비와의 로맨스로 이름난 당 현종이 봉선의식을 치를 때 조성한 것이라고 한다. 비문을 대충 훑어보고 다시 한동안 돌계단을 숨가쁘게 올라 태산의 정상 옥황정에 이르렀다. 천주봉이라고도 불리는 이곳이 이른바 '오악 가운데 홀로 우뚝하다五嶽獨尊'는 높이 1545미터 되는 태산의 정상이다. 맑게 갠 하늘은 겨울 날씨 같지 않게 맑다. 여기는 태산에서 숭앙되는 여러 신들 가운데서 가장 높은 옥황대제玉皇大帝를 모신 옥황전이 앉아 있다. 웅장하지는 않지만 근엄해 보이는 사당 중앙에 대제의 좌상이 모셔져 있다. 진시황을 비롯하여 천하를 호령하던 역대 황제들이 하늘에 고하는 봉선의식을 행하던 자리다.

한 바퀴 돌아 옥황전을 나오면 엄청난 규모의 무자비無字碑를 마주하게 된다. 글자 한 자도 새겨 있지 않아서 무자비. 6미터의 거대한 비는 2,100년 전에 한나라 무제가 세웠다는데, 천하의 영웅이 천하제일의 태산에 섰다는 그 자체로서 할 말이 없다는 생각에서이리라. 공자는 "태산에 오르니, 천하는 어찌 이리도 작은가" 하였으며, 두보는 "태산 정상에서 바라보니, 주위의 산이 작다"라는 글을 남겼다. 도가에서는 태산의 주신인 태산부군泰山府君이 사람의 수명과 복록福祿을 관장한다고 하며, 이 태산부군의 딸 벽하원군碧霞元君을 모신 옥황묘에는 3월에만 30만의 참배객들이 다투어 몰려든다고 한다.

『책부원구冊府元龜』 '봉선' 조에 의하면 당 고종과 측천무후가 태산에 올라 봉선의식을 행할 때 삼한三韓의 사신들도 참여하였다는 기록이 있다. 인덕 2년(665) 10월 정묘에 황제가 낙양에서 태산으로 행차할 때 의장과 법물을 운반하는 문무병사들이 수백 리를 이어 영營을 설치하고 장막을 치면서 행진할 때 많은 외국 사신들이 동행하였다고 한다. 이를테면 돌궐, 우진, 페르시아, 계빈, 곤륜, 왜국 등과 함께 신라 · 고구려 · 백제의 사신들이 부하들을 거느리고 호종하였다는 것이다. 이때 수행한 고구려 사신은 보장왕의 아들 복남福男이라고 한다.

산으로 오를 때는 다도가茶道家 박동춘 박사가 '태산이 높다 하되 하늘 아래 뫼이로다'라는 시조창으로 박수를 받드니, 내려올 때는 부산 혜림사 동림 스님이 산 위에서 목탁을 치며 『반야심경』을 독송하고, 기원사 지연 스님이 다라니경으로 화답하여 듣는 이의 청정심을 더해 주었다.

조선 중기의 문관으로 시문에 뛰어난 양사언의 시, "태산이 높다 하되 하늘 아래 뫼이로다……" 하고 읊어 인구에 널리 회자된 시조창을 바로 태산에서 들을 수 있는 것은 여간 뜻있는 일이 아니다.

2) 조선 만공 선사의 태산 불교 중흥

태산 등정을 마치고 내려오다 보니 산기슭에 '태산 죽림사竹林寺 영림구 營林區'라는 간판이 보였다. 잠시 차를 세우고 사찰 터를 둘러보았으나 절은 이미 훼손되어 흔적을 찾아볼 수 없고 산림 관리 건물에 걸린 명패만이 뚜렷하였다. 절터로 보아 옛날에는 제법 규모가 있는 가람이었을 것으로 짐작된다. 계속 차를 몰아 태안시로 내려와 산기슭에 주차하고, 만공 선사의 유적을 찾아 태산 아랫자락에 자리 잡은 보조선사普照禪寺를 찾아 경사로를 올랐다. 조선 초기에 중국으로 건너가 이곳에 머물렀던 운공 만공雲公滿空 (1388~1463) 선사가 죽림사와 동시에 중창하였으나 산중의 죽림사는 자취가 없고 시내에서 가까운 보조선사만 오늘날까지 건재하다.

필자와 보조선사 주지스님

사찰 경내의 안내판에 의하면 보조선사는 당·송 시대에 창건되었으며 금나라 대정大定 연간, 즉 12세기경에 중건된 사찰로서 태산에서 가장 오래 되었다고 한다. 20세기에 들어와서는 풍운의 정치가 풍옥상馮玉祥이 은거하였던 장소로도 잘 알려져 있다. 그러나 우리의 관심을 끄는 대목은 명明 초기에 만공 선사가 조선에서 건너와 여러 지역을 순례하다가 마지막으로 이곳에 주석하여 태산 불교 중흥에 이바지하였다는 점이다. 보조선사 경내에 서 있는 비석 중개산기重開山記에는 그가 태산에 들어와 두 사찰을 중창하게 된 내력이 일목요연하게 적혀 있다. 중개산기는 '태안주 보조선사 중개산 제일대운공만공선사탑비명기泰安州普照禪寺重開山第一代雲公滿空禪師塔碑銘記'의 줄인 말로서 그 내용을 간추려 적으면 대개 다음과 같다.

운공 만공 선사는 법명 그대로 구름처럼 허공처럼 불법에 의지하며 살다 간 조선 출신 승려이다. 황해를 건너 명나라 성조成祖 영락제永樂帝를 알현하고 금란가사를 하사받은 뒤 남경의 국찰 천계사天界寺로 파견되어 주좌主坐라는 소임을 맡았다.

영락제가 서거하자 천하의 조사祖師들을 참방한 뒤 마지막으로 태산에 들어와 폐허가 된 죽림사竹林寺와 보조선사를 다시 일으켜 수도와 포교 활동을 전개하였다. 이곳에서 약 20년간 외부와의 접촉을 끊고 지역의 관리나 유지들을 상대로 하여 교화하였다. 이에 지방의 유지들이 앞다투어 스승의 예로 대우했고, 선사는 그들의 도움을 받아 특히 보조선사에 전각을 세우고 불상을 봉안하는 등 중창의 대업을 완성하였다.

그 후 선사는 천순天順 7년(1463)에 "만물은 모두 흙으로 돌아가느니라. 빛은 온 누리에 빛나니, 지금도 없고 또한 예전에도 없다."는 게송을 남기고 75세를 일기로 현지에서 입적하였다. 이곳의 '중개산기' 비석은 선사가 열반

한 지 약 반세기 후인 정덕正德 6년(1511)에 제자 오정悟靜과 원관圓寬 등에 의해 건립되었다. 이 비는 원래 사찰의 서남방에 세워진 묘탑 옆에 있었는데, 뒤에 산문 안쪽으로 옮겨져 오늘에 이르렀다.

이상이 만공 선사의 행적이다. 이 만공탑비가 약 500년간의 베일을 벗고 우리나라 학계에 처음 알려진 것은 고병익 교수가 현장을 답사하고 1989년 5월 2일 자『한국일보』에 소개하면서부터이다. 이에 이어 필자는 현지답사와 함께 문헌 연구를 통하여 만공 선사에 관한 약간의 새로운 자료를 찾았다. 즉『조선왕조실록』태종 17년(1417, 즉 영락 15년) 윤 7월 조에 "조선의 승려 11명이 명나라로 잠입하여 북평北平(뒤에 북경北京)에 머물고 있던 영락제에 의하여 남경으로 보내졌다."는 기록과 일치한다는 사실을 밝혔다. 이들 자료를 종합해 보면 만공은 1388년에 출생하여 1417년 29세에 중국으로 들어가 영락제를 배알한 다음 그의 지시에 따라 남경 천계사天界寺의 주좌로 가서 활약하다가 1463년에 75세로 입적하였다. 주좌가 어떠한 직임인지는 확실하지 않지만 아마도 불교 경전의 강좌를 담당하는 강사에 해당하는 직임이었을 것으로 여겨진다.

전통적으로 구법승이라 하면 20세 무렵에 구족계를 받고 중국의 고승을 찾아가 불법을 받는 것이 일반적이지만 이미 일정한 학문적 수준을 갖추고 중국 사찰에서 가르치는 소임을 맡거나 전법에 임하는 경우도 더러 있었다. 장년壯年의 만공 선사가 그러한 분이지만 이를 구분하지 않고 통틀어 구법승의 범주에 넣는 것도 사실이다. 어떻든 필자가 아는 한 그는 한반도에서 입화入華 순례 스님으로서는 최후의 한 사람이었으며, 명·청 시대에 있어서는 거의 유일한 분에 해당한다는 점에서 한중 불교 교류사에 있어서 독특한 위치를 점한다는 사실을 지적하고 넘어갈 필요가 있다.

14세기 이후로 동아시아 여러 나라들은 쇄국 경향으로 바뀌었다. 특히 명 제국은 공식적인 조공 사절 이외에는 어떠한 사적 내왕도 금지할 뿐 아니라 조공할 경우에 있어서도 요동 지방을 경유하는 육로만을 허용하려 하였다. 그러한 사정은 명 태조가 즉위하여 내·외국인을 막론하고 '일체 허가 없이는 바다에 조각배도 띄우지 말라'는 선언으로 바다를 통한 교류를 금지하면서 시작되었다. 일본에게는 오직 영파항 한 곳만을 지정하여 내왕을 허가하였다. 이처럼 철저한 대외적 폐쇄 정책이 시행되던 때에 일개 조선의 승려인 만공 선사가 배를 타고 황해를 건너가 영락 황제를 알현하고 그로부터 어떻게 그렇게 융숭한 대접을 받을 수 있었는지 궁금한 일이 아닐 수 없다. 여기에는 필시 영락제의 정치적 내지 개인적 환경과 관계가 있었을 것이다.

성조 영락제는 정난靖難의 역役을 일으켜 조카 건문제建文帝를 몰아내고 제위에 올랐으나 즉위한 뒤에도 수도 남경은 아들에게 맡기고 자신은 북평에 계속 머물면서 남경에 많은 사찰을 조영하여 부모의 왕생극락을 빌었다고 한다. 뿐만 아니라 정변으로 무고하게 희생된 수많은 영령들에게도 속죄하는 마음으로 기도하였을 것이다. 그가 조선 출신 태감 황엄黃儼 등을 조선으로 파견하여 원대에 조성한 제주도 법화사의 대형 금동아미타삼존불상金銅阿彌陀三尊佛像을 남경의 어느 사찰로 옮겨간 것도 그 때문이었다. 만공 선사 일행 11명이 성조를 배알하고 남경 천계사로 내려간 것은 제주 법화사 삼존불상이 도해한 지 10년이 지난 뒤의 일이다. 이러한 전후 사정을 고려하면 그 불상도 아마 천계사로 옮겨 갔을 것으로 추측해 볼 수 있다. 명대 야사에 전하는 바 '영락제의 친모는 조선 출신 공비碩妃의 소생으로서 마태후의 손으로 길러졌다'는 설은 그러한 추측을 가능하게 한다.

고려 불교계가 말기까지 원나라 불교계와 밀접한 관계를 유지하였던 점을 고려하면 조선 초기까지는, 비록 숭유배불 정책이 실시되었더라도, 북경 지역에 잔존한 몽고 황실 계통의 사찰이나 혹은 그러한 승려들과의 관계가 상당한 정도로 유지되고 있었다고 보아도 좋을 것이다. 따라서 승려의 내왕이 공식적으로 허가되지 않았지만 조선 초기에는 만공 선사의 경우와 같은 사적인 왕래가 계속되고 있었을 것이다. 생각이 여기에 미치면 만공 선사 일행이 출발한 지점은 한반도 서북단에 위치한 백령도白翎島였을 것으로 짐작된다. 왜냐하면 백령도는 원元 말의 고려 간섭 시기에 몽고 황족의 유배지로 이용되던 곳으로, 황실 귀족들과 친연親緣을 가진 궁녀나 환관 또는 승려들은 명 초기까지 서로 연락하고 있었을 것이며, 따라서 백령도에서 출발하여 위해나 등주를 거쳐 북경으로 가는 교통이 이용되고 있었을 것이다. 황실과 관계를 가졌던 그들은 원명元明 교체가 있었을지라도 북경의 불교계와 적지 않은 연고를 맺고 있었을 터이므로 만공은 그들의 협조 아래 쉽게 영락제와 연결이 가능하였을 것이다.

그런데 만공은 만년에 왜 하필 태산으로 들어가 태산 불교 중흥을 필생의 과업으로 삼았을까? 그와 함께 도해하였던 10명의 스님들은 이후에도 그와 행동을 같이 하였을까? 여러 가지 궁금한 일이 아닐 수 없다. 만공 선사의 비석과 부도는 모두 보조선사 경내에 외롭게 서 있다. 대웅보전 그 안쪽에 버티고 서 있는 1,600여 년의 수령을 자랑하는 육조송六朝松만이 풍상의 세월을 말없이 지켜보고 있을 뿐이다.

3) 유교 문화의 발원지 곡부

태안시에서 곡부曲阜까지는 다시 남쪽으로 두 시간가량 가야 한다. 산동성은 동악 태산만이 아니라 청장고원青藏高原에서 발원한 황하黃河가 화북고원華北高原을 구절양장으로 굽이굽이 돌아 수도 제남濟南을 거쳐 발해渤海로 흘러든다. 춘추전국 시대의 노나라와 제나라는 공자와 맹자의 생장지로서 유교 문화의 꽃을 피워 중국은 물론 동아시아 한자문화권에 속하는 한국이나 일본에 있어서도 특별한 의미를 지니는 지역이다.

특히 곡부는 공자가 생장하였고 제자를 길러 유교를 창시한 곳이다. 여기에는 공묘孔廟, 공부孔府, 공림孔林이 중심을 이루고 이 밖에도 주공묘周公廟와 노국고성魯國古城 등 유교 관련 명성 고적들이 몰려 있다. 공묘는 공자를 제사지내는 사당이며, 공부는 공자가 생장하였을 뿐 아니라 그 종손들이 거주하여 역대 황제들로부터 왕부王府의 대우를 받아온 곳이다. 그리고 공림은 공자와 그 종가의 공동 묘소로서 이들 3자가 2,500년 동안 유교 문화의 근거를 이루어 온 것은 아마도 세계에서 유례를 찾기 힘들 것이다.

물론 유교가 항시 중국의 국교적 영광을 누린 것은 아니다. 몽고와 같은 일부 북방 이민족의 지배 시기도 있었다. 중국공산당 정권이 들어서자 공자의 77세 종손 연성공衍聖公 공덕성孔德成은 국민당 정권을 따라 대만으로 도피하고 공자 사당에 피어오르던 향불은 끊어지고 말았다. 그러나 세계사의 해빙 무드에 따른 중국의 개혁 개방으로 말미암아 공묘의 향불은 그 의미는 다르지만 다시 살아나고 있다. 중국에 남았던 공덕성의 여동생 공덕무孔德懋 씨가 그동안 석전제釋奠祭를 잊고 있다가 한국 성균관에 와서 견문하고 많은 감명을 받았다는 내용의 기사를 본 적이 있다. 언젠가는 공묘와 공림에서도 다시 제향이 피어 오를 것인가.

우리 일행은 29일 아침 식사 후 이웃해 있는 공묘와 공부를 차례로 둘러보았다. 그 장구한 시간을 버텨 온 고목들이 하늘을 덮고 있으며, 대성전大成殿과 행단杏亶을 비롯하여 도처에 늘어선 전각들과 아름드리 기둥과 거대한 비석들, 그리고 거기 조각된 그림이나 글씨들은 금빛 찬란하여 마치 궁실을

화북 평원을 돌고 돌아 급기야는 황해로 흘러내려야 할 황하는 제남 부근에서는 개울 물이 되어버렸다. 그래도 제남시에서는 '황하승경'문을 세워 관광객을 맞고 있다.

방불케 하였다. 노벽魯壁과 공택고정孔宅古井이라고 쓴 표석은 우리들로 하여금 발걸음을 멈추게 하였다. 특히 노벽은 진시황이 천하를 통일하여 갱유분서로서 우민정책을 실시할 당시 공자의 자손이 벽을 헐어 논어와 상서 등 유교 경전을 숨겨 두었다가 한漢 초에 발견되었다는 유명한 장소이다.

다음 행선지는 조금 떨어져 있는 공림孔林이다. 공자가 기원전 479년에 서세하여 이 자리에 묻힌 뒤 그 아들 리鯉와 손자 급伋의 묘가 옆에 섰다. 공자의 묘소를 3년간 시묘한 제자들 가운데 유독 자공子貢의 여묘廬墓가 서쪽에 자리 잡고 있다. 처음에는 소규모였을 장지가 수천 년을 내려오면서 지금은 10만여 기의 문묘가 거대한 묘원을 이루고 있다. 공자 묘 앞 비석에는 '대성지성문선왕묘大成至聖文宣王墓'라고 여덟 자가 씌어 있다. 우리 답사단은 한 사람 두 사람 모여들어 묘소에 합장하거나 배례하였다. 승속이 다 모이자

곡부 공림의 공자 묘소 앞에서 배례하는 답사반 일행

스님들이 각각 장삼을 꺼내 입고 목탁을 치며 『반야심경』을 독송하기 시작하니 모두 함께 합장하며 따르는 것이었다. 특별한 의도도 없이 비록 종교는 다르지만 인류의 큰 스승 영전에 불교의식으로 배례를 올리는 것은 나름의 진기한 장면이라 아니할 수 없다.

우리는 서둘러 곡부를 떠나 고속도로를 타고 가다가 임기臨沂에서 늦은 점심을 먹었다. 그리고 다시 출발하여 저녁 무렵 강소성 동북부에 위치한 연운항連雲港에 도착하였다. 연운항은 옛 해주海州로서 북으로는 해안도로와 해로를 통하여 교주膠州와 청도靑島로 연결되고, 남으로는 운하를 따라 회안淮安(옛 초주楚州)과 양주揚州로 이어지는 교통 요충지이다. 장보고 대사 생존 당시 이들 교통로 연변에는 신라촌이 처처에 존재하여 재당 신라 상인들이 활동하던 지역이다.

우리는 예약된 호텔에서 숙박을 하고 30일 아침, 해안 지대로 나가 신라방이 있었다는 숙성촌宿城村 답사에 나섰다. 그러나 현지 가이드에게만 의지해서 고대 삼국 및 신라와 유관한 불교 유적지 등을 찾아보기는 쉽지 않았다. 어렵사리 연운항시 숙성촌까지 갔으면서도 관련 유적지 답사를 제대로 하지 못하고 돌아온 것은 못내 아쉬웠다. 연운항은 현재 행정구역상으로는 강소성 최북단에 위치하지만 당대에는 산동성 연해의 여러 지역과 마찬가지로 신라인이 집단 거주하던 곳이다. 일본승 원인의 순례행기에 의하면 그들 조공 사신 일행이 해주 숙성촌 연안에 이르렀을 때 밀주密州에서 초주楚州로 목탄을 운송하던 신라인들을 만나 이들의 호의로 신라인 집에 안내되었다고 한다. 당시 숙성촌 앞 바다에 호공도胡公島(현재 욱주도郁洲島)가 있어 신라인들이 집거하고 있었다고 한다. 숙성촌에는 신라인의 절 법기사法起寺가 있었으며 호공도에는 대운선사大雲禪寺가 있어 신라인 승려 통선 법사가 주석하고 있었다고 전한다. 지금은 욱주도가 육지와 이어져 섬으로서의 옛 모습을 전혀 찾아볼 수 없으며, 숙성촌에도 지금 원자력발전소 공사가 대대적으로 진행되고 있어 부근 유원지만 배회하였는데, 돌아와서야 다른 자료를 보고 그 유원지 안쪽 저수지 부근이 신라방과 법기사 유지였다는 사실을 알게 되었다.

연운항을 지나 황해를 오른편으로 하고 한참 북상하면 차창 밖으로 대주산大珠山이 보이는데, 이 지역에서는 일찍이 신라인들이 소금과 목탄 등을 제조·운반하며 상업 활동을 하였다. 고려 내각 국사는 우리가 북상하는 길과 반대 방향으로 남행하여 연운항에서 다시 서쪽으로 운하를 따라 송 황제의 알현을 위해 수도 변주忭州(즉 개봉開封)로 직행하였으며, 당에서 벼슬하면서 크게 문명을 떨친 최치원崔致遠은 대주산에 배를 대고 10수의 시를 지었다. 그 10수에 각각 제목을 붙인 작품들이 오늘에 전하고 있다.

신동빈도를 말할 때 빼놓을 수 없는 한 가지 사실은 고구려 유민 이정기

일가의 산동 진출이다. 이정기李正己(732~781)는 안사의 난 평정 임무를 띠고 평로치청절도사에 임명된 이래 그의 자손에 이르기까지 무려 55년 동안이나 산동성 전역을 반독립국처럼 지배하였다. 그러나 그들의 '소왕국' 토벌(819)에 세운 공로로 두각을 나타낸 이가 바로 무령군 소장 장보고였다. 한국의 역사 인물 가운데 장보고와 같이 해양 영웅으로 세계인의 칭송을 받는 이는 충무공 이순신 외에 달리 찾기 어려울 것이다. 하지만 충무공은 나라의 정규 군인으로서 전쟁 영웅이 되었지만 장보고는 미천한 출신으로 해외에 진출하여 자력으로 해상 제국을 건설하였다는 점에서 차이가 있다. 그는 9세기 전반기에 한반도의 청해진과 중국의 산동반도에 근거지를 두고 일본 하카다 항까지 세력 범위를 확대하였던 불세출의 영웅이었다. 특히 그가 세운 원찰인 적산의 법화원이야말로 고대 동아시아 세계에 있어서 교상일체敎商一體를 실현시킨 상징의 기념비적 존재로 영구히 칭송되어야 마땅할 것이다.

우리는 숙성촌을 출발하여 해안을 따라 북으로 차를 몰았다. 도중 일조日照시에서 점심 요기를 하고 계속 달려 대주산大珠山과 교남시膠南市를 지났다. 이 해안 길을 일찍이 최치원과 대각 국사가 걸었고 재당 신라인들이 자주 이용하였다는 사실을 우리는 여러 기록들을 통하여 알 수 있다. 저녁 무렵에는 교주시로 와서 교주만을 건너는 배편을 이용하여 처음 도착하였던 청도로 돌아왔다. 일주일 동안 시계 반대 방향으로 선인들의 족적을 찾아 한 바퀴 돈 것이다. 청도에서 마지막 저녁 만찬에 반주를 곁들여 피로를 날리고 내일은 귀국 길에 오른다.

부록

1. 구화산 김지장 성도 1200주기 참가기
2. 중국의 보타산과 한국의 낙산
3. 한퇴지와 태전 선사가 해후한 광동성 조주 기행

* 한국 구법 관련 선종 계맥표
* 한국 입중구법 선승 일람표
* 신라·고려 선승의 중국 구법 관련 전도

1.
구화산 김지장 성도 1200주기 참가기

1) 곳곳에 늘어선 환영 표지

1995년은 당나라 안휘성安徽省 지주池州 구화산을 지장보살의 도량으로 일구어 중국 민중들로부터 지장왕보살로 추앙받는 신라 출신 김교각金喬覺 (696~794) 스님의 입적 1200주년이 되는 해다. 구화산에서는 매년 음력 7월 30일, 스님이 입적한 날을 성도일成道日로 정하여 기념행사를 거행해 왔다. 특히 금년 행사에는 중국의 개혁개방 정책에 따라 스님의 고국인 한국의 불교계와 교류의 문을 연다는 중요성이 더해져서 안휘성 정부의 관계 인사도 참여한다고 한다. 행사 내용으로는 개막식을 필두로 하는 대규모 추모 법회를 위시하여 구화산 문물전시회, 불(교)학원 입학식, 국제학술대회 등이 있고 일찍이 볼 수 없었던 대대적인 축제로 진행된다고 한다.

9월 3일, 이번 행사에 초청받은 우리 일행은 네 사람으로 필자와 한국일보사 박정수 편집부국장이 한중문화교류회 회장과 부회장 자격으로 참여하고, 동국대학교 김인제 교수와 불교신도회 정인악 사장이 동행하였다. 본래

구화산문

우리는 항주杭州에 있는 고려사 유지高麗寺遺址를 답사하고 구화산으로 갈 예정이었으나 안휘성 정부 측의 요청으로 계획을 바꾸어 상해에서 성도省都인 합비合肥로 직행하였다. 합비에서 1박을 하고 다음 날 아침 일찍 출발하여 정오 훨씬 지나 구화산에 도착, 예정된 행사를 치를 때까지 안휘성에서는 외사판공실外事辦公室 사림삼沙林森 처장과 주아춘朱雅春 담당관, 그리고 대외우호협회 주화朱華 부비서장이 승합차를 한 대 내어 우리 일행과 시종 행동을 같이하였으며, 안휘과학기술대학 강사로 있는 조선족 황금옥黃今玉 씨를 통역으로 동참시켜 활동에 불편함이 없도록 배려해 주었다.

필자가 구화산 김지장에 대하여 처음 관심을 갖게 된 것은 1990년대 초기, 중국이 아직 한국과 국교를 맺기 전이었다. 재미 한국인 목사 한 분이 동국대학교에 와서 구화산 지장성지가 신라 왕자에 의하여 개산開山되었다는 쇼킹한 역사적 사실을 밝힌 강연을 듣고 난 뒤부터였다. 김지장의 구화산 개산 설화가 『송고승전』 「김지장전」에 엄연히 수록되어 있음에도 불구하고 '쇼킹'하였던 것은 한·중 두 나라의 불교 교섭이 너무나도 오래 단절되어 구화산 현장 소식 역시 한국에서 잊혀져 왔기 때문이다. 특히 조선왕조 성립 이후 오늘에 이르기까지 중국 강남 지방 불교계와는 불통 상태가 계속되었다.

그 강연이 있은 지 얼마 후 중앙일보사 광고부 서순일 부장이 중국 정부 측의 지인을 통하여 구화산에 대한 현황을 전해 듣고 이를 한국에 소개해 보려는 관심에서 한중문화교류협회가 구성되었다. 이후 구화산 불교협회 측과 교섭하면서 처음으로 구화산 현지 보고 기사를 쓴 한국일보사 박정수 편집부국장, 그리고 화교협회 고문으로 전 KBS 중국어방송국 기자를 역임한 국백령 사장 등과 함께 본인이 협회에 참가하게 되었다. 서순일·국백령 두 사람이 먼저 이번 행사를 위한 현지의 예비회담에 참석한 바 있어 우리 협회로서는 이번이 두 번째 걸음이다.

합비에서 구화산으로 가려면 남부의 문화 도시 동성桐城을 지나 안경시安慶市에 이르러 다시 동쪽으로 장강을 건너야 한다. 지주는 휘주徽州(현 황산시)와 함께 강남의 서북 지방에 위치하고 있다. 안경시에 들어서면서부터 구화산 참배객을 환영한다는 플래카드가 여기저기 눈에 띄어 축제 분위기를 느끼게 하였다. 이곳은 조박초趙樸初 중국 불교협회 회장의 고향이지만 워낙 고령으로 이번 행사에 참여하지 못한다는 소식에 적이 실망스럽다는 표정들이었다. 중국의 개방 이후 한·중 불교 교류에도 남다른 관심과 이해를 가진 조 회장 같은 노장이 더 오래 살아서 그간 이데올로기 문제로 단절되었던 양국 간의 유대를 민간 차원에서 굳건히 다지는 일이 어느 때보다 절실하기 때문이다.

대도구大渡口 나루에 도착하여 대형 선박으로 자동차와 함께 장강을 건넌 뒤 당시唐詩에도 가끔 등장하는 추포秋浦나루 강둑을 따라 한참을 달리면서 보니 강에서 야산으로 이어지는 지주池州의 농촌 풍경이 우리네 농촌을 방불케 하였다. 특히 경주의 산야와 분위기가 비슷하다고 느껴져 그 옛날 김교각 스님도 구화산으로 입산할 때 고향 산천을 떠올리면서 이 길의 행보를 재촉하였을 것이라는 상념에 잠긴다. 모두들 같은 생각인지 아무도 말이 없다.

구화산은 행정구역으로는 지주에 속한다. 시내에 들어서자 요소요소에 플래카드는 물론이고 '구화승지九華勝地'를 소개하는 대형 간판 등 여러 가지 방법을 통하여 지방민들의 참여를 촉구하는 한편 방문객들을 환영하고 있다. 지주 시가지를 벗어나 조금 달리다 보니 멀리 아홉 개 산봉우리가 그림처럼 나타난다. 옛날에는 구자산九子山이라 하였으나 이태백이 와서 보고 아홉 개 꽃봉오리니 마땅히 구화산九華山이라 해야 한다며 개명하였다고 한다. 교각 스님이 지장 도량으로 일구어 놓은 신비의 승경勝景들은 점점 가까이 다가오며 푸른 산속으로 숨어든다.

구화산 아랫마을 가촌柯村을 지나자 양쪽 높은 산들 사이의 계곡을 따라 난 길 양쪽으로 청·황·적색의 환영 깃발이 꽂힌 향나무 가로수가 두 줄로 늘어서 있다. 가촌에 이르렀을 때 뿌리기 시작하던 가랑비는 해발 600고지의 구화가九華街에 도착하여 여장을 풀 무렵에는 세가 점점 강해지면서 좀처럼 그칠 것 같지 않았다. 새벽 일찍 출발하여 7, 8시간을 달려온 우리 일행은 2시가 넘어서야 점심을 먹었지만, 갈수록 굵어지는 비로 인하여 오후 3시로 예정된 기념행사 개막식이 제때에 열릴 수 있으리라고는 아무도 생각할 수 없었다.

2) 맑은 하늘 아래 개최된 성대한 개막식

　　점심 식사 시간에 구화산의 큰스님으로 서울에도 한 번 다녀가신 기원사 주지 인덕仁德 큰스님께 인사를 드리니 반갑게 맞아 주셨다. 우리는 창밖으로 내리는 비를 보며 곧 예정 시간이 코앞에 닥친 식을 걱정하니 구화산 관리부처장 엽가신葉可臣 씨는 '저 비는 탑을 씻기 위한 빗물'로서 구화산 행사 때 종종 있는 일이라며 대수롭지 않게 여겼다. 이윽고 산 속에는 기적과 같은 일이 일어났다. 이상하게도 3시경이 되자 비가 언제 왔느냐는 듯이 하늘이 맑게 개여 화성사化城寺 앞 광장에 준비된 식전이 지장 없이 열릴 수 있었다.

　　구화산 개산開山 설화에 따르면 김지장은 법력法力이 뛰어나 장삼가사長衫袈裟로 구화산을 덮고, 기도 중에 뱀에 물린 독을 용출하는 샘물로 치료하고, 백토로 주린 배를 채우면서 수행 정진하였다는 기적들을 수없이 일으켰다고 한다. 산중 기후 탓인지는 몰라도 오늘 저 '탑 씻는 비'도 지장보살의 원력으로 나타난 신이神異 현상이라 하여도 나무랄 일이 아닐 것 같다.

　　비닐로 씌운 의자에서 배어나오는 물기가 하의를 젖게 했지만, 언제 그랬느냐는 듯이 맑게 갠 하늘 아래 준비된 기념식은 2만 인파가 운집한 가운데 성대히 열렸다. 우리나라 측에서도 일붕一鵬 서경보徐京保 스님과 윤해중尹海重 상해 총영사가 각각 법어와 축사를 하였다. 한국에서는 일붕 스님을 비롯한 스님과 신도들이 약 300여 명 참가하였다고 하며, 특히 윤 총영사의 참석은 구화산에 한국 정부의 깊은 관심을 보여주는 뜻있는 일이었다.

　　중국에서는 이들 기념식을 비롯하여 여러 다른 행사들에서도 마찬가지지만 관료들이 앞장서는 광경들을 종종 목격한다. 행사 규모에 따라 다르지만 중앙정부와 성 정부 그리고 관할 시의 관계자 등 관계官界 인사들의 축사가

화성사 연지 앞에 마련된 기념 행사장 현장

줄줄이 이어지고 난 다음에야 정작 사찰의 주지나 종교계 인사들의 차례가 되는 사례를 흔히 보아 온 터이다. 일행 중의 김 학장과 정 회장은 중국 초행 길이라 이러한 절차를 두고 중국 측 인사들에게 종교행사라면 마땅히 종교인들이 중심이 되어 치러져야 하지 않겠냐고 이야기를 건넸지만 그네들은 퍽 어색하게 받아들이는 듯하였다. 이는 사회주의 체제하의 관료 주도적 행정 조직에 기인하는 인습의 문제로서 앞으로 중국도 시장경제가 발달하고 각 분야에서 자기 목소리가 높아지면 언젠가 바뀌어야 할 과제들이 아닐 수 없다.

저녁 7시에 지주 시장의 초청 만찬이 있었고, 9시에는 안휘성 장윤하張潤霞 부성장 접견이 있었다. 그녀는 경제 담당 부성장으로서 1994년 5월경 한·중 경제 협력 관계로 성과 시 간부들로 구성된 대표단을 인솔하고 내한하였을 때 만난 바 있는 구면이다. 이 자리에는 지주 시장과 구화산 관리처 관계자도 배석하였는데, 논의는 주로 두 가지 방향에서 진행되었다. 첫째는 구화산 김지장 관련 문물전시회에 관한 일이었고, 둘째는 지주시와 경주시의 자매결연 문제에 관한 것이었다.

안휘성에서는 김지장 문물전시회가 한국의 한중문화교류협회 주최로 금년 중으로 서울과 경주에서 개최되었으면 좋겠지만 여러 가지 사정으로 지연되고 있다면 가급적 가까운 시일 안에 이루어질 수 있도록 노력해 달라고 주문하였다. 다음 일은 지난번 장 부성장이 한·중 경제 협력 관계로 방한했을 때 경주시를 방문하여 양 시의 자매결연 문제를 논의한 바 있는데, 이를 구체적으로 실현시키기 위해 우리 협회가 관심을 갖고 도와주었으면 좋겠다는 희망이었다.

안휘성은 농업을 위주로 하는 내륙으로서 한창 개방화가 이루어지고 있는 동·남 해역의 여러 성들에 비해 현저히 낙후되어 있는 상태이다. 따라서 성 차원에서 구화승지와 천하 명산 황산黃山을 집중 개발하여 국내외의 관광객을 유치하려는 정책을 추진하고 있음을 감지할 수 있었다. 한국에서도 김지장 유물전시회를 개최하여 문화적 우의를 돈독히 함으로써 경제 교류를 확대해 가려는 의도가 깔려 있음이 짐작되었다. 그러나 한국에서 일반 문화단체가 외국 문물 전시회 같은 행사를 치르려면 상당한 경비가 소요되므로 시간과 노력이 필요하다는 점을 개진하여 이해를 구하는 수밖에 없었다.

3) 신광령 육신전의 법회와 탑돌이

오늘(9월 5일, 음력 7월 30일)이 바로 김교각 스님의 성도일로서 이번 행사의 핵심인 법회가 열리는 날이다. 우리는 일찌감치 아침을 먹고 차를 몰아 신광령神光嶺으로 올라갔다. 차에서 내려 81개 돌계단을 올라 천교天橋를 지나니 행사 관계자가 육신전肉身殿으로 안내하였다. 계속하여 밀어닥칠 내외 귀빈들 때문에 육신전 주지 성부聖富 스님이 매우 바쁠 타이므로 미리 인사하는 것이 좋을 것이라는 안내자의 배려 때문이었다. 폭죽 소리가 요란하고 지장보살을 부르는 염불 소리가 마이크를 통하여 시가지로 울려 퍼지고 있었다.

성부 스님은 1994년 11월 한·중문화교류회 초청으로 성 및 구화산 관리처 인사 네 분과 함께 내한한 적이 있는 구면으로서 넓고 매우 잘 정리된 내빈 접견실에서 우리 일행을 반갑게 맞아 주었다. 이 자리에서는 어제 바쁜 와중에도 반갑게 맞아 주신 기원사 주지 인덕仁德 노장님과도 조용히 환담할 수 있었다. 이어서 이번 행사에 우리 일행과 시종 함께 참여한 광우 스님을 비롯한 비구니 스님 일행 및 세민世敏 스님과 그 밖의 국내외 귀빈들이 차례로 몰려들어 우리는 식이 곧 시작될 육신전 앞뜰 법회장소로 자리를 옮겼다.

예정보다 조금 늦은 10시 30분경, 법회가 개최되었다. 식장에는 가랑비가 내려 단상과 단하 내빈과 신도들이 더러 우산을 받쳐 들기도 하였지만, 단상을 마주한 뜰 앞쪽에는 젊은 학승들이 정연하게 줄을 서서 합장하고 있었다. 법회는 어제 개막식전과 같이 식사와 축사의 순서로 이어졌는데 한국 측 대표로 광우 스님이 축사를 하였다. 식이 끝나고 광우 스님과 필자는 다시 주지실로 안내되어 대기하던 안휘성 텔레비전 방송국 기자와 인터뷰를 하였다.

뒤에 들은 이야기지만 한국의 몇 방송사에서도 왔었는데 촬영이 금지되어 돌아갔다고 한다. 중국이 '개방'을 표방하면서도 아직 사회주의 체제의 타성이 남아 때로는 금지할 필요가 없는 부분까지 금지하는 경직성을 보이고 있었다. 한국 기자들이 더러 분수에 넘치는 행동을 하는 경우도 있지만 이번

보관을 쓴 구화산 지장보살상. 좌우에 민공과 도명 부자. 중국의 지장보살은 보관을 쓴 점이 삭발한 한국의 경우와는 차이가 있다.

과 같은 행사는 한국에 공개적으로 소개한다면 오히려 이로운 점이 적지 않을 것이라는 생각에 안타깝다는 생각이 들었다.

오후 3시에는 화성사에 마련된 김지장 관련 문물 전시회가 열렸는데, 인덕 노장님과 계곤삼季昆森 지주시 서기, 그리고 필자 세 사람이 테이프를 끊도록 세심한 배려를 하였다. 화성사는 지장 법사가 창건한 가장 오래된 절로서 지금은 문물 전시관으로 쓰이고 있었다. 중앙 불단에는 지장보살, 좌우에는 도명道明 존자와 민공閔公이 시립하였으며, 하단 좌우에는 법사가 본국에서 데리고 왔다는 신견神犬 선청善聽을 앉혔다. 내부에는 넓은 공간이 있어 김지장과 관계되는 여러 가지 유물과 서화와 비석의 탁본 등을 전시하였는데, 오랫동안 많은 것이 훼손되어 명대 이후의 것이 대부분이었다. 그 중에 홍일弘一 선사의 「지장보살地藏菩薩 구화수적도찬九華垂迹圖讚」을 시와 그림으로 장식하여 벽면을 메운 것은 지장 스님의 생애를 일목요연하게 보여주어 구화산을 찾는 일반인들의 이해에 편의를 제공하기 위함이었다. 특히 '동승운집東僧雲集'의 장은 김지장의 명성이 신라에까지 떨치자 고국으로부터 수많은 스님들이 가르침을 받으러 몰려들었다는 대목으로서 시각적으로 큰 감명을 주었다.『구화산지九華山志』에는 당 말기에 신라승 정장淨藏이 구화산에 들어와 쌍봉암雙峰庵을 세워 살았는데, 후세에 신라암으로 불리면서 청 말까지 존속하였다고 기록되어 있다. 전시품 가운데는 지장 스님이 본국에서 가져왔다는 벼이삭과 금지차金地茶, 그리고 오차송五叉松 가지를 진열장 하나를 따로 하여 배열한 것도 있어 신라 냄새를 물씬 풍기게 하였다.

  오늘 성도일은 밤을 새워 탑돌이 하는 날이라고 한다. 밤 10시경, 우리도 탑돌이에 참여하고자 운전기사에게 특별히 부탁하여 안개 자욱한 산골짜기를 거슬러 올라가 차를 세우고, 다시 도보로 칠흑 같은 계단을 성냥과 라이터 불로 밝히면서 더듬어 올랐다. 육신전 뜨락에는 대초와 향 다발이 훨훨 타올라 육신탑전 윤곽을 하늘에 수놓고, 폭죽 소리는 산의 정적을 온통 뒤흔들었다. 육신전 내당은 빽빽하게 들어찬 인파로 운신을 할 수 없을 지경이었다. 기록에는 지장 스님이 평시와 같이 앉은 상태로 입적하자 큰 독 안에 3년간 모셨다가 뚜껑을 열어 보니 예전 모습대로였다고 한다. 이후 지장의 육신을 그대로 모시고 그 위에 탑을 세워 예배하였고, 뒷날에는 탑 위에 다시 전각을 지어 오늘의 육신전이 된 것이다. 신도들 가운데는 육신전에 참배하기 위하여 산 아래서부터 계단으로 이어지는 해발 600미터 고지를 삼보 일배 배례하면서 올라오는 독신자도 있으며, 탑신을 한 번 만지는 것만으로도 축복받았다고 여기는 사람도 있다고 한다. 그러니 지장보살 옆자리에서 하룻밤을 지내는 것이 얼마나 소중한 일이겠는가!

  우리는 탑전에 안치된 지장보살상 앞에 향을 사른 뒤 절하고 합장한 자세

삼보 일배로 구화산을 오르는 스님 모습

로 밀고 밀리면서 겨우 한두 바퀴를 돌 수 있을 뿐이었다. 돌다 보니 탑신 윗부분을 두 손으로 잡고 머리를 조아린 한국 스님 한 분이 지장보살 염원을 선창하고, 중국 신도들이 '띠장푸사(지장보살 중국음)'를 열심히 따라 부르고 있었다. 자세히 보니 서울서 오신 세민 스님으로서 도착 이래 매일 철야기도를 올리고 있다고 하였다. 일행인 박정수 부장은 이러한 모습들을 열심히 카메라에 담았다.

4) 중국 불교의 과거와 오늘 그리고 미래

6일 오전에는 감로사(甘露寺)에서 구화산 불(교)학원 제3회 입학식이 거행되었다. 구화산 불학원은 1990년에 개창한 이래 졸업생을 2회 배출한 2년제 학교로 경經·율律·논論을 기본 학과로 하는 안휘성 유일의 승려 양성 기관이다. 원장은 중국 불교협회 부회장을 겸하고 있는 인덕 법사이며, 부원장은 젊은 성휘聖輝 법사로서 2년마다 모집하는 입학생은 80명, 2개 반으로 나누어 가르치는데, 이미 150명 정도의 졸업생이 전국 사찰이나 불교 교육 기관의 역군으로 종사하고 있다고 한다.

   종교를 멀리하던 사회주의 국가 중국이 개방 정책을 실시하면서부터 불교의 지위도 현저하게 상승하였다. 오늘의 구화산을 대표하는 인덕 노장老丈도 문화혁명 기간 중에는 하산하여 '사회주의 건설'에 이바지할 것을 종용받았으나, 한의업으로나마 구화가의 인민에 봉사하겠다는 구실을 내세워 끝까지 구화산을 지켰다고 한다. 모택동 통치 말기에 강행된 문화대혁명으로 전국의 문화재가 대대적으로 파괴되는 가운데서도 구화 도량이 온전하게 존속할 수 있었던 데에는 인덕 스님 같은 분들의 힘이 많이 작용하였다고 한다. 개혁 개방을 맞아서도 그는 타에 앞서 불교학원을 설립하여 문화혁명 기간 중에 발생한 수많은 문맹자들을 대체할 불교계의 인재 육성에 앞장서고 있는 것이다.

   오늘 학생 대표의 입학 선서를 통하여 구화산불학원은 장차 구화산은 물론이고 나아가 중국 불교를 새롭게 건설할 역군의 산실임을 선언하고 있는 것이다. 오늘 입학식도 다소 지루한 요식 행위를 거쳐야만 했으나, 한 가지 특기할 일은 멀리 아미산으로부터 오신 청정淸定 법사의 설법이었다. 청정한 법열이 얼굴에 가득한 90세 넘은 노장이 좌우의 부축을 받으면서도 굳이 입학식에 참석하여 모기 목소리로 법어를 하는 모습은 매우 인상적이었다. 그분이 휠체어를 타고 거리를 지나갈 때면 남녀 신도들이 몰려다니며 무릎을 꿇고 합장하는 모습을 가끔 볼 수 있었다. 어떤 사진사가 청정 스님의 사진

불학원 입학식에서 참가자들의 예불 광경. 인덕 방장, 청정 노장과 한 사람 건너 한국의 광우 스님 등의 모습이 보인다.

을 찍었더니 지장보살상으로 바뀌어 나왔다는 소문이 떠도는 가운데, 그 분의 손길이 신도의 머리를 쓰다듬으면 재앙이 없어진다고 하여 저렇게 법석이라는 것이다.

오찬은 불학원장 인덕 법사의 초청연이었으며, 오후는 자유 시간으로서 우리는 지장 스님의 발자취를 따라 몇 군데 등반하기로 하였다. 구화산 요소요소에는 수많은 사찰과 암자들이 들어 차 있는데, 불교가 성할 때는 사암寺庵 수백에 승려 수천을 헤아렸다고 한다.

우리 일행은 먼저 신라에서 온 지장 법사에게 땅을 보시하였다는 민공의 옛 거주지인 민원閔園으로 올라가 멋지게 생긴 봉황송鳳凰松 등지를 둘러보았다. 전설에 따르면 스님이 이 산 지주 민양화閔讓和를 찾아가 "절터로 사용할 가사 덮을 만큼의 땅을 시주하라."고 하니 민공이 "그렇게 하겠다."고 하자, 스님은 입고 있던 가사를 펼쳐 산 안의 논밭을 전부 덮어버렸다고 한다. 이리하여 민공은 스님의 착실한 신자가 되었으며 그 아들 도명道明을 시자侍子로 보냈다는 것이다.

이 이야기는 청대 후기에 나왔다고 하지만 오늘날 중국 사원에 모신 지장전의 전형을 형성하는 근거가 되었다. 오늘날 중국의 사찰에서는 보관을 쓴 지장보살을 가운데로 하고 그 좌우에 시립하고 있는 민공과 도명 부자의 모습을 어디서든지 볼 수 있는 것이다.

민원의 뒷산 천태봉天台峰의 천태사는 해발 1300여 미터나 된다고 하니 다음 기회로 미루고 민원에서 동쪽으로 한참 등반하여 정상에 위치한 백세궁百歲宮으로 향하였다. 백세궁은 일명 만년선사萬年禪寺라고도 한다. 명 말 청 초 시기에 무하無瑕 선사가 지장보살을 숭배하여 이곳에 와서 수행하면서 바늘로 혀에서 피를 내어 혈경血經을 썼다고 하며, 장수하여 110세에 입적하였는데 3년이 지나도 육신이 썩지 않아 후인이 도금하여 암자에 모신 사찰로 유명하다.

구화산에는 김지장과 무하 선사 이외에도 여러 분의 육신보살을 모셨으나 문화혁명을 거치면서 대부분 훼손되었다고 한다. 그런데 지금부터 3년 전에 이 산의 자명慈明 스님이 임종할 때 자신이 입멸하면 육신불로 화현하기를 바란다는 뜻을 제자들에게 유언했다고 한다. 스승의 유언에 따라 입멸 후 육신을 항아리에 3년 동안 모셨다가 지난 3월 16일에 개항開缸하여 이번 행사에 맞추어 지장전에 안치하였다고 한다. 육신불은 등신불 또는 즉신불卽身佛이라고도 한다. 이번 행사에 일반의 커다란 관심의 대상이 되었던 것은 새로 탄생한 자명 스님의 등신불 때문임은 두말할 필요도 없다.

큰 산을 뒤덮고 있는 수없는 계단과 크고 작은 암자들, 기암과 석굴, 우물과 소나무와 차, 그 어느 것 하나 신라 김지장 스님의 전설 및 설화와 관련되

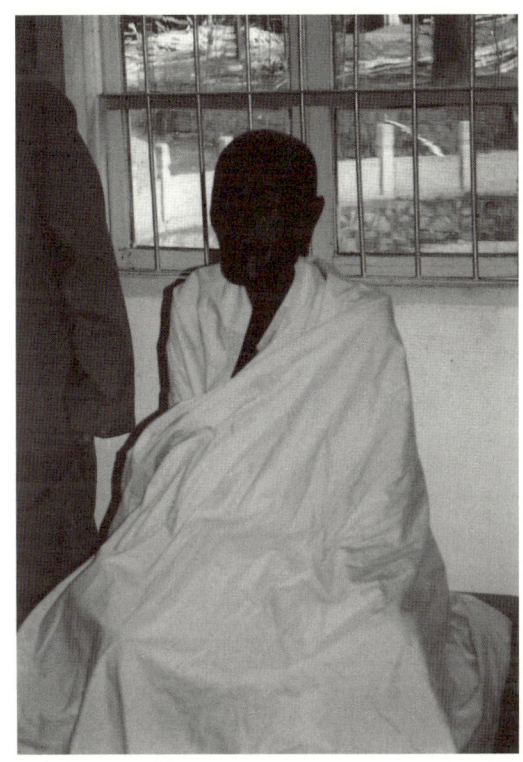

구화산 자명 스님이 1992년에 입적하여 육신 보살로 탄생하기 직전의 모습

지 않은 것이 없는 구화성지를 순례하면서 그분의 크고 높은 뜻을 어렴풋이나마 헤아려 보았다. 산정에서 바라보는 산은 아름다우면서도 불교 성지로서의 위용을 갖추고 있어 숨차고 땀에 젖은 순례자들로 하여금 절로 탄성을 발하게 한다.

하산하자 지금까지 묵던 취롱반점에서 내일 오전부터 김지장 국제학술발표회가 열리는 동애빈관東崖賓館으로 거처를 옮겼다.

5) 신라 김교각, 중국 김지장

7일, 도착한 지 4일째 되는 날이다. 오전에 우리 일행부터 발표를 하고 오후에 황산으로 떠나도록 예정되어 있었다. 원래 오늘과 내일 이틀이 발표일인데 와서 보니 논문 제출자들이 대부분 당초 발표 예정자 명단에 들어 있지 않은 등 계획이 매우 방만하였으며, 학술회의 서막도 안휘성 중국불교협회 종교국 관계자 등의 강화講話로 시작되는 등 지루했다. 한국 측 발표자는 명지대 박태근 교수와 박정수 부장 그리고 필자 세 사람이다. 필자는 「중국 구화산 김지장 신앙과 한국」이라는 논제로서, 중국 불교사에 있어서 구화산 지장왕 신앙의 시대적 전개와 그것이 한국에 알려지지 않은 역사적 이유를 설명하는 내용이었다.

일찍이 호적胡適 박사는 그의 『중국 철학사』에서 김지장 및 그와 같은 시대에 입당한 신라 구법승으로 사천성 정중 무상靜衆無相 선사(684~762)를 서로 비교하였다. 여기서 전자보다 후자를 높이 평가하면서 그 이유로서 무상 선사가 중국 선종사에 뚜렷한 족적을 남겼다는 점을 들고 있다. 하지만 이러한 평가는 김지장이 일찍이 세상과 동떨어진 구화산에 입산하여 골똘한 수행으로 지장보살로 화현하여 민중의 신앙심을 불러일으킨 도력道力과 덕화德化의 위대성을 경시한 면이 있다는 지적을 받을 수 있을 것이다.

구화산 지장도량은 오대산 문수도량을 위시하여 아미산 보현도량, 보타산 관음도량과 함께 중국 불교의 4대 보살 성지로서 전국 신도들의 신앙의 대상이 되었다. 지장 스님의 이름을 교각이라 하였으나 이는 대각大覺과 같은 뜻으로 명대부터 쓰인 이름이다. 그에 관한 최초의 기록은 그와 동시대인 비관경費冠卿의 「구화산창건화성사기」이며, 여기에 근거하여 송 초에 찬녕이 『송고승전』에 「김지장전」을 입전하여 천하에 알려졌다. 여기에 의하면, "그는 신라 왕성인 김씨요 법명을 지장이라 하며, 화성사를 창건하여 지장보살로 추앙받았다"고 하였다. 그러나 본국에는 그에 대한 신상 기록이 전무하며, 따라서 그가 언제 어떤 과정을 거쳐 중국으로 왔는지에 대해서도 일체 알려진 것이 없다.

김교각 스님은 학승이 아니지만 그렇다고 지식을 겸비하지 않은 분도 아니다. 그는 입산 직후 수행하는 여가를 틈타 남릉南陵으로 내려가 불교 경전을 편찬하여 구화산을 불교 성지로 가꾸는 데 이론적 기초를 다졌으며, 『전당문全唐文』에 실린 그의 두 편의 시는 후세인의 옷깃을 여미게 하는 바가 있다. 그 가운데 「동자를 산 아래로 떠나보내며(送童子下山)」라는 격조 있는 시를 음미해 보기로 하자.

불문이 쓸쓸하여 집 생각 하더니, 절방을 하직하고 구화를 떠나는구나.
난간에 기대어 죽마 타던 때 그리워하더니, 금 같은 불교 땅도 너를 붙잡지 못하누나.
첨병곡의 달구경도 마지막이며, 자명구의 꽃놀이도 끝이 났구나.
잘 가거라, 부디 눈물일랑 흘리지 말고. 늙은 중이야 안개와 노을을 벗하리라.

空門寂寞汝思家　禮別雲房下九華
愛向竹欄騎竹馬　懶於金地聚金沙
瓶添澗底休招月　烹茗甌中罷弄花
好去不須頻下淚　老僧相伴有烟霞

1,200주년을 지나도록 중국의 민중은 "중생을 다 구제하지 않고서는 성불하지 않겠다."는 서원을 세우고 수행하여 고고중枯槁衆으로서 도력과 덕행

으로 이름을 크게 떨친 교각 스님을 지장왕으로 숭앙하여 오늘까지 지켜 왔다. 구화성지는 신라의 교각 스님과 중국 현지의 민초들이 만든 것이다.

화성사 앞 우물가 낭랑탑娘娘塔의 유래는 스님의 어머니가 아들을 보내고 나서 울어서 봉사가 되어 찾아와 이 우물물로 씻어서 광명을 찾았다거나 또 일설에는 스님의 옛 애인이 찾아와 투신한 우물이라는 등의 일화가 전한다. 또한 산 아래 가촌에는 이성전二聖殿이 있는데, 이는 스님의 외삼촌 두 분이 생질을 고국으로 데려가려고 왔다가 도리어 감화되어 귀국을 포기하고 독실한 수행으로 성현聖賢이 되었다고 한다. 마을 주민들은 이성전二聖殿을 지어 모시고, 매년 8월 초하루에 그들을 추모하는 제전祭奠을 거행하는데 그 행사는 지금까지 계속된다고 한다.

점심 식사 후 우리 일행은 안휘성 외사판공실 차량으로 사림삼 처장과 주아춘 담당관의 안내를 받아 황산으로 출발하였다. 휘주와 지주에는 황산과 구화산이 각각 이웃해 있다. 고지도에는 두 명산 가운데 하나만 기재되어 있는 경우가 있는데, 이는 지도의 편찬자가 경관을 중시할 경우에는 황산을, 종교를 중시할 경우에는 구화산을 표시하기 때문이다. 우리는 운 좋게도 이번 기회에 안휘성 정부의 호의를 입어 두 명산을 한꺼번에 참관하는 행운을 누리게 되었다. 내일 오후 황산 관광을 마치고 상해를 경유 귀국한다.

*후첨:
이 글은 『불교춘추』 1995년 1월 호에 게재된 것이다. 다음 해 9월 17일부터 11월 29일까지 약 2개월여 동안 '신라 왕자 김교각 전–등신불의 신비'라는 제목으로 중국 구화산 문물 전시회가 경복궁 국립민속박물관에서 열렸다. 그리고 그 뒤 안휘성 정부에서는 금동제 김지장 보살 입상(약 1미터 50센티미터)을 제작하여 경주 불국사에 기증하여 현재 안치되어 있다.

2.
중국의 보타산과 한국의 낙산

1) 중국 보타산과 신라 낙산

보타산普陀山 관음도량은 중국 불교의 4대 보살성지 가운데 하나로서 다른 성지들과 달리 바다에 임하여 있다는 특징이 있다. 중국의 보타산과 신라의 낙산사洛山寺가 모두 해역에 위치한 것과는 달리 티베트에는 바다가 없으니 포타라 궁은 산중에 있을 수밖에 없다.

관음보살은 일체중생의 모든 고뇌를 소멸시켜 주기 위하여 시방세계 어느 곳에나 나타나지 않는 곳이 없다.

불교 경전에서는 관음보살이 항상 머무는 곳을 보타락가산이라고 하여 사람들은 일찍부터 수륙 어느 곳에나 도량을 지어 신앙해 왔다. 이후 당나라 현장 법사(현장, 622~664)가 자신이 남인도 말라구타국秣羅矩吒國 어느 해역의 말자야산秣剌耶山 포달락가布呾落迦 도량을 직접 보고 와서『대당서역기大唐西域記』를 지어 이를 소개하였다. 중국 사람들은 여기에 근거하여 절강성 주산열도의 메잠梅岑에 보타산 관음도량을 세워 신앙하게 된 것이다.

부록 • 285

새로 단장한 불긍거관음전

상해에서 보타산으로 가려면 배를 이용하거나 혹은 관광열차를 타고 항주를 거쳐 영파에 도착하여 거기서 여객선을 타거나 자동차로 주산시를 경유(근년에 긴 다리가 놓여졌다)하여 가도 된다. 보타섬은 나지막한 산과 동굴과 평지와 해변, 그리고 푸른 고목과 대나무 숲과 심지어 파도소리에 이르기까지 섬 전체가 관음신앙과 관계되지 않은 것이 없다.

여기저기 크고 작은 사찰에는 육지에서 몰려드는 참배객들이 사르는 향연이 자욱하고, 붐비는 보제사普濟寺 부근의 상가에서 파는 기념품 하나하나에도 자비로운 관음보살의 상이 그려져 있다. 어디를 가나 관음 성지임을 실감케 한다.

보타도의 크고 작은 사원 가운데서도 조음동潮音洞에 자리 잡은 조그만 불긍거관음전이야말로 이 섬을 중국 제일의 관음 성지로 세상에 알린 중심

사원이다. 관음신앙에 대한 상식을 조금이라도 가진 사람이라면 주위의 경관이나 조성된 구조가 관음도량으로서의 모습에 가깝다는 인상을 금방 느낄 수 있다.

현장 법사의 『대당서역기』에는 "나라의 남쪽 해변, 말자야산 동쪽에 보타락가산이 있는데 산길이 험하고 암골嚴骨이 기묘하다. 산정에 있는 못은 그 물이 맑은 거울 같고, 대하로 흘러 남해로 들어간다. 이 못 가에는 석천궁石天宮이 있어 관자재보살이 왕래하고 계신다."라고 적혀 있다.

동해 바위굴 속에 관음보살의 진신이 상주한다는 믿음은 양양 낙산의 관음도량에도 그대로 재현되어 있다. 『삼국유사』에는 의상 대사가 당나라에 유학하고 귀국한 뒤 동해 낙산(오봉산) 해변에서 성굴을 찾아 간절한 기도 끝에 관음보살을 친견하고 그의 지시에 따라 굴 위로 쌍죽이 솟아 있는 산정에 전당을 지어 관음상을 모시게 되었다는 이야기가 매우 감동적이고도 흥미롭게 묘사되어 있다.

보타도 남단에서 바다 건너 관음보살의 누운 모습을 한 낙가산이 마주 보이는 나지막한 산기슭에 조음동潮音洞 불긍거관음전不肯去觀音殿이 자리잡고 있다. 이웃 산기슭 요소요소에 널찍하게 자리 잡고 있는 3대 사찰인 보제사普濟寺, 법우사法雨寺, 혜제사慧濟寺에 비하면 그 규모나 시설이 미칠 바 못 된다. 하지만 바위 산정에 아담하게 앉은 자태는 우리나라 낙산 홍련암이 관음굴 쪽으로 내려앉은 모습이나 역사적 중요성에 있어서 서로 흡사하다.

자죽림紫竹林의 길을 따라 불긍거관음전에 이르면 앞으로는 바다에 닿은 바위산에 담담정澹澹亭이 서 있고, 그 앞 바위에 조음동이라고 조각된 절벽 아래로 바닷물이 드나드는 깊은 굴이 뚫려 있다.

건물의 위치가 다소 다르다는 차이가 있다고 하더라도 우리 낙산사 의상대나 홍련암 관음굴의 구도를 빼닮았다는 사실에 놀라움을 금할 수 없다.

불긍거관음전에서 바다 쪽 바위 위에 담담정이 보이고, 그 아래 굴속으로 바닷물이 출렁대며 소리친다. 바위 벽에 '조음동'이라고 음각되어 있다.

동해 일출을 바라볼 수 있는 우뚝 솟은 정자며, 그 깊이와 길이를 알 수 없는 동굴에서는 파도가 칠 때마다 우레 같은 소리를 내면서 오채영롱한 포말이 흩어지는 광경은 그야말로 장관이다. 동해수가 드나드는 성굴 속에 관음보살의 진신이 머문다고 하니, 절벽에 부딪치며 내는 해조음에 실린 법음法音에 얼마나 많은 신남신녀들이 깨우침을 얻으며 거쳐 갔을까? 절벽에 석각된 '조음동'은 강희제의 어필이다.

낙산 홍련암과 관음굴, 그리고 의상대에서 바라본 동해의 일출에 익숙한 우리 한국의 참배객들에게는 여기 불긍거관음전과 담담정, 그리고 조음동 일대의 경관과 구도가 우리의 그것과 매우 흡사하다는 사실에 탄성을 발하지 않을 수 없다. 여기에는 필시 어떤 내적 연관 관계가 숨어 있는 것이 아닐까?

2) 일본승 혜악의 보타산 개산설

그런데 막상 중국 현지에서 파는 소개 책자나 안내판들을 보면 당혹감을 느끼게 된다. 보타산이 신라와 어떤 관계가 있었을 것으로 기대하던 바와는 달리 그 창건이 일본의 입당入唐 승려와 관계 있다는 설명 때문이다. 관계 문헌을 들춰 보면 당나라 불교가 융성할 때 이 섬에는 외국 승려들이 답지하였는데, 특히 대중大中 연간(847~860)에 인도 승려가 먼저 왔다고 하며, 다음으로 일본 승려가 왔다는 것이다. 그 일본승은 혜악慧萼으로서 여기 당도하여 섬사람들과 함께 불긍거관음전을 세움에 따라 보타산이 드디어 중국 관음보살의 최초 성지가 되었다는 것이다.

필자는 1993년 이래 두어 차례 보타산을 찾으면서 위에서 본 창건 설화에 관한 현지의 문헌을 수집하였다. 이리하여 남송 시대 영파 지역의 지방지 『보경사명지寶慶四明志』와 또 하나 남송 말기 천태종의 역사서인 『불조통기佛祖統紀』에서 일본 혜악 선사 관련 기사를 확인할 수 있었다. 이제 『불조통기』 대중 12년(858)에 전하는 창건 설화와 함께 관음보살상의 영험담을 옮겨 보기로 하자.

그때 혜악慧萼이 오대산五臺山을 순례하면서 관음상을 얻어가지고 명주(영파)에서 귀국하려고 하였다. 배가 보타산을 지날 때 바위에 걸려 나아가지 아니하니, 모두들 두려워하여 "만약 존상尊像이 해동海東에 인연이 무르익지 아니하였다면 청컨대 이 산에 머무소서." 하고 빌었더니, 배가 곧 떠서 움직였다. 악은 슬퍼하여 차마 떠날 수가 없어서 해변에 초려를 지어 관음상(지금 사람들이 불긍거관음상이라 부른다)을 모셨다(지금 산 옆에는 신라초新羅噍가 있다.).……그 산에 조음동潮音洞이 있어 바닷물을 반낮으로 머금었다 토하며 큰소리를 낸다. 굴 앞의 다리에서 참배객들이 간절하게 기도하면 때로는 관음대사觀音大士의 앉은 모습을 볼 수 있으며 때로는 선재동자善財童子가 반겨 맞이하는 모습도 볼 수 있다. ……굴에서 6~7리 떨어진 곳에 큰 사원이 있는데, 이 사원도 해동의 여러 나라 사신使臣들이 조공을 하거나 상인商人들이 왕래하면서 경건한 마음으로 정성을 다해 기도하면 모든 소원을 이루지 못함이 없다.

불긍거관음전이 일본의 혜악 선사에 의하여 개창되었다는 이러한 이야기는 겸창 시대의 불교 역사서인 『원형석서元亨釋書』「혜악전」에 그대로 옮겨지면서 중일 양국에 확정적 사실로 알려지게 되었다.

실제로 혜악은 9세기 중엽에 몇 차례 당나라에 드나들었다. 그 최초의 기록은 같은 시기에 재당 구법 활동을 하던 일본 천태종 제3조 원인圓仁의 『입당구법순례행기入唐求法巡禮行記』 중 839년 조의 기사에서 확인된다. 그에 따르면 당시 혜악이 신라 상인의 배를 타고 입당하여 초주의 신라방을 거쳐 산서 오대산을 순례한 뒤 다시 남쪽으로 내려와 그 해 가을에 천태산으로 들어갔다고 한다.

혜악은 그 이후에도 몇 차례 바다를 건너 중국 강절江浙 지역을 중심으로 불교 교류에 적극적인 활동을 보이고 있어 그가 보타산 개산에 관계 있다는 주장이 별다른 거부감 없이 사실로 받아들여지게 되었다. 근래 일본의 저명한 불교사학자 겸전무웅鎌田茂雄 교수는 저서 『중국불교사』에서 "관음의 주소는 보타락가이다. 중국에서는 당 말 오대에 일본승 혜악이 오대산에서 얻은 관음상을 주산열도의 조음동에 안치하여 관음원을 창건하면서부터 이곳을 보타락가산이라고 불러 관음의 성지가 되기에 이르렀다."고 하고 있다.

근래 일본 불교계에서 불긍거관음전 앞뜰에 회랑을 만들어 33관음상을 모셨다.

언제부터인가 일본의 관심 있는 33개 관음사찰에서 불긍거관음전의 오른쪽 공간을 이용하여 관음상 한 분씩을 나란히 모셔 놓았다. 뿐만 아니라 이웃 서방암西方庵 2층에는 일본 '혜악선사기념당'을 마련하는 등 일본에 대한 보타산 불교협회의 적극적인 관심을 보여주고 있다. 이는 보타산에 대한 일본 불교계와의 밀접한 관계 아래 이루어졌음은 말할 필요도 없다.

3) 재당 신라 상인의 창건설

한편 일본승 혜악에 의하여 보타산이 개창되었다는 설과는 다른 주장이 있어 우리의 관심을 끈다. 송대에 고려 사행의 일원으로 다녀온 사신의 여행

부록 • 291

기에서는 보타산이 신라 상인들에 의하여 이루어졌다는 것이다. 이 신라 상인설을 전해 주는 사행기『고려도경高麗圖經』은 절동의 지방지나 또는 이 지역 불교사와 같이 현지의 문헌 기록이 아니다. 그리하여 오래도록 서가에 잠들어 있다가 최근에 이르러서야 학자들에 의하여 그 단서를 드러내어 만시지탄을 자아내게 하고 있다.

『고려도경』의 원명은『선화봉사고려도경宣和奉使高麗圖經』으로 북송 말 고려 사행의 일원이었던 서긍徐兢이 선화宣和 6년(1124)에 간행한 것이다. 그런데 중요한 사실은 일본 혜악이 보타산을 창건하였다고 주장하는 기록들은 모두 이보다 늦게 나왔다는 점이다. 즉『보경사명지』는 남송 이종理宗 연간(1225~1227)에 나왔으며,『불조통기』는 함순咸順 5년(1269)에 편찬되었으니 전자는 백 년이나 늦고 후자는 약 1세기 반이나 늦게 나온 것이다.

『고려도경』의 저자 서긍은 고려 인종 초에 사신으로 고려에 와서 개성에 약 1개월간 머물면서 그동안 견문한 내용을 중심으로 자료를 정리하였다. 『고려도경』'매잠梅岑' 조에 의하면, 그들 사행이 중국을 출발하려고 보타산에서 바람을 기다리며 견문한 여러 가지 사실을 다음과 같이 기록하고 있다.

> 석교石橋 위의 산록에는 양梁 무제武帝가 세운 보타원이 있고, 전각 안에는 영험 있는 관음상이 있다. 옛날에 신라 상인이 오대산에 갔다가 그 불상을 조상彫像하여 싣고 본국으로 돌아가려 하였다. 바다로 나갔으나 좌초하여 배가 걸려 나아가지 아니하여 관음상을 바위 위에 내려놓았다. 상원上院의 승려 종악宗岳이 전각 안으로 모셔 들였더니, 이 이후로 해상으로 왕래하는 이들은 반드시 나아가 기도함에 감응하지 않음이 없었다. 후에 오월국吳越國의 전씨錢氏가 그 상을 성안의 개원사開元寺로 옮겨 갔으므로, 지금 매잠에서 받들고 있는 관음상은 뒷날에 조상한 것이다.

2000년 여름 '한중해상교섭과 불교문화교류'라는 제목의 보타산학술회에서 절강대 한국연구소 김건인 소장이 보타산불교협회 계인 방장스님에게 도서를 증정하는 장면

이렇게 보타산이 관음보살의 본거지로서, 특히 항해를 위한 기도 도량으로 형성된 역사적 사실을 생생하게 들려주고 있다.

위의 기록에서는 오대산에서 관음상을 구하여 본국으로 운반하기 위하여 보타도 앞바다까지 온 사람들이 신라 상인이라고 한다. 그러나 배가 바위에 좌초하여 부득이 섬에 내려놓았고 상원의 승려 종악이 전각으로 모시니, 이후 바다를 왕래하는 사람들이 기도하여 무사히 항해할 수 있었다는 것이다. 여기서는 관음상을 모시고 온 사람들이 『불조통기』 등 현지 기록들과는 달리 일본의 승려가 아니라 신라의 상인들이었다고 한다. 그뿐만 아니라 보타산의 내력에 대해서도 자세하게 설명하고 있다.

즉 보타산의 본래 이름은 매잠산으로서 중국 대부분의 불교 성지들이 원래 도교와 관련이 있는데 이 산 역시 한나라 때 연단가煉丹家 매복梅福이 와서 단양丹藥을 만들었다 하여 매잠梅岑이라 불렸다. 그 후 호불의 황제인 양무제가 산록에 보타원을 창건하여 관음상을 안치하면서 보타산으로 개명하였다는 것이다.

말하자면 매잠산이 보타산으로 개명된 것이라고 하지만 이는 후인들이 견강부회한 데 불과하다고 생각된다. 왜냐하면 6세기경의 매잠은 거기에 섬사람들의 기도처로서의 암자가 존재했다손 치더라도 아직 국제적 해항으로 발전하기 이전이었다. 매잠이 내외국인들이 출입하는 해항으로 성장한 것은 적어도 9세기 장보고 선단이 등장할 만큼 항해술이 발달하고, 이와 동시에 그들의 안전 항해를 기원하는 기도처가 필요해지면서부터였기 때문이다. 9세기 초기에 장보고 선단의 원찰인 적산법화원이 성립한 것이나 9세기 중엽 보타산 관음도량의 출현은 이러한 역사적 요청에 부응하여 생긴 결과인 것이다.

여기서 다시 『불조통기』와 『고려도경』의 두 기록을 비교 검토하면서 보타산 관음도량의 형성 과정을 더듬어 보자. 두 기사의 내용상 차이를 보면, 『고려도경』이 역사적 사실에 충실한 데 대하여, 『불조통기』는 종교적 색채를 강하게 풍긴다는 점을 지적할 수 있다. 오대산으로부터 모시고 온 관음상을 실은 배가 좌초당하여 부득이 불전으로 안치된 사정에 대한 설명은 『불조통기』와 『고려도경』이 대체로 비슷하다. 그러나 후자의 설명이 좀 더 신빙성이 높다. 첫째로 『고려도경』이 현지에서 견문하여 사료적 가치가 높고, 둘째로 당시의 역사적 현실에 비추어 보아서도 그렇다.

먼저 양자의 사료상의 가치부터 검토해 보면, 첫째 『보경사명지』나 『불조통기』는 『고려도경』의 간행에 비하여 1세기 내지 1세기 반이나 늦다, 둘째로는 내용상의 문제로서 『고려도경』의 그것은 저자 서긍이 고려로 떠날 때 항해의 안전을 기도하러 가서 직접 견문한 것을 기록으로 남긴 것이다. 이에

보타도 서방암 뒤 산록에 근래
대형 관음상을 모셨다.

비하면 『불조통기』는 불교에 관한 자료를 모아 편집한 것이니, 승려를 등장시켜 종교성을 강조하였으므로 신빙성의 면에서 볼 때 자료 가치가 반드시 높다고는 말할 수 없다.

4) 보타산은 국제 해양인들의 기도처

성종 19년(1488) 초, 제주도 경차관 최부는 부친상을 당하여 육지로 돌아오다 풍랑을 만났다. 표류한 지 10일 만에 당도한 영파 부근 어느 섬에서 강도로 돌변한 해상 경비병들을 만났는데, 그들 중 한 사람이 "나는 관음불이

보타도 앞에 있는 신라초. 처음 오대산에서 관음상을 옮겨 오다 이 바위에 좌초되었다 하여 붙여진 이름으로 보이는데, 근래 신라초의 위치에 대하여 이설이 있다.

어서 당신들의 마음을 꿰뚫어 본다. 금은보화를 갖고 있는 것이 훤히 보인다."면서 표류로 굶주리고 지친 최부 일행을 괴롭힌다. 아마도 보타산 부근이었던가 보다.

보타산은 1,300여 개의 도서로 구성된 주산군도舟山群島의 하나로서 항해 선박의 발착지인 망해진(현 정해현)에 이르는 입구에 위치하여, 일찍부터 항해를 위한 기도처로서 중요한 역할을 담당하였다. 양 무제가 이곳에 관음원을 창건한 까닭도 이 때문이었을 것이다.

『여지승기輿地勝紀』나 『독사방여기요讀史方輿紀要』와 같은 고대 지리서의 '보타산' 조에는 여기가 고려, 신라, 발해, 일본으로 가는 모든 선박이 출발하기 위하여 바람을 기다리던 곳이라고 하였다. 일본승 원인圓仁 역시 그의 여행기에서 산동반도의 적산법화원을 비롯한 중국 해안 여러 지역에서 재당 신라인들의 도움으로 내지 활동과 함께 귀국까지도 무사히 마칠 수 있었다고 하였다. 그가 귀국하는 배를 얻어 타기 위하여 명주 개원사로 향하던 도중에 만난 수명의 신라 무역상에 관한 언급에서도 주산열도가 산동반도에 버금가는 나당 교섭의 중심이었음을 알려 주고 있다.

『불조통기』에서 보타산 관음신앙의 개산조사로 지목한 혜악 선사도 당시 동아시아 삼국을 누비고 다니던 신라인들의 배를 얻어 타고 입당하였으며, 그가 오대산으로 갈 때도 역시 초주楚州에 있는 신라인 통역 유신언劉慎言의 도움을 받았던 점에 유의해야 할 것이다. 혜악이 중국을 여러 차례 왕래하는 동안 보타에서 바람을 기다리며 기도도 수없이 하였을 것이다. 그러나 해상왕 장보고의 활동에서 보여주듯 당시 해상 세력은 그들 선단이 장악하고 있었으므로 혜악이나 원인과 같은 일본의 구법승들은 그들의 힘을 빌릴 수밖에 없었던 것이다. 그러한 형국에 혜악과 같은 일개 일본 승려가 독자적으로 오대산으로부터 관음상을 보타도까지 운반하여 귀국하려 하였다는 것은 아무래도 믿기 어렵다.

보타도 불긍거관음전 바로 앞에 신라초新羅礁라고 하는 조그만 바위섬이 있다. 이 바위 역시 일찍이 신라 상인들의 배가 지나다니면서 연고를 맺었던 유적으로 보아 틀림없을 것이다. 당나라 수도는 장안長安이었으므로 신라인들의 내왕도 산동반도를 경유하는 북방로를 이용하는 것이 자연스러웠다. 그러나 당 말 오대 시기로 접어들면서 강남 지역이 발달하고 남방 무역이 활발해짐에 따라 명주와 천주, 광주廣州항 등 동남부 연안이 더욱 발달하게 되었다. 천주에 남보타사南普陀寺가 생긴 것도 송대 이후의 일이다.

특히 오대십국 가운데 항주와 명주가 속한 오월국(907~978)과 초기 고려 사이에는 밀접한 교섭이 이루어졌다. 『고려도경』에서 조음동의 관음상을 항주 개원사로 옮겼다는 전씨도 바로 그 오월왕이었으며, 뒤에 대각 국사와의 인연으로 고려사高麗寺로 널리 알려진 옥잠산 혜인선원慧因禪院도 오월국 전씨가 세웠다. 불후의 명작 『천태사교의天台四敎儀』를 남긴 체관 법사가 천태산으로 가서 활동한 것도 고려와 오월국의 교류가 활발하였기 때문이었다. 송대에 들어와서도 천태종 제13대 조사 의통 보운義通寶雲 대사나 의천義天 대각 국사의 활발한 재송 활동이 주로 이 지역을 중심으로 이루어졌으며, 지금도 영파에는 고려 사신이 머물던 고려사신관지高麗使臣館址가 남아 있어 근래 명주시에서 복원하여 면모를 일신하였다.

이와 같이 산동반도와 주산열도는 조선과 일본으로 내왕하는 중국 측 출발지였으며, 법화원과 보타산 관음전은 항해자들이 그 어려운 항해를 무사히 수행할 수 있기를 비는 이른바 안전 항해 기도 사찰이었다. 여기서 항해자들이 순풍을 기다리며 지성으로 기도하였다는 기록은 여기저기에 보인다. 송 신종 초에 왕순봉王舜封이 고려로 사신을 갈 때 풍랑을 만나 조음동을 바라보고 기도하여 무사히 항해할 수 있었다 하여 신종이 '보타관음사'라는 이름을 내렸다고 하며, 『고려도경』의 저자 서긍 등에 대해서는 이미 언급한 바와 같다.

5) 중국 보타산은 제2의 낙산사

당나라 보타산 관음굴과 신라 낙산 관음굴은 많이 닮은 것이 사실이지만 차이점도 없지 않다. 낙산의 관음굴의 경우 깎아지른 듯한 절벽 아래로 망망한 동해 바닷물이 드나드는 깊은 굴속 바위 위에 홍련암이 안치되어 있다. 이에 비하여 보타산의 조음동은 비교적 평탄한 지형에다 관음전이 정자 뒤쪽으로 물러앉아 있으며, 또 그 위치가 포구의 안으로 조성되어 있어 배를 대고 기도할 수 있도록 되어 있다. 신앙의 내용에서도 다른 점이 있다. 관음의 진신을 우러러 소원을 빈다는 점에서는 같지만, 특히 보타산 관음도량은 항해의 안전을 비는 기도처로서 영험을 보이는 곳이었다.

이상의 여러 가지 사실을 종합해 볼 때 보타산이 신라 상인에 의하여 창건되었거나 일본 혜악 선사가 주도하였다는 설의 어느 하나가 틀렸다고 할 수 없다. 당시 혜악 선사도 절동 지역에 몇 차례 내왕하였던 사실이 있다. 『불조통기』나 『보경사명지』의 관계 기사에서 혜악이 주도했다고 하면서도 상인들이 동행하였다는 이야기를 빼놓지 않고 있다. 실제로 큰 불상을 승려 두세 사람이 운반할 수 있다고 믿을 사람은 없다. 그렇다면 오대산의 관음상을 운반하여 매잠에 모시는 데에는 신라 상인과 일본 승려 그리고 현지의 승려와 주민들의 공동 노력이 있었다고 보아야 할 것이다.

다음으로 낙산과 보타산은 양국 최초의 대표적 관음 성지로서 창건 선후 관계를 알아볼 차례다. 결론부터 먼저 말하면 낙산이 1세기 반 이상 먼저 창건되었다. 『삼국유사』 '낙산이대성조'에 의하면 신라 의상 대사가 10년 동안 종남산에 머물며 화엄을 공부하고 671년에 귀국한 뒤 먼저 양양 오봉산을 찾아 낙산에 관음도량을 창건하였다. 의상이 창건한 관음도량은 그가 당에서 본 현장 법사의 『대당서역기』(646년 간행)의 내용, 즉 인도 남부의 말라구타국 말자야산에서 직접 견문하여 적은 보타락가산을 모방한 것이다. 현장의 『대당서역기』 이전에도 물론 『화엄경』에서 말한 바와 같이 관음보살의 상주처로서의 보타락가산이 세간에 알려져 그에 근거한 관음도량이 여기저기 출현하였던 것이 사실이다. 그러나 그것은 현장 법사가 현장을 목도하고 소개한 말자야산 보타락가산의 생생한 장면을 보여주기 이전의 불교 경전에 나와 있던 추상적인 설명에 근거한 데 불과한 것이었다.

따라서 의상에 의하여 칭긴된 낙산사는 인도 말자야산의 현장을 재현한 동아시아 초유의 관음도량이었다. 여기에 비하여 9세기 중엽, 즉 대중大中 12년(858)경에 등장한 중국의 보타산은 낙산에 비하여 1세기 반 이상 늦게 창건된 것이다. 그것은 장보고 선단의 등장으로 인한 항해술의 발전과 함께 동아시아 해상 교류가 번영을 자랑하던 시대에 동아시아 3국 인사들의 공동 작품이라는 점을 기억할 필요가 있다.

여기서 한 가지 더 관심의 대상이 되는 것은 보타산의 창건과 같은 시기에 낙산 관음도량의 중창이 있었다는 사실이다.『삼국유사』'낙산이대성조'에는 의상 대사의 낙산사 개창 기사에 이어 중창 설화를 흥미 있게 기록하고 있다.

이를 요약해 보면 굴산 조사 범일이 836년에 입당하여 명주 개국사開國寺 (원문에는 개국사라 하지만 아마 개원사開元寺의 오기인 것 같다)에서 명주溟州 덕기방德耆坊에 산다는 한 신라 승려, 즉 정취보살을 만났는데, 귀국하거든 자기의 집을 한 채 지어달라고 하였다. 스님이 염관 제안齊安 선사 문하에서 구법한 뒤 귀국하여 굴산사를 창건한 뒤를 이어 정취보살과 약속한 대로 낙산사를 중창하여 관음보살과 나란히 정취보살의 집을 지어 모셨다.

범일의 당나라 입출국 지점, 그리고 머물며 구법한 지역이 전당강을 사이에 둔 명주와 염관鹽官(항주 인근)이라는 점을 보면 범일이 보타산을 경유하였을 가능성이 높다. 여기에 그가 낙산을 중창한 연도가 공교롭게도 보타산 불긍거관음전의 개창 연도와 동일한 대중 12년, 즉 858년이라는 사실은 보타산과 그의 관련성을 강하게 시사한다. 이 무렵, 즉 9세기 중엽에는 회창파불會昌破佛(842~847) 사태를 지나 나·일 승려들의 입당도 재개되어 강절 해역을 중심으로 동아시아의 불교 교류가 재개되고 있었다. 장보고의 죽음에 이어 회창파불로 말미암아 적산법화원도 훼철된 이후 신라 상인들의 활동 중심도 강절 지역으로 남하하였으며, 일본 혜악이나 천태종의 승려 원진圓珍

등이 이 지역으로 드나들었다. 이러한 시기에 낙산의 중창과 보타산의 개산이 이루어졌다는 점에서 신라 상인과 함께 범일 선사의 일정한 참여도 고려해 볼 만한 일이 아닐 수 없다.

원대에 와서는 충선왕이 대도(북경)에 만권당을 열어 양국의 문인학자들과 활동하였는데, 충숙왕 6년(1319)에는 권한공 이재현 등을 대동하고 항주를 경유하여 보타도를 유람하였다. 고려 말에는 나옹 화상도 보타도 관음전에 참배하였다.

이와 같이 보타도는 신라와 고려의 불자들이 즐겨 찾는 성지였다. 이러한 밀접한 관계는 보타도와 신라 청해진이 설치되었던 전남 완도 사이에 서로 비슷한 지명들을 남겨 그들이 형제간이라는 인상을 주기도 하였다. 즉 보타산 3대 사찰 가운데 하나인 법우사 뒷산이 상왕봉象王峯인데 완도의 가장 높은 산이 상황봉象皇峯이며, 법우사가 소재하는 일대가 법화동인데 완도의 상황산 기슭에 법화사法華寺가 있었고 그 너머로 관음산이 있으며, 청해진 소재 장도의 옛 지명이 역시 조음동助音洞이다.

장보고 선단은 한동안 청해진과 산동반도 적산법화원을 중심으로 활발하게 해양 활동을 하였으나 장보고 사후에는 그들 선단이 해체되는 가운데 개별 활동의 중심지가 보타산을 비롯한 중국 동남 연해 지역으로 옮겨 오랜 기간 지속하였다. 14세기 후반 이후 명·청 제국의 해금海禁정책과 함께 조선왕조의 숭유억불 정책으로 한·중 사이의 해양을 통한 불교 교류는 중단 상태에 이르렀다. 중국에 공산당 정권이 들어서면서부터는 남한과는 아예 국교의 단절을 보고 말았다. 그리하여 친밀하였던 양국 문화 교류의 역사적 진실이 오래도록 가려져 있거나 왜곡된 부분들이 적지 않다.

한중 국교의 정상화가 이루어지면서 구화산 지장도량이 신라 왕족 김교각 스님에 의하여 개창되었다는 사실이 새롭게 알려졌으며, 보타산 관음도량이 나·일 양국과 현지 사람들의 공동 노력에 의하여 개창되었다는 설도 앞으로 설득력을 갖게 될 것으로 기대한다. 그동안 베일 속에 가려져 왔거나 왜곡된 중국 속 한국 불교의 찬연한 발자취를 사실대로 밝히는 작업이 계속되어야 할 것이다.

보타산이 불교의 명산인 것과 달리 이웃 주가첨朱家尖은 농지가 많아 보타도의 농산물 제공지로서 중요하다. 한국해양탐험연구소 윤명철 소장 주도로 1996년과 1997년 두 차례에 걸쳐 주가첨에서 한반도 서해안에 이르는 황해 무동력 뗏목 항해가 실시되었는데, 이 행사는 동국대학교 백주년기념사업회와 항주대학(현 절강대학) 한국연구소 공동으로 주최한 황해학술탐사의 일환이었다.

제1차 항해에서는 7월 22일 4명이 출발하여 28일경 흑산도 145킬로 전방까지 진출했으나 태풍의 영향으로 방향을 바꾸어 제2의 예정지인 산동성으로 향해, 다음달 6일 적산법화원이 있는 영성시 석도石島에 표착漂着하였다. 제2차 항해는 이듬해 6월 15일 중국인 1명과 함께 5명이 출발하여 24일 만인 7월 8일 흑산도에 정확하게 도착하였다. 주산에서 한반도 서남에 이르는 이 사단斜斷해로는 옛사람들이 즐겨 이용하던 길임을 다시 한 번 확인한 셈이다.

이 두 차례의 행사는 고 김준엽 선생의 적극적인 도움으로 이루어졌으며, 제2차 행사를 성공적으로 끝낸 다음 필자는 7월 서울에서 한중 공동으로 학술발표회를 개최하여『한중문화교류와 남방해로』(1997, 국학자료원)를 간행하였다. 그동안 보타산과 낙산의 내적 관련성에 관하여 필자는 몇 편의 크고 작은 글들을 발표하였는데, 이 글은 그러한 내용들을 참고하여 이 책의 체제에 맞추어 정리한 것이다.

3.
한퇴지와 태전 선사가 해후한 광동성 조주 기행

1) 삼한의 불자가 봉헌한 조주 개원사 향로

2006년 10월 31일 오후, 어제 저녁 인천에서 비행기로 하문厦門에 도착하여 내일 조주潮州 개원사開元寺 답사를 위하여 하룻밤 묵었다. 그리고 아침에 출발하는 고속버스로 세 시간 반 걸려 12시가 되어서야 복건성을 벗어나 광동성 북부 지역으로 진입하여 한강韓江대교를 지나 곧장 조주 시내로 들어왔다. 시외버스정류장에서 5위안에 삼륜차를 타고 예약되어 있는 화교호텔에 도착하여 짐을 풀었다. 중국의 오래된 도시에는 개원사라는 이름을 가진 사원이 있는 곳이 많은데, 당나라 현종玄宗이 전국 주의 치소마다 자기의 연호를 딴 개원사를 두도록 했기 때문으로, 더러 그 이름이 오늘날까지 전해지고 있는 것이다. 조주 개원사도 당대의 고찰임은 그 이름만으로 알 수가 있다.

필자는 동중국해 연안의 한국 관련 불교 유적을 조사하면서 기회만 있으면 조주 지역을 답사하겠다고 벼른 지 오래다. 여기는 중국 유교의 종장 한

조주 개원사

유韓愈와 태전太田 선사가 만나 교유하였다는 고사가 얽혀 있는 곳이기 때문이다. 그런데다 최근에 와서 '삼한三韓의 불자가 봉공奉供하였다'는 향로 1좌가 개원사에 있다는 소식을 들었다. 마침 이번에 장보고기념사업회에서 절강대학 한국연구소와 공동 주최로 천주해외교통사박물관에서 개최되는 국제 학술회의에 참가하게 되어 일행보다 이틀 먼저 서둘러 하문을 거쳐 조주로 달려온 것이다.

　서울에서 출발하기 전에 여행사를 통하여 개원사의 향로를 조사할 수 있도록 신청을 해 두었다. 개원사는 마침 시내에 소재한다고 하여 차를 불러 절로 가서 대웅전 불전에 참배한 후 곧장 객당으로 찾아갔다. 그러나 지객知客스님이 부재중이어서 경내의 오래된 건축물과 석탑 등 도량의 여기저기를 기웃거리면서 사진도 찍으며 시간을 보냈다. 한참 후에 다시 객당으로 가 지객 홍종弘宗 스님의 안내로 귀중품 보관 창고로 들어갔다.

창고에는 불상과 소탑 향로 등 금속 및 석제나 목제 불구佛具와 서화 등이 나름대로 잘 정리되어 있었다. 문제의 청동향로는 방 가운데 주춧돌 같은 석물 위에 얌전하게 놓여 있었다. 향로는 두 귀와 세 다리의 둥근 몸체로 되어 있으며, 다리에서 귀까지의 높이 0.72미터, 직경 0.74미터이다. 향로의 입 바깥 언저리에는 '개원사 선당의 향로 일좌를 받들어 영원히 공양합니다. 삼한의 불제자 임국조(奉開元寺禪堂香爐一座永遠供養三韓佛弟子任國祚)'라는 문구가 음각되어 있으나 겨우 알아볼 수 있었다. 그러나 일반 카메라로 촬영해서는 글자 형체를 판독하기 어렵다.

이 향로를 공양한 삼한의 임국조는 어떤 사람일까? 홍종 스님에 의하면

원대 고려인으로 추정되는 임국조가 기증한 것으로, 현재 절 곳간에 모아 놓은 옛 불구들 가운데 중간의 청동향로

여러 사람들의 설명이 각각 다르다고 하였다. 불제자 임국조가 스님인지 재가 신도인지, 그리고 그가 산 시대가 신라인지 고려나 조선시대인지 알 수 없다고 하였다. 아마도 원대에 고려인으로서 언제 어떤 용무인지는 몰라도 광동성 북부 해역까지 깊숙이 행차하여 바쳤던 불공으로 보인다. 한중 불교 교류의 한 장을 설명해 줄 흥미 있는 과제가 아닐 수 없다.

2) 한유와 태전 선사의 교유

조주는 당 헌종憲宗 때 형부시랑으로 있던 한유(768~824)가 불교에 반대하는 표문을 올려 서안으로부터 멀리 떨어진 동남 해역의 이곳 자사로 좌천되어 왔던 곳이다. 당시에는 남해 오지이던 조주에는 한유가 부임하여 여러 가지 일화를 남겼던 까닭에 한韓 자가 붙은 지명이 유난히 많다. 오전에 건너온 한강이나 한유의 사당이 있는 한산도 마찬가지다. 개원사 답사를 마친 저녁 무렵 오전에 버스로 건넜던 한강을 다시 건너 강변에 임하여 위치한 한산 자락에 잘 가꾸어 놓은 한문공사韓文公祠를 관람하였다. 고금의 유명 인사들의 휘필이 석각 벽에 가득하다.

한유는 당 황실에서 불교 의식에 국가 재정을 지나치게 낭비하는 등의 일에 비판적이었다. 그는 석가는 서방 인도의 성인이며 불교는 서방의 종교인데 중국에서 이를 과신하는 것은 부당며, 마땅히 동방의 성인 공자가 창시한 유교를 신봉해야 한다고 주장하였다. 그러나 황실에서는 불교에 지나치게 탐닉하고 있었다. 당시 황실에서는 장안의 외곽지대에 있는 법문사의 불지사리 탑을 대성진신보탑大聖眞身寶塔이라 하면서 숭배하여 1년에 한 번씩 그 사리를 장안으로 모셔와 성대한 예불행사를 거행하였다. 특히 헌종은 원

조주 '한문공사당'에 있는 한유의 소상

화元和 14년(819) 사리를 안복문安福門에 나아가 친견하고 시를 지어 찬양하면서 문무대신에게도 윤번으로 궤배하게 하였다. 이에 한유는 「간영불골표諫迎佛骨表」, 즉 사리를 영접하는 행사에 반대하는 상소를 올려 헌종의 미움을 사서 조주 자사로 좌천된 것이었다.

이와 같이 불교를 배척하는 상소로 인하여 조주로 귀양 온 한유가 태전보통大顚寶通(741~823) 선사를 만난 것은 실로 역사의 아이러니라 하지 않을 수 없다. 정신적 교유를 할 만한 이가 없었던 낙후된 이 지역에서 태전 선사와 교유하게 된 것이다. 『조당집』 「태전선사전」에 의하면, 이 근처에 태전이라는 선사가 있다는 말을 들은 한유가 세 차례나 사람을 보내어 초청했으나 모두 응하지 않더니 뒤에 태전이 스스로 찾아갔다. 그러나 한 자사가 "초청할 때는 오지 않더니 어째서 부르지 않았는데 왔는가?" 하며 거절하니, 선사가 "부처님의 광명을 위히여 왔습니다." 하여 불광佛光에 관한 대화를 나

부록 ● 307

누고 헤어졌다고 한다. 이 같은 두 사람의 '친교'를 두고 후세인들, 특히 불교 측에서는 한유가 전에 배불하였던 잘못을 뉘우치고 불교와 타협하는 입장을 취하게 된 행위라고 주장하기도 한다. 어떻든 유불 교류의 주요 장면이었음은 말할 필요가 없다.

필자는 평소 태전 선사가 주석하던 사찰이 실재하리라고 기대하지는 않았다. 더구나 한유와의 만남은 아마도 전설에 가까운 이야기려니 그렇게 가볍게 여겨 왔다. 그러나 막상 역사 현장을 방문하고서야 태전 선사의 주석처 영산사靈山寺가 조양潮陽 지방의 관광 명소라는 사실을 알게 되었다. 다음 날 11월 1일, 아침 식사 후 산두汕頭행 버스를 타고 예정에 없던 영산사 답사 길에 올랐다.

3) 아직도 건재한 태전 선사 묘탑

지금은 산두시汕頭市가 항구도시로 융성하지만 옛날에는 조주부 관할이었다. 말하자면 산두는 해안에 위치하여 근세로 내려오면서 복건성 천주나 하문 또는 장주漳州와 같은 지역에 사는 사람들이 해외로 진출하거나 외지인들과 교섭하면서 이용하게 된 장소였다. 이리하여 이 지역에서는 이들 두 지역을 조산潮汕지구라고 일컫기도 하고 조산潮汕문화라는 말을 즐겨 쓰기도 한다.

영산사로 가려면 산두에서 다시 조양행 버스를 타고 산두대교를 건너 조양구에 못 미쳐 하차하여 다시 7, 8킬로미터를 더 가야 된다. 필자는 택시를 얻어 타기 어려워 오토바이를 세내어 타고 주위의 농촌 풍경을 헤치며 신작로를 달렸다. 10여 분 달려 산문을 지나다가 길가의 유의정留衣亭을 제일 먼

조주에 이웃한 산두시 영산사 태전 선사 묘탑

저 만났다. 유의정은 한유가 강서성 원주袁州로 전직되어 떠날 때 태전 선사에게 옷 한 벌을 선물로 남겨둔 정의를 기념하기 위하여 후세인들이 세운 누정이라고 한다.

사찰에 도착하자 대웅전에 참배한 뒤 곧장 객당으로 찾아가 영산사 소개 자료를 얻어 경내를 돌아보았다. 건물들은 대부분 새로 지었는데 대웅전 후원에 놀랍게도 '개산조 태전 선사 육신사리탑開山祖大顚禪師肉身舍利塔'이 자리하고 있는 것이 아닌가! 주위에는 선사가 손수 일천 그루나 되는 여지荔枝를 심었다고 전하는 리치나무 숲이 있으며, 그 뒤편으로 태전 선사 기념당 건물이 들어서 있었다. 그리고 탑전에서 왼쪽 아래로 '당 태전 선사 사경대寫經臺 옛터'라고 각석된 바위가 있었다.

명 『융경조양현지隆慶潮陽縣誌』의 임대춘林大春 찬 「태전선사전」에 의하면, 그의 속성은 진씨陳氏로 개원 말년에 조양에서 태어났다. 대력大曆 연간 (766~789)에 약산 유엄과 함께 혜조惠照 율사에게 배우고, 다시 남악으로 가서 석두 희천에게 배운 뒤 정원 5년(789)에 고향으로 와 2년 후에 영산사靈山寺를 창건하여 남종선의 기치를 올렸다. 이리하여 대중 천여 명이 몰려들었으며, 스스로 법호를 태전이라 하였다. 이 무렵 한유와 교유가 이루어져서 선사의 이름이 더욱 널리 알려졌으며, 823년 83세로 원적하였다고 한다.

지난번 태전 선사의 방문을 받았던 자사 한유는 이번에는 자기가 선사를 찾아 영산으로 가서 인사를 하고 불교의 요체에 대하여 질문을 하였다. 그러나 선사가 한참 말이 없자 옆에 있던 시자侍者 삼평三平이 선상禪床을 치면서 "먼저 선정(定)으로써 움직이고 뒤에 지혜(慧)로써 구제합니다." 하였다. 이에 자사가 "화상의 문풍門風이 격조가 높으셔서 어리둥절했는데 지금 시자께서 가르쳐 주어 들어갈 곳을 얻었습니다." 하고 절하며 하직하고 다시 조주로 돌아갔다고 한다. 그러나 이들 유불의 거장 두 사람과 삼평 선사에 관한『조당집』의 문답이『경덕전등록』에는 전혀 보이지 않는다.『조당집』에서조차 교섭의 시기와 장소 심지어는 태전 선사의 생몰년 등이 없으며, 이야기 자체가 매우 추상적이어서 아마도 후세로 내려오면서 내용이 점차 흥미 위주로 첨가되었다고 여겨진다.

12시가 지나서 다시 산두시까지 나와 2시 50분 천주행 차표를 산 뒤 점심 요기를 하였다. 이번 여행에 태전 묘탑에 참배한 것은 기대 이상의 행운이었다. 버스는 2층으로 된 침대차여서 피곤한 김에 잠은 실컷 잤다. 중간 휴게소에서 한 번 내려 쉰 다음 7시경에 천주에 도착, 예약된 숙소인 자동반점刺桐飯店으로 가서 일행을 반갑게 만났다.

한국 구법 관련 선종 계맥표

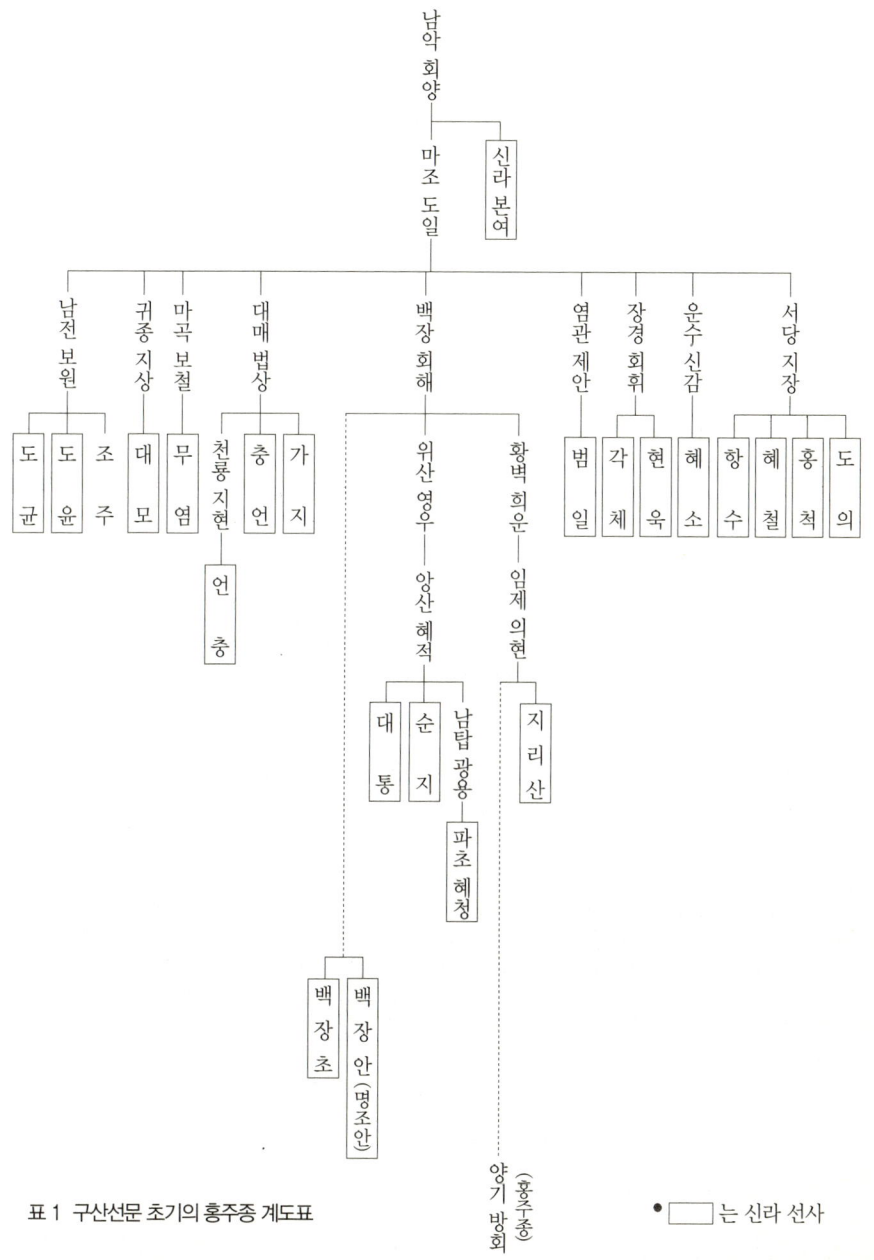

표 1 구산선문 초기의 홍주종 계도표

● ☐ 는 신라 선사

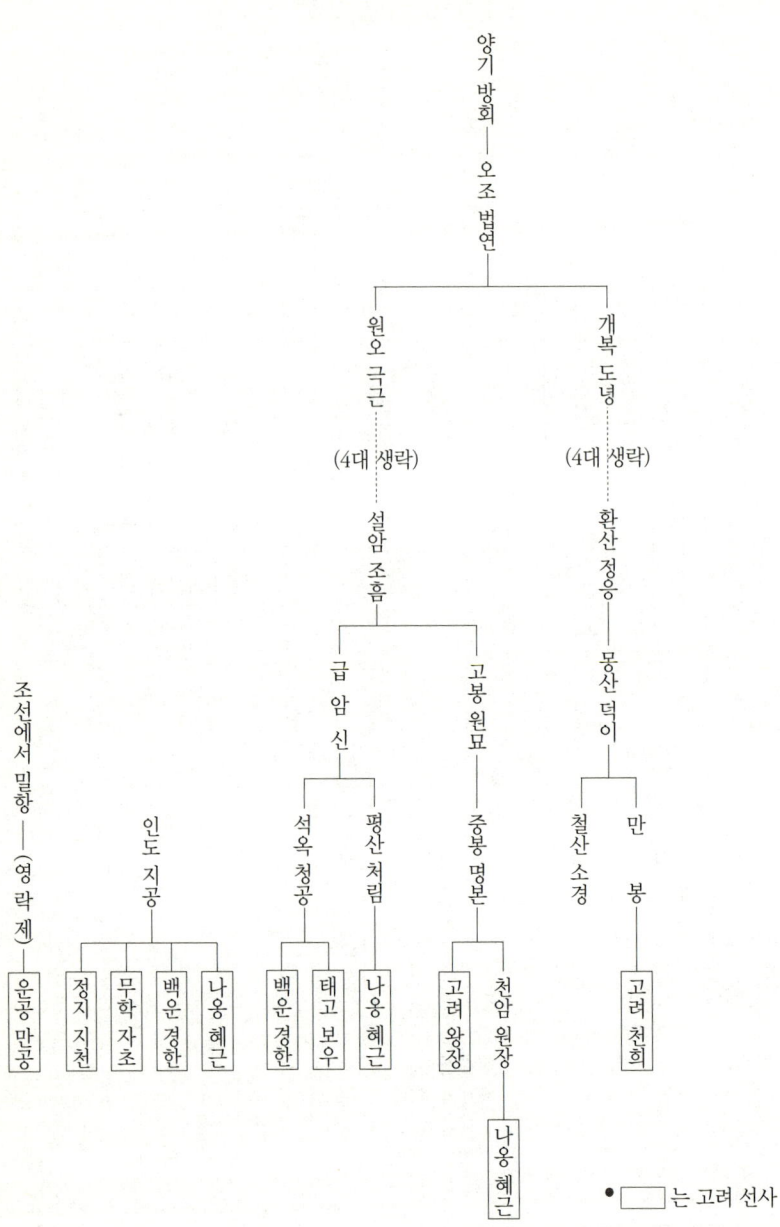

표 2 여·원 말기 임제종 계도표

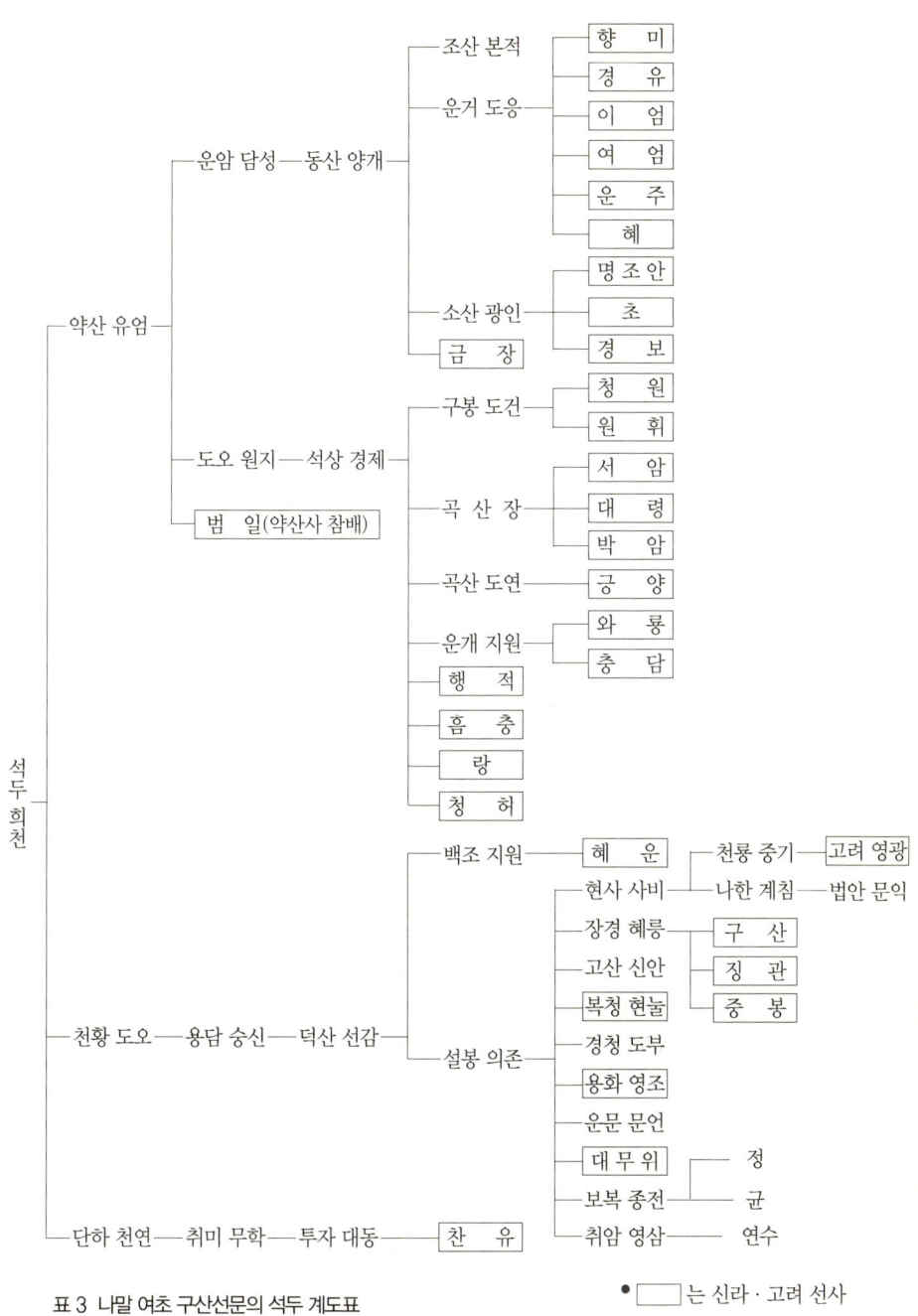

표 3 나말 여초 구산선문의 석두 계도표

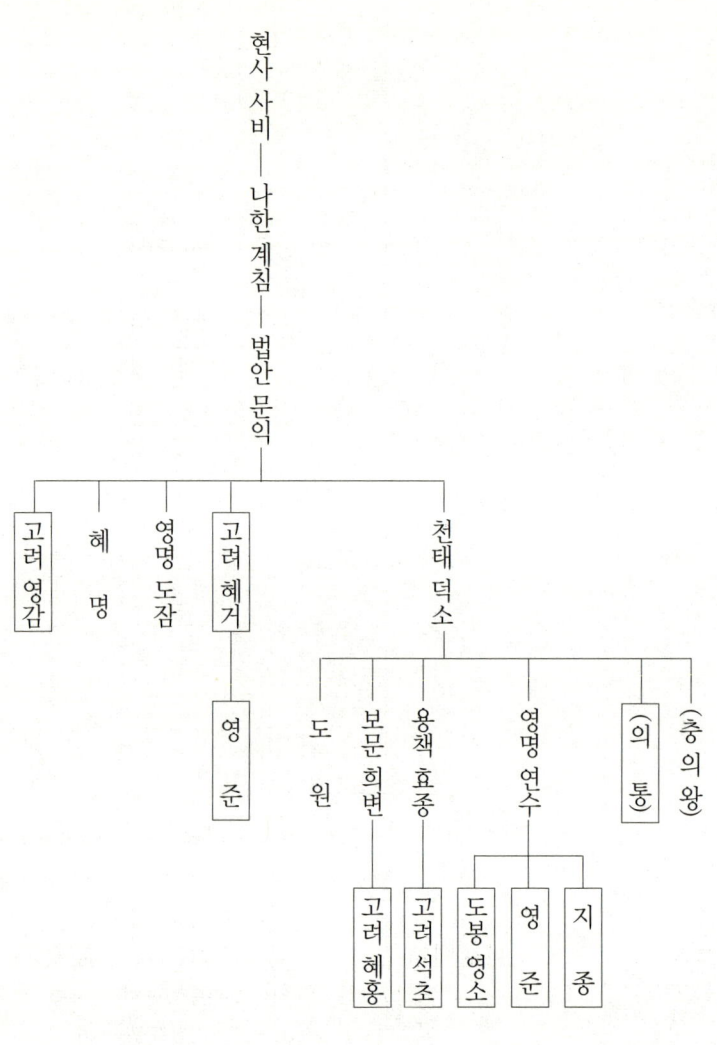

표 4 고려 초기의 법안종 계도표

한국 입중구법 선승(入中求法禪僧) 일람표

名號	入中·歸國	사승(師承) 관계	순례 지역	전거
法朗 (신라)		雙峰道信		「봉암사지증대사탑비명」
智德 (고구려)		黃梅弘忍		『능가사자기』·『역대법보기』
宣師 (신라)		溫州玄覺		『송고승전』 8, 현각전
神(信)行 (신라)		慧空(志空)	長安·洛陽	「해동고신행선사비병서」·『송고승전』 등
金大悲 (신라)	722~?		洪州·韶州	『조당집』 18
無相 (신라)	728~입적	處寂	四川	『송고승전』 19, 정중사 무상·『역대법보기』
本如 (신라)	744 이전~?	南岳懷讓		『전등록』 6, 신라 본여 선사
道義 (元寂)	784~821	西堂智藏 虔州寶華寺 *迦智山門 개산조	五臺山·韶州 江西·虔州 洪州·四川	『조당집』 17, 진전사원적·『전등록』 9, 계림 도의 선사·『선문보장록』
慧昭 (眞鑑)	804~830	唐州神鑒	滄州·唐州·洛陽·四川·長安	「쌍계사진감선사비」·『송고승전』 20, 唐州雲秀山神鑒傳
洪陟 (直, 證覺)	?~826	西堂智藏 *實相山門 개산조	江西	『조당집』 17, 동국 실상화상·『전등록』 9, 신라 洪直禪師
慧徹 (哲, 寂忍)	814~839	西堂智藏 *桐裡山門 개산조	西州·天台山 등	『조당집』 동리화상·『전등록』 9, 신라 慧(澈)禪師「大安寺寂忍禪師塔碑」
無染 (朗慧)	821~846	佛光如滿 麻谷寶徹 *聖住山門 개산조	終南山·河南 洛陽 등	『조당집』 17, 성주사고양조국사·『전등록』 9, 신라 무염 선사·「대낭혜화상탑비」
玄昱 (圓鑒)	824~837	章敬懷暉 *鳳林山門 개산조	太原·長安 등	『조당집』 17, 동국 혜목산 화상·『전등록』 9, 신라 현욱 선사
覺體		章敬懷暉		『전등록』 9, 신라 각체 선사
道允 (鐵鑑)	825~847	南泉普願 *師子山門 개산조	安徽 貴池·蘇州	『조당집』 17, 쌍봉 화상「澄曉大師寶印塔碑」
道均			安徽 貴池	『전등록』 9, 남전의 손제자 신라 道均
大茅	?	歸宗智常	江西	『전등록』 10, 신라 대모 선사

부록 • 315

名號	入中·歸國	사승(師承) 관계	순례 지역	전거
梵日 (通曉)	836~847	鹽官齊安 *闍崛山門 개산조	浙江·江西·湖南·長安·韶州 등	『조당집』17, 溟州 굴산통효 대사·『전등록』10, 신라 品(梵)日선사
體澄 (普照)	837~840	*귀국 후 도의의 제자 廉居에게 배워 9산의 首門 가지산문을 창건	唐 35州 주유	「迦智山寶林寺諡普照禪師靈塔碑」
迦智	836~839	大梅法常 *구법 시기 등 여러 가지 사실로 보아 체징과 동일인으로 추정됨	浙江 明州	『전등록』10, 法常의 제자 新羅 迦智
忠彦	836~839	大梅法常	浙江 明州	『전등록』10, 法常의 제자 新羅 忠彦.「四山碑文」의 '新興彦'과 동일인으로 추정
彦忠	839년 이후	杭州天龍	浙江	『전등록』11, 法常의 손제자 新羅彦忠
大通 (圓朗)	856~866	仰山澄虛	江西 袁州 등	「月光寺圓朗禪師塔碑」
順之 (了悟)	858~874	仰山慧寂	江西 袁州 등	『조당집』20, 오관산 서운 화상·『전등록』12, 오관산 순지
智異山	866 이전~?	臨濟義玄	河北 鎭州	『전등록』12, 지리산 화상
慧清	866 이후~?	南塔光湧	仰山·郢州 전법	『전등록』16, (신라) 파초
金藏	869 이전	洞山良价	江西	『전등록』17, 신라 금장·「동산선사묘비」
行寂 (朗空)	870~885	石霜慶諸	湖南 潭州·曹溪	『전등록』16 신라 행적·「朗空大師塔」
欽忠		石霜慶諸	湖南 潭州·曹溪	『전등록』16, 신라 흠충
朗		石霜慶諸	湖南 潭州·曹溪	『전등록』16, 신라
清虛		石霜慶諸		『전등록』16, 신라 청허
燦幽 (元宗)	892~915	投子大同	安徽·江浙	「慧目山高達禪院元宗大師碑」
迴微 (先覺)	891~905	雲居道膺	江西	「先覺大師靈塔碑」
慶猷 (法鏡)	890년경~910년경	雲居道膺	江西	『전등록』20, 신라 경유
慧		雲居道膺	江西	『전등록』20, 신라 혜
雲住		雲居道膺	江西	『전등록』20, 신라 운주

名號	入中·歸國	사승(師承) 관계	순례 지역	전거
利嚴 (眞澈)	896~911	雲居道膺 *須彌山門 개산조	明州·江西·嶺南·河北	「須彌山廣照寺眞澈禪師塔碑」
麗嚴 (大鏡)	887~909	雲居道膺	江西	「大鏡大師玄機塔碑」
安 (明照)	900년 전후~?	疎山匡仁	江西 百丈·疎山	『전등록』20, 홍주 백장 안
超	900년 전후~?	疎山匡仁	江西 百丈·疎山	『전등록』20, 홍주 백장 초
慶甫 (洞眞)	892~921	疎山匡仁	江西	「玉龍寺洞眞大師塔碑」
淸院		九峰道虔	越州·江西	『전등록』17, 신라 청원 화상
元(玄)暉 (法鏡)	906~924	九峰道虔	浙江·江西·湖南	「法鏡大師玄機塔碑」
瑞巖		谷山藏		『전등록』17, 신라 서암 화상
泊巖		谷山藏		『전등록』17, 신라 박암 화상
大嶺		谷山藏		『전등록』17, 신라 대령 화상
兢讓 (靜眞)	900~924	谷山道緣 *曦陽山門 개산조	湖南·雪峰山·天台山	「鳳巖寺靜眞大師塔碑」
臥龍		雲盖 志圓圓淨	湖南	『전등록』17, 신라 와룡
慧雲		白兆志圓	安州(湖北 安陸)	『전등록』23, 신라 혜운
忠湛 (眞空)	892~921	雲盖 志圓圓淨	湖南	「원주법흥사충담대사비」
靈照 (眞覺)	900년경~ 947년 입적	雪峰義存	閩·浙(吳越) 傳法	『조당집』11, 동국 제운 선사· 『전등록』18, 항주 고려 용화 선사
玄訥 (福淸)	900년경~	雪峰義存	泉州 傳法	『조당집』11, 동국 복청 선사· 『전등록』19, 천주 고려 복청 선사
大無爲		雪峰義存	閩 雪峰山	『전등록』19, 동국 대무위 선사
龜山		長慶慧稜	閩 福州	『전등록』21, 동국 구산 화상
澄觀		長慶慧稜	閩 福州	『선문보장록』「해동칠대록」
重峰		長慶慧稜	閩 福州	『선문보장록』「해동칠대록」
令光		重機明眞	杭州(吳越)	『전등록』24, 고려 설악 영광
慧炬 (居, 南唐時期)		法眼文益	金陵(南唐)	『전등록』25, 고려 도봉산 혜거 국사·『송고승전』13, 법안 문익전

名號	入中·歸國	사승(師承) 관계	순례 지역	전거
靈鑑 (南唐時期)		法眼文益	金陵(南唐)	『전등록』 26, 고려 영감 선사
釋超 (眞觀)	940~946	龍冊曉榮	杭州(吳越)	「智谷寺眞觀禪師碑」, 덕소의 손제자
靈炤 (道峰)	?~962년경	永明延壽	杭州(吳越)	許端甫 「淸虛堂集序」
義通 (寶雲)	947~	天台德韶 *963년 나계 의적 문하로 이적하여 천태종 16대 조사가 됨	法眼宗(吳越)	『불조통기』 8, 보운 존자 의통
智宗 (圓空)	959~970	永明延壽 *법안종 승려로서 나계 의적에게 天台 止觀學을 익힘	杭州·天台山(吳越)	「居頓寺圓空國師塔碑」
英俊 (寂然)	968~972	永明延壽	杭州(吳越)	「寂然國師慈光塔碑」
慧洪		普門希辯	杭州(吳越)	『전등록』 26, 덕소의 손제자
普愚 (太古)	1346~1348	石屋淸珙(원말)·인도승 指空	湖州 霞霧山 天湖庵·北京	「太古寺圓證國師塔碑」
慧勤 (懶翁)	1348~1358	平山處林(원말)	蘇州·杭州 淨慈寺·明州·北京	「懶翁和尙行狀」
白雲景閑	1351~1352	石屋淸珙(원말)·인도승 指空	湖州 霞霧山·蘇州 休休庵·北京	「白雲和尙語錄」
自超 (無學)	1353~1356	인도승 指空	燕京 法源寺·西山 靈巖寺	「妙嚴尊者塔碑」
智泉 (正智)	1353~1356	인도승 指空	燕京 法源寺·西山 靈巖寺	「龍門寺碑」
千熙 (眞覺)	1363~1366	聖恩寺 萬峰	蘇州 休休庵·聖恩寺	「水原彰聖寺碑」
滿空 (雲公)	1417년 밀항 1463년 입적	明 成祖 알현, 泰安 普照寺 傳敎	南京 天界寺	「普照寺滿空禪師重開山碑」

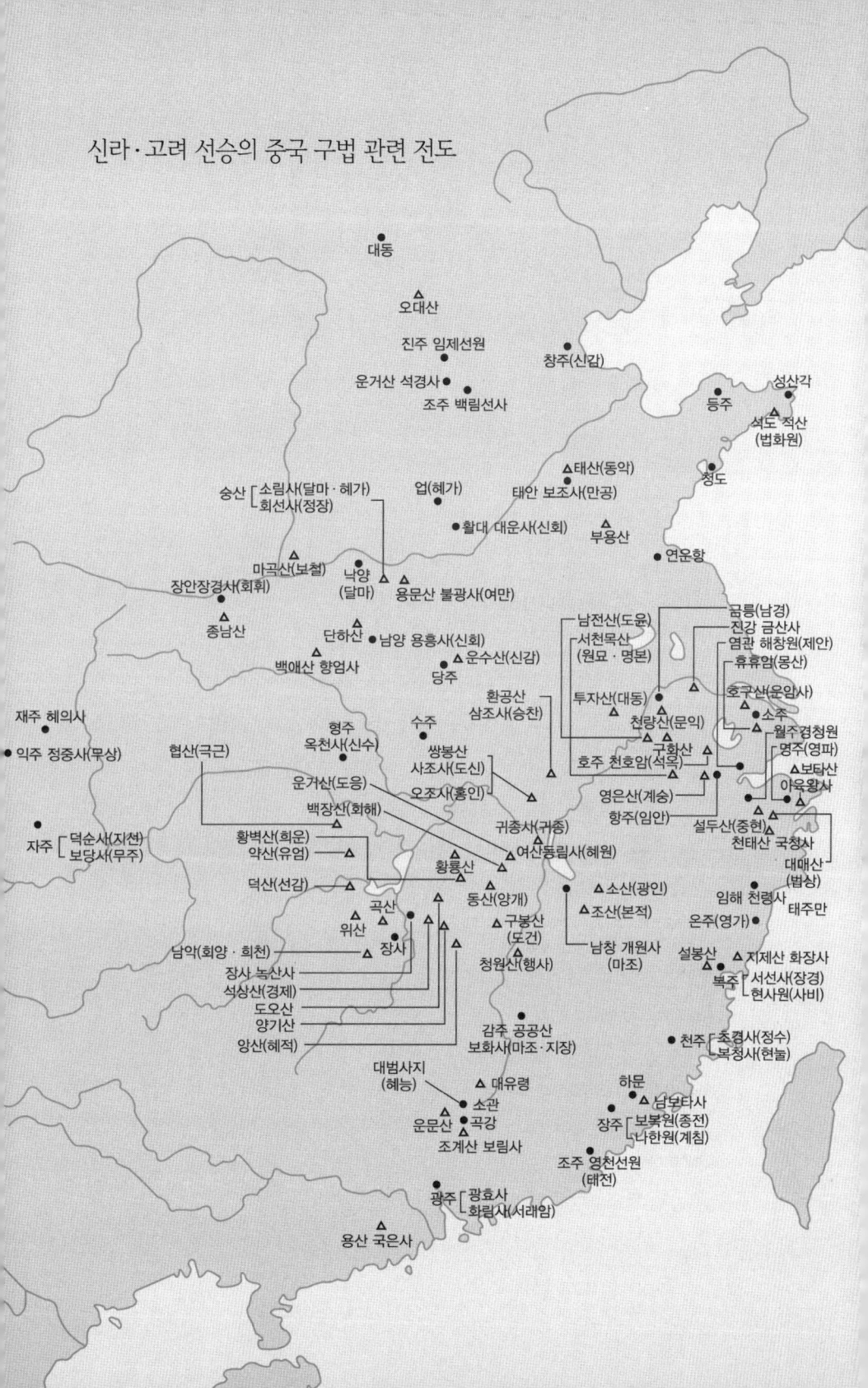

구산선문의 원류를 찾아서 2
−중국 해역의 우리 불적 답사기

2014년 10월 25일 초판 1쇄 인쇄
2014년 10월 30일 초판 1쇄 발행

지은이   조영록
펴낸이   김희옥
펴낸곳   동국대학교출판부

주　소   100-715 서울시 중구 필동로 1길 30
전　화   02-2260-3483~4
팩　스   02-2268-7851
Homepage http://www.dgpress.co.kr
E-mail　book@dongguk.edu
출판등록   제2-163(1973. 6. 28)

편집디자인 나라연
인쇄처 (주)타라티피에스

ISBN 978-89-7801-426-7 04980
ISBN 978-89-7801-424-3 (세트)

값 18,000원

● 이 책의 무단 전재나 복제 행위는 저작권법 제98조에 따라 처벌받게 됩니다.